1789 KOEHLER & AMELANG 1806

WALTRAUD UND MATTHIAS WOELLER

# Sage und Weltgeschichte

KOEHLER & AMELANG

Woeller, Waltraud :
Sage und Weltgeschichte / Matthias Woeller ; Waltraud
Woeller. – 1. Aufl. – Berlin : Leipzig : Koehler &
Amelang, 1991. – 205 S.: 14 Abb.
ISBN 3-7338-0049-4

ISBN 3-7338-0049-4

1. Auflage

Printed in Germany
Zeichnungen: Harry Jürgens
Gestaltung: Jochen Busch

# INHALTSVERZEICHNIS

# Zur Einführung

Für viele ist die Sage eine verblaßte Erinnerung an vergangene Ereignisse und Personen; unscharf, aber mit poetischen Glanzlichtern. Diese Bestimmung trifft sowohl auf die Heldensage wie auf die Volkssage zu, denn beide sind trotz ihrer Unterschiedlichkeit eben doch Sagen.

Es war ja keineswegs so, daß die Heldensagen nur von einer kleinen elitären Schicht aufgenommen und überliefert wurden und daß die Volkssagen nur von Bauern und mittelalterlichen Städtebürgern erzählt wurden: Der Glaubenshorizont war viel weiter, als die kirchliche Lehre ihn absteckte, und die Bereitschaft, frühe vorchristliche Glaubensvorstellungen zu bewahren oder aufzunehmen, machte auch vor Klostermauern nicht halt. In den Volkssagen scheint die Welt der Sage eng zu sein; das Geschehen, die geschichtlichen Ereignisse, der Einbruch von Naturgewalten wurden nur in ihrer Beziehung auf das Dorf, die Flur, die Stadt, die Nachbarschaft gesehen. Wer von weither kam und in diese abgeschlossene Welt, die aber keineswegs eine »heile« war, eintrat, der wurde mit Geheimnissen umgeben, der war interessant, er war Träger von Neuigkeiten, fremden Stoffen und damit gern gesehen und gehört. Als Fremder war er andererseits auch verdächtig. Die Welt der Sage war die Umwelt der Sagenerzähler und ihrer Hörer, und für diese endete die Welt häufig mit der Stadtmauer, benachbarten Dörfern oder einem Bergrücken. Diese Enge des Weltbildes brachte häufig Enge im Denken, Fühlen und Urteilen mit sich, auch Öde, Bedrückung und ein Gefühl der Vereinsamung. Aber wir wissen, daß es Wandersagen und Wandermotive gab und daß diese Sagen und Motive nicht von allein wanderten und sich verändern konnten. So richtet sich der Blick auf die mobilen Bevölkerungsgruppen, auf Spielleute, fahrende Schüler, Gaukler, Bauhüttenarbeiter, Wanderhandwerker, Fuhrknechte, Wanderkrämer und auch Fernhändler. Sie führten neben erregenden Novitäten auch Erzählungen, dabei auch Sagen mit sich. Erzähler wie Hörer hatten bei der Wiedergabe der Stoffe und Motive, insbesondere der Sagen, die Glaubwürdigkeit abverlangten und durch Zeugnisse zu belegen waren, diesen ein neues heimatliches Lokalkolorit und auch Zeitkolorit zu geben. So war in der traditionellen Folklore die Rezeption der Erzählungen und Lieder mit schöpferischer Umarbeitung oder Umakzentuierung verbunden. Da aber nicht etwas völlig Neues geschaffen wurde, verband sich das Überlieferte mit neuen Motivierungen, Akzenten und Gestalten, so daß eine vielschichtige Erzählung entstand, deren poetischer Reiz, ja vielleicht auch Rätselhaftigkeit durch diese Vielschichtigkeit und Vielfarbigkeit erhöht wurde. Wenn eine historische Interpretation diese Schichten ablöst, kann Altes, sogar Archaisches, zum Vorschein kommen und ein langer Prozeß sichtbar gemacht werden. In der vorliegenden Darstellung soll dieses an einigen Sagen versucht werden.

Im Gegensatz zu historischen Überlieferungen schlechthin, Berichten von rätselhaften Ländern wie Ophir oder Wisu, zeichnen sich die Sagen und sagenhaften Überlieferungen dadurch aus, daß sie das Ereignis, welchen Charakter es auch immer haben mag, stets in einen Kausalzusammenhang stellen, es mit der Frage nach Schuld und Vergeltung verbinden. In einer der ältesten weltweit verbreiteten Sagen ist das bereits ganz deutlich: in der Sintflutsage.

In verschiedenen Gebieten der Erde hatte es Überschwemmungskatastrophen gegeben, und sie hatten ihren Niederschlag in Sagen und Mythen gefunden. Am eindrucksvollsten ist die Gestaltung der Sintflut – das heißt, der allgemeinen Flut –, wie sie in das altbabylonische Gilgameschepos aufgenommen wurde:

»Alles was ich hatte, nahm ich mit, den ganzen Ertrag meines Lebens lud ich in das Fahrzeug; Familie und all die Verwandten, die Tiere des Feldes, das Vieh von der Weide und Leute vom Handwerk, alle schiffte ich ein.
Ich bestieg das Fahrzeug und schloß die Tür ...
Als der junge Tag strahlend heraufzog, ballte sich fern am Horizont eine schwarze Wolke ...
Tageshelle wird plötzlich zur Nacht ...
Sechs Tage und sechs Nächte lang schwollen Sturm und Flut, herrschte Orkan über der Stadt.«

Der sich hier einschiffte, war der Utnapischti, in der jüngeren Erzählung der Bibel ist es Noah, der mit Familie und Getier die Arche bestieg, um sich vor der alles bedekkenden Flut zu retten.

Beide sandten Vögel aus, um den Rückgang des Wassers zu erkunden. Aber frappierender als die Übereinstimmung der Fassungen ist die Tatsache, daß beide auf ein historisches Geschehnis zurückgingen: eine Flutkatastrophe, eine Sintflut, die das Zweistromland, vornehmlich das Mündungsgebiet von Euphrat und Tigris, heimgesucht und die frühe sumerische Kultur im vierten Jahrtausend v. Chr. zerstört hatte. Der englische Archäologe Leonard Woolley, der bei Ur nach Zeugnissen jener frühen Kultur gegraben hatte, war dabei auf eine Tonschicht gestoßen, die eine Mächtigkeit von 2,5 Metern besaß und von dem Schlamm stammte, den jene verhängnisvolle Flut zurückgelassen hatte. Die Erzähler der Sage und ihre Hörer, die auf die Zukunft hofften, konnten den Schrekken einer solchen Katastrophe besser überwinden, wenn sie diese als Vergeltung für Freveltaten und ein sündiges Leben ansahen.

Das Bedürfnis, Erklärungen zu geben, aufzuhellen, Unbegreifliches doch faßbar zu machen, stand jedoch nicht allein hinter den Sagen. Es konnten diese Sagen, so paradox es klingt, auch ein Gefühl der Sicherheit, der Geborgenheit vermitteln, das gerade bei der starken Naturabhängigkeit der Menschen vergangener Zeiten so wichtig war. Denn, so vermittelten die Sagen, zum Untergang oder zum Leiden bestimmt waren nur jene, die gegen Normen und Sitten verstoßen hatten.

Wer »gerecht« lebte, wer das »Richtige« tat und sagte, konnte sich geborgen fühlen, und wer trotzdem von einem Schicksalsschlag getroffen wurde, hatte unwissentlich ein Tabu verletzt oder ein der Mitwelt unbekanntes Verbrechen begangen. So konnten Sagen auch als Berichte von der Vollstreckung eines Gottesurteils aufgefaßt werden. Mit diesem Grundanliegen, Geschehenes aufzuhellen, das Schwere tragbar zu machen, stehen die Sagen gegen ein auf Fatalismus bauendes Weltbild.

Es waren Städte, ja weite Landstriche und Länder, die in der Sage zerstört wurden, die mit dem Aussprechen von Frevel und Fluch auch moralisch getroffen werden sollten. Naturkatastrophen wurden in der Sage zum Ausdruck menschlichen Versagens. Die beiden in der Bibel durch Feuer- und Schwefelregen untergehenden Städte Sodom und Gomorrha stehen für ein allseits bekanntes Bild von Lasterhaftigkeit und Sittenlosigkeit, das hier entworfen wurde.

Die Erinnerung an das historische Geschehen – vielleicht durch Blitzeinschläge in Asphalt- und Naphtalager am Toten Meer ausgelöst – bleibt in der Sage nur vage, aber es ist aufspürbar. Die Sage und die sagenhafte Überlieferung lassen sich bis an die Grenzen des Genres verifizieren. Das im wahrsten Sinne des Wortes klassische Beispiel ist die Auffindung des alten Troja durch Heinrich Schliemann. Der Schilderung der Ilias folgend, grub er auf dem Ruinenhügel Hissarlik das im Kriegsbrand untergegangene Troja aus. Daß er sich bei der Zuweisung der Trümmerschichten irrte, ist dabei von sekundärer Bedeutung. Die Schilderungen des archaischen griechischen Dichters Homer waren damit beglaubigt und erhielten neben ihrer poetischen auch eine historische Aussagekraft. Sage und Geschichte stehen nicht in einem Verhältnis von Vordem und Später zueinander, sie könnten durchaus auf zwei Ebenen nebeneinander verlaufen.

Fassen wir die Sage weit, die Heldensage mit einbeziehend, so können wir die Gestalt Dietrichs von Bern in Bezug zur Geschichte setzen. Dieser Sagengestalt entspricht die historische Persönlichkeit des Ostgotenkönigs Theoderich, der bei Verona den römischen Patrizius Odoaker geschlagen und in Italien ein kurzlebiges Reich der Ostgoten gegründet hatte. Das Grabmal Theoderichs in Ravenna gehört zu den Bauten, in denen sich antike Bautraditionen mit germanischen treffen. Es ist ein Kuppelgrab, bedeckt mit einem gewaltigen Monolithen. Das Monument, ein kunst- und kulturgeschichtliches Zeugnis für den Ostgotenkönig, war und ist vorhanden, es gab auch zahlreiche Berichte spätrömischer Historiographen über seine Regierungszeit, aber dennoch wucherten um ihn Sagenbildungen, die sich weit von seiner geschichtlichen Gestalt und Bedeutung entfernten.

Die Sage zeichnete ein fast gegensätzliches Bild von Theoderichs Geschick, allerdings wurden seine charakterlichen Züge beibehalten, ja sogar überhöht. Dietrich erschien in der Sage als Flüchtling, den Odoaker aus seiner Heimat und seinem Reich vertrieben hatte. Dabei hatte doch der historische Theoderich den historischen Odoaker besiegt, getötet und sein Reich an sich gebracht.

Dietrich hielt sich – in der Sage – jahrzehntelang am Hof des hier sehr mildtätigen Hunnenkönigs Etzel (Attila) auf. In der »Rabenschlacht« bei Ravenna siegte Dietrich zwar über das gegnerische Heer, aber er verlor viele seiner getreuen Mannen.

Die Regierungszeit Theoderichs für sich allein betrachtet war glücklich und erfolgreich, aber nach seinem Tode zerfiel das Reich der Ostgoten. Die Sage, die sich über einen längeren Zeitraum herausbildete, mußte das Geschehen aus der Retrospektive sehen, hatte einen historischen Abstand gewonnen, der eine andere Wertung mit sich brachte. So erhielt Dietrich, die Spiegelung Theoderichs in der Sage, tragische Züge. Theoderich hatte letztlich nicht erreicht, was er angestrebt hatte: die Verschmelzung der Institutionen und Traditionen des einstigen römischen Weltreichs mit dem Stammeskönigtum der Ostgoten.

Obwohl die Sage von historischen Fakten abwich, setzte sie doch die Akzente des historischen Prozesses richtig.

Die nach Norden über die Alpen und das Voralpengebiet zurückwandernden geschlagenen Reste der Ostgoten bewahrten das Gedenken an ihren großen Stammesfürsten: Aus dem Niedergang ihres Volkes erwuchs das Bestreben, ihn zu erhöhen und mit mythischen Zügen zu versehen.

Theoderich wurde im Althochdeutschen zu Dietrich. Verona wurde bei Betonung der Vorsilbe zu Vern, und da die Stadt Vern unbekannt war, wurde dafür Bern, die bekannte Stadt in der Schweiz, eingesetzt. Sage und Sagengestalt hatten eine neue Heimat gefunden, ein neues Umfeld. Überlieferungen, Geschichte und Bauten jenseits der Alpen waren aus dem Erlebnisbereich und der Umwelt der Sagenerzähler und ihrer Hörer verschwunden. Mit dem Einschmelzen mythischer und heroischer Motive ist die besondere Form der Heldensage ausgeprägt worden. Hier wird auch deutlich, daß es nicht nur einzelne mobile Bevölkerungsgruppen waren, die Sagen weitergaben und ausformten, sondern daß auch die – abgesehen von Nomaden sonst allerdings nicht als Regelfall auftretende – Wanderung von ganzen Stämmen oder Völkern eine Sagenwanderung mit zur Folge hatte. Gleichzeitig ist die Bedeutung der Grenzen, hier des Hochgebirges wie der politischen und sprachlichen Grenzen, die den Sagen und ihrer Verbreitung gesetzt waren, keine unveränderliche Größe. Zwar setzten Flüsse, Ströme und das Meer anfangs Grenzen. Als aber die gesellschaftlichen, wirtschaftlichen und die damit verbundenen technischen Kräfte sich weiter entwickelt hatten, wurden die Ströme und das Meer zum Verkehrsraum – auch für die Sagen.

Die Sage um den Fliegenden Holländer und andere Gestalten des Seemannsglaubens konnte eben nur auf den Meeren entstehen. Die bisher genannten Sagengestalten und -kreise bezeugen eine enge Bindung von Sage und Geschichte, einer Geschichte, die über die Lokalgeschichte hinausgeht und in die Weltgeschichte hineinreicht. Es kann einmal das Geschehnis von welthistorischer Bedeutung sein, wobei wir uns zu erinnern haben, daß der Geschichtshorizont, zum Beispiel der antiken Welt, eben ein begrenzter war, ein Horizont, der sich um das Mittelmeer spannte. Auch der geschichtliche und Glaubenshorizont des Mittelalters war nicht weiter, mitunter sogar enger, wenngleich die Grenzen anders verliefen.

Daneben gab es auch Gestalten, die wegen ihres abenteuerlichen Lebens und weil sie aus dem Alltagsgeschehen herausragten oder von einem Geheimnis umgeben waren, zu Sagenhelden wurden, die einen Platz in der Geschichte einnahmen, der zu einem Brennpunkt der Weltgeschichte wurde. Diese Gruppe verkörpert sich beispielsweise in den Sagengestalten von Klaus Störtebecker und im Tannhäuser; der erstere, weil er, der Kaperschiffer der Ostsee, in der Zeit des sich langsam von der Ostsee zur Nordsee verlagernden wirtschaftlichen Schwergewichtes durch die Handelsstädte Hamburg und Bremen überwältigt wurde. Der zweite, weil sein Lebenslauf die Möglichkeit bot, den Kampf zwischen Ghibellinen und Guelfen von der dramatischen und emotionalen Seite her zu pakken. Was sich hier abzuzeichnen beginnt, ist der Sagenheld als nationale Symbolfigur wie Artus, der Cid, Ilja Muromez bis hin zu Wilhelm Tell, dem Schweizer Nationalhelden, und zu Graf Dracula. Aber ein Symbol, eine Symbolfigur war hier notwendig, um schwer überschaubare, langwierige historische Prozesse anschaulich zu gestalten, glaubhaft und einsehbar zu machen und nationale Identität zu festigen. So wurde die Schaffung einer solchen Gestalt durch einen Chronisten akzeptiert und gewann auch Volkstümlichkeit. Damit drängt sich ein neuer

Aspekt in unsere Überlegungen: Sagen reflektieren nicht nur historische Vorgänge, sondern sie können auch geschaffen werden, um diese zu verdichten.

So ist der Rattenfänger von Hameln in der Sagentradition und Interpretation schließlich zu einer geschichtlichen Symbolfigur mit weltweiter sprichwörtlicher Bedeutung geworden.

Die dramatische und emotionelle Wirkung aller Sagen war dadurch gesteigert, daß das Handlungsgeschehen zusammengezogen wurde, oftmals über Jahrzehnte und Jahrhunderte hinweg, daß Extreme gezeichnet wurden, daß das Streben nach Gerechtigkeit zum Schluß erfüllt wurde. Dieses Streben förderte den Einfluß utopischer Vorstellungen im Bereich der Sage. Die Utopien von einem besseren Leben und von Frieden finden sich in den Sagen um den »Herrscher im Berg«, der solche Hoffnungen erfüllen sollte. Dieser weltweit gespannte Sagenkreis berührt auch die ursprünglich keltische Artussage.

Die Sage reflektiert also nicht nur Vergangenes, sie versucht auch, in die Zukunft zu weisen, kann dabei aber nicht über Utopien hinausgelangen.

Gerade das Wissen oder auch nur Ahnen um die Brüchigkeit und Zweifelhaftigkeit der Angaben veranlaßte wohl die Sagenerzähler, die Glaubhaftigkeit der Sage durch Respekt gebietende Zeugnisse und Zeugen zu bekunden – ein Vorgang, der sich in anderen folkloristischen Genres nicht findet.

Aber auch diejenigen, die sich noch ein vorwissenschaftliches Bild der Welt entwerfen mußten, zeichneten keine Phantasmagorien. Die Sagen brachten Überhöhung, Mythisierung, verloren aber nie ihren Wirklichkeitsbezug. Und dieser war auch ein historischer. In der Sage geht es nicht um das Detail, es geht um das Grundsätzliche. Hier hat Theodor Fontane recht, wenn er in seinen englischen Skizzen (über Waltham Abbey) sagt: »Die Sage hat immer recht, selbst dann noch, wenn sie unrecht hätte.«.

Das ursprüngliche Geschehen, vielfach um eine historische Persönlichkeit angelegt, wurde in vielen Zügen richtig beobachtet, da aber in der Sage die Untergründe freigelegt werden sollten, mußten Deutungen aus dem Bereich des Volksglaubens geholt werden entsprechend dem Bildungsstand und dem Lebenshorizont ihrer Träger. Naturgesetze, erst viel später von der Wissenschaft erschlossen, wurden als dämonische Gewalten gesehen und lösten das Sagengeschehen, die Katastrophe aus. Aber es ging nicht allein um das Aufbewahren von Geschehenem, Beeindruckendem, sondern die Sage brachte auch die Wirkung des Geschehens auf den Menschen mit sich, wobei sie bei aller Kürze der Gestaltung das Emotionale betonen mußte. Da die Sage nicht nur einmal geschaffen, ausgeformt und erzählt, sondern über Generationen wieder und weiter erzählt wurde, flossen die Wertungen und Gefühle von Generationen ein, schichteten sich übereinander. Und damit sind wir wieder bei den Schichten der Sage, die wir ablösen wollen, um den historischen Kern der Sage freizulegen.

Wenn wir weiterhin bei diesem Lösen der Schichten den Entwicklungsgang der Sage verfolgen, so stoßen wir auf Wertungen, Umwertungen und Neuwertungen, und dabei können wir die Sage in einen geschichtlichen und ideologiegeschichtlichen Prozeß einordnen und diesen wiederum an Stellen aufhellen, die bisher im Dunkeln lagen.

Im folgenden soll an einigen Sagen und Sagenstoffen dargestellt werden, wie der meist enge Horizont sich erweitert und der Blick auf weltgeschichtliche Ereignisse frei wird. Der poetische Wert der Sujets, der Symbolgehalt und das Einzeichnen ethischer Leitbilder verschafften diesen Sagen vielfach Aufnahme in die Weltliteratur, so daß sich auch hier interessante Verbindungen auftun.

Sicher wird der eine Leser diese, der andere jene Sage vermissen, ja er muß es, denn ein weites, wenig erforschtes Feld liegt vor uns. Wir wollen es gemeinsam begehen.

# Der Rattenfänger zu Hameln

*»Anno 1284 am dage Johannis et Pauli, ist der 26te dach des mantes Junii gewesen, sind durch einen piper so mit allerleige varwe becledett, einhundert und drittlich kinder in Hameln geborn, uth der stadt gebracht unde up den koppen by Calvarie buthen dem oisterdore verbracht unde verloren.«*

*Ein mittelalterlicher Merkvers*

»Im Jahre 1284 ließ sich zu Hameln ein wunderlicher Mann sehen. Er hatte einen Rock von vielfarbigem, bunten Tuch an, weshalben er Bundting soll geheißen haben, und gab sich für einen Rattenfänger aus, indem er versprach, gegen ein gewisses Geld die Stadt von allen Mäusen und Ratten zu befreien. Die Bürger wurden mit ihm einig und versicherten ihm einen bestimmten Lohn. Der Rattenfänger zog demnach ein Pfeifchen heraus und pfiff, da kamen alsobald die Ratten und Mäuse aus allen Häusern hervorgekrochen und sammelten sich um ihn herum. Als er nun meinte, es wäre keine zurück, ging er hinaus, und der ganze Haufen folgte ihm, und so führte er sie an die Weser; dort schürzte er seine Kleider und trat in das Wasser, worauf ihm alle Tiere folgten und hineinstürzend ertranken.

Nachdem die Bürger aber von ihrer Plage befreit waren, reute sie der versprochene Lohn, und sie verweigerten ihn dem Manne unter allerlei Ausflüchten, so daß er zornig und erbittert wegging. Am 26. Juni auf Johannis- und Paulitag, morgens früh sieben Uhr, nach andern zu Mittag, erschien er wieder, jetzt in Gestalt eines Jägers, erschrecklichen Angesichts, mit einem roten, wunderlichen Hut, und ließ seine Pfeife in den Gassen hören. Alsbald kamen diesmal nicht Ratten und Mäuse, sondern Kinder, Knaben und Mägdelein vom vierten Jahr an, in großer Anzahl gelaufen, worunter auch die schon erwachsene Tochter des Bürgermeisters war. Der ganze Schwarm folgte ihm nach, und er führte sie hinaus in einen Berg, wo er mit ihnen verschwand. Dies hatte ein Kindermädchen gesehen, welches mit einem Kind auf dem Arm von fern nachgezogen war, darnach umkehrte und das Gerücht in die Stadt brachte. Die Eltern liefen haufenweis vor alle Tore und suchten mit betrübtem Herzen die Kinder; die Mütter erhoben ein jämmerliches Schreien und Weinen. Von Stund an wurden Boten zu Wasser und Land an alle Orte herumgeschickt, zu erkundigen, ob man die Kinder oder auch nur etliche gesehen, aber alles vergeblich. Es waren im ganzen hundertunddreißig verloren. Zwei sollen, wie einige sagen, sich verspätet und zurückgekommen sein, wovon aber das eine blind, das andere stumm gewesen, also daß das blinde den Ort nicht hat zeigen können, aber wohl erzählen, wie sie dem Spielmann gefolgt wären; das stumme aber den Ort gewiesen, ob es gleich nichts gehört. Ein Knäblein war im Hemd mitgelaufen und kehrte um, seinen Rock zu holen, wodurch er dem Unglück entgangen; denn als es zurückkam, waren die andern schon in der Grube des Hügels verschwunden.

Die Straße, wodurch die Kinder zum Tor hinausgegangen, hieß noch in der Mitte des XVIII. Jahrhunderts (wohl noch heute) die bunge-lose (trommel-, tonlose, stille), weil kein Tanz darin geschehen noch Saitenspiel durfte gerührt werden. Ja, wenn eine Braut mit Musik zur Kirche gebracht ward, mußten die Spielleute über die Gasse hin stillschweigen. Der Berg bei Hameln, wo die Kinder verschwanden, heißt der Poppenberg, wo links und rechts zwei Steine in Kreuzform sind aufgerichtet worden. Einige sagen, die Kinder wären in eine Höhle geführt worden und in Siebenbürgen wieder herausgekommen.

Die Bürger von Hameln haben die Begebenheit in ihr Stadtbuch einzeichnen lassen und pflegten in ihren Ausschreiben nach dem Verlust ihrer Kinder Jahr und Tag zu zählen. Nach Seyfried ist der 22. statt des 26. Juni im Stadtbuch angegeben. An dem Rathaus standen folgende Zeilen:

> Im Jahre 1284 na Christi gebort
> to Hamel worden uthgevort
> hundert und dreißig Kinder dasülvest geborn
> dorch einen Piper under den Köppen verlorn.

Im Jahre 1572 ließ der Bürgermeister die Geschichte in die Kirchenfenster abbilden mit der nötigen Überschrift, welche größtenteils unleserlich geworden. Auch ist eine Münze darauf geprägt.«

So lautet die Sage, die im ersten Teil der deutschen Sagen der Brüder Grimm (1816/1818) unter den mythischen und ortsgebundenen Sagen erschien. Sie wurde verhältnismäßig umfangreich mit zehn Quellenangaben bibliographiert und so nacherzählt, daß literarische Traditionen aus den angeführten Werken des 16. bis 18. Jahrhunderts einflossen. Gleichzeitig wurde durch das Ineinanderarbeiten verschiedener Versionen eine Fülle von Sagendaten dargeboten, die Ansatzpunkte für verschiedenartige Interpretationen boten.

Die dämonisch wirkende Gestalt des Rattenfängers war es wohl, die die Brüder veranlaßte, die Sage in den Bereich des Mythischen zu stellen: Der Hinweis auf Hameln wiederum rückt sie in die Nähe der Ortssagen. Für die Grimms verbanden sich in ihr mythische wie lokale Überlieferungen. Der Sage allgemein, und nicht nur der sogenannten historischen, ist ein historischer Untergrund eigen, auf den sie baut. Denn auch Bildungs-, Erfahrungs- und Glaubenshorizont, wie er vor allem die mythische Sage prägt, sind letztlich historisch bestimmt, grenzen ein oder erweitern das Blickfeld. Ursprung und Entwicklung einer Sage lassen sich nur verfolgen, wenn die Schichten, die ein länger währender Tradierungsprozeß geschaffen hat, abgelöst werden, wenn der in weitestem Sinne historische Untergrund freigelegt wird.

In der heute bekannten Rattenfängersage verschmelzen zwei lokale Sagen zu einer: Entschließen wir uns, dem Auszug und dem Verschwinden der Hamelner Kinder nachzuforschen, so dürfen wir nicht von der Rattenfängersage, wie sie bereits vor der Grimmschen Fassung weit verbreitet war, ausgehen. Der Rattenfänger und die ganze Geschichte vom Rattenfang sind erst später dem Motiv der Kindesentführung beigefügt worden; wir können sie vorerst unberücksichtigt lassen.

Die erste schriftlich fixierte und datierte Form der Sage wurde erst 1936 in einer Abschrift der Catena aurea des Heinrich von Herford gefunden, wo sie als kurze Notiz von einer späteren Hand wohl in der Zeit zwischen 1430 und 1450, vielleicht noch früher, nachgetragen wurde. Hier erscheint ein schöner, Flöte spielender Jüngling, dem 130 Kinder aus der Stadt folgen und der mit ihnen im Koppen verschwindet. Überdies wird eine Augenzeugin benannt, die den Auszug der Kinder mit angesehen hatte, die Mutter des Dekans von Lüde(n).

Eine Bezeugung der Sage bald nach 1284 oder aus der ersten Hälfte des 14. Jahrhunderts ist nicht bekannt, freilich können handschriftlich festgehaltene Überlieferungen bei Feuersbrünsten, Kriegshandlungen und Plünderungen verlorengegangen sein. Viel spätere Chronisten beriefen sich auf ein altes Stadtbuch, wohl den »Brade« von 1351, der 1585 abgeschrieben wurde – beide Bücher, der alte Brade und seine Abschrift, gingen verloren. In chronistenhafter Knappheit heißt es: »Anno 1284 am dage Johannis et Pauli, ist der 26te dach des mantes Junii gewesen, sind durch einen piper so mit allerleige varwe becledett, einhundert und drittlich kinder in Hameln geborn, uth der stadt gebracht unde up den koppen by Calvarie buthen dem oisterdore verbracht unde verloren.«

Aber da gab es Merkverse, oft als Volksreime aufgefaßt und bezeichnet, die wohl weit zurückreichen. Die Mehrzahl dieser Merkverse bezog sich auf ein reales historisches Geschehen, wobei die überlieferten Daten durch Reim und Versmaß weitgehend gesichert wurden. Mittelalterlicher Sitte nach wird der Tag durch den beziehungsweise die Kalenderheiligen bestimmt: der 26. Juni ist der Tag Johannis und Pauli.

Diesen Merkversen, teils lateinisch, teils deutsch, folgt ein Gedenkstein am Neuen Tor zu Hameln. Unter dem Datum der Aufstellung des Steines steht:

»Centum ter denos cum magus ab urbe puellos,
Duxerat ante annos 272 condita porta fuit.«

(Einhundertdreißig Knaben wurden von einem Zauberer aus der Stadt geführt, 272 Jahre bevor die Pforte gebaut wurde – d. A.)

Die Berechnung der Daten führt wieder auf das Jahr 1284. Eine weitere Inschrift, die sich am Hamelner Hochzeitshaus, erbaut 1598–1671, befindet, nennt wieder einen »Pfeifer« als Verursacher des Unglücks. Erstmalig erscheint aber hier ein Zauberer, der die Kinder entführt haben soll; damit gewann das Irrationale mehr an Boden.

1575 wurde in der Marktkirche zu Hameln ein Glasfenster erneuert, das nach 1650 in Verlust geriet. Wann es geschaffen wurde, ist unbekannt. Interessant für uns ist die Tatsache, daß es den Auszug der Kinder zur Darstellung brachte. Es muß eine starke Motivation für die Bürger gegeben haben, daß sie eine derartige lokal gebundene Thematik in einen Sakralbau einführten.

In der Reisechronik des Augustin von Mörsperg gibt es eine aquarellierte Zeichnung, die von einem Unbekannten vermutlich nach dem Hamelner Kirchenfenster angefertigt wurde. Im Blickpunkt steht die Gestalt des Pfeifers, in additiver Komposition wird der Auszug der Kinder dargestellt, eine Landschaft ist skizziert. Der Kinderzug nähert sich einem hohen Berg, geht vorbei an einer dräuenden Schädelstätte mit Galgen und Rad, und dann führt der Weg in eine düstere, nicht genau auszumachende Höhlung.

Linker Hand ist Wald eingezeichnet und Waldgetier; vor den Mauern der den menschlichen Gestalten und auch Tieren gegenüber klein wirkenden Stadt fließt die Weser, und im Flußbild wird das Ertränken der Ratten, die aus dem Stadttor strömen, »erzählt«. Die Sage vom Rattenfang ist in diesem Bild bereits mit der Sage von der Entführung der Kinder verbunden.

Bevor wir uns der Verschmelzung beider Sagen zuwenden, wollen wir die wesentlichen Merkmale der Auszugssage herausstellen, die sich in den verschiedenen Varianten der Sage konstant erhalten haben.

Da ist der Anführer des Kinderauszugs, er ist meist ein Spielmann, ein Pfeifer. Da ist die Zahl von 130 Kindern und das Datum, der 26. Juni 1284, der Tag Johannis und Pauli. Da ist der Ort des Verschwindens, der Koppen, in Verbindung mit einem Kalvarienberg.

Diese Konstanten blieben, auch als sich im 16. Jahrhundert die Sage von der Tilgung der Ratten und dem Auszug der Kinder miteinander verbanden. Erstmalig findet sich diese Sagenkombination in den »Wunderzeichen« des Fincelius (1556) und in der 1557 abgeschlossenen Zimmerschen Chronik. Ihnen folgte eine Reihe weiterer Chronisten und Gelehrter, wie Nikolaus Selnecker, Andreas Hondorf, Johannes Pomarius, Michael Saxe, Georg Nicolas und der wegen seines Eintretens gegen die Hexenprozesse berühmte Johann Weier.

Bamberger Bürger, die 1553 nach Auseinandersetzungen zwischen den beiden Städten nach Hameln als Geiseln verbracht wurden, berichteten später die Sage, wie sie diese dort gehört hatten – mit einer auffälligen, fast widersprüchlich scheinenden Abweichung am Schluß: »... und allda bei ihme (dem Berg, d. A.) versunken«, so berichtete in einer Chronik der Stadt Bamberg der Bürgermeisteramtsverwalter Hans Zeitlos.

Dieser Version folgen die Wiedergabe der Sage in Georg Rollenhagens »Froschmäuseler« (1595) mit dem Auftakt: »Zu Hameln wars, da fochten Ratzen am hellen Tage mit den Katzen ...«, und ein von Achim von Arnim in das »Wunderhorn« aufgenommenes Volkslied »Seht ihr den bunten Mann im Bilde ...«.

Ein aus dem Jahres 1622 stammender Einblattdruck versucht den Schluß zu präzisieren: Der Kalvarienberg barg Wasser, das die Kinder verschlang.

Die der ursprünglichen Entführungssage vorgespannte Rattenfangsage entstand wahrscheinlich außerhalb Hamelns, sie brachte kein Preislied auf die Verhältnisse in der Stadt und auf die Bürgerschaft. Aber sie entsprach den dortigen Bedingungen. Hameln war eine Mühlenstadt und wurde deshalb oft als Quernhameln bezeichnet. Als wohlhabende Stadt befand sich Hameln anderen minder begünstigten Orten gegenüber in einer kritisch exponierten Lage. Eine Stadt mit Mühlen litt ganz sicher auch unter Rattenplagen. Der heiligen Gertrud, der Schutzheiligen für Ungezieferbekämpfung, war eine Kapelle in Münster geweiht. Sicher hatte es auch Versuche gegeben, die gefährlichen Nager zu vertilgen. Eine ähnliche Rattenbannung, wie sie die Sage schildert, fand in unseren Tagen in Northamptonshire statt. Ein Mann lockte mit einer Rohrflöte, die die Schreie der Rattenmännchen und -weibchen nachahmte, die Ratten aus ihren Schlupflöchern hervor.

Eine lokalgeschichtliche Rattenfanggeschichte kann sich also sehr wohl mit einer sehr knappen anderen lokalgeschichtlichen Sage, eben der vom Auszug der Kinder, verbunden haben.

Im Mittelalter war der Spielmann als Rattenfänger eine historisch glaubwürdige Gestalt, der an sich nichts Irrationales oder Geheimnisvolles anhaftete. Allerdings müßte die Tilgung der Ratten auf andere Weise erfolgt sein, denn Ratten sind vorzügliche Schwimmer und wären in der Weser nicht ertrunken. Wenn wir hier die obengenannten Varianten, die dem Sagenbericht der Bamberger Chronik folgen, betrachten, so fragen wir uns, ob das Motiv vom Versinken und Ertrinken der Kinder nicht auf die Geschichte vom Rattenfang projiziert wurde. Auch der dort angebrachte Seitenhieb auf den Geiz der Stadtväter besaß einen realen Hintergrund. Es war erst ein kaiserlicher Befehl Sigismunds (1431) erforderlich, damit die Hamelner Geld bereitstellten, um die Weserbrücke, von deren Erhaltung doch die Wirtschaft der Stadt mit abhing, ausbessern zu lassen.

Die in der Vorgeschichte vom Rattenfang deutlich spürbaren sozialkritischen Töne bewirkten eine entscheidende Wandlung im Verhältnis der Bürger zu ihrer Sage. Bis zur Mitte des 17. Jahrhunderts hatten die Bürger alles daran gesetzt, den Wahrheitsgehalt und Wahrheitsanspruch der Sage vom Auszug der Kinder zu stützen, möglichst handgreifliche Zeugnisse vorzuführen, sie wie ein städtisches Wahrzeichen zu pflegen.

In dieser Zeit wurde auch der bereits erwähnte Gedenkstein am Neuen Tor errichtet. Es wurden Hausinschriften angebracht, und es wurde damals wohl auch das Glasfenster in der Marktkirche geschaffen. Im 16. Jahrhundert wurde einigen alten Urkunden eine neue Datierung hinzugefügt: »Vom Auszug der Kinder an gerechnet...« Dem Geschichtsforscher Melchior Goldast wurde bei seinem Besuch in Hameln eine Höhle im Osten der Stadt nahe dem Hohen Gericht als Unglücksstätte vorgewiesen; eine östlich von Hameln gelegene Höhle erwähnte bereits 1577 der gleichfalls an der Sage interessierte Arzt und Naturwissenschaftler Johann Weier. Der Jesuitenpater und Forscher Athanasius Kircher wurde in der ersten Hälfte des 17. Jahrhunderts zu einer harmlosen Aushöhlung am Weserufer geleitet.

Dann kam die Wandlung: Als nach 1650 der Hamelner Schulrektor Samuel Erich der Sage nachging, wurde er im Namen des Rates der Stadt heftig angegriffen. Der Senator Sebastian Spilker erklärte 1654 in einer Schrift die Sage als Phantasterei. Diese Wendung setzte ein, als die Sage in ihrer Vollform ausgebildet war, als sich die Sage vom Verlust der Kinder mit der Sage von der Tilgung der Ratten endgültig verbunden hatte.

Rat und Bürgerschaft fühlten sich in ihrem städtischen Selbstbewußtsein verletzt. In der Vorgeschichte vom Rattenfang wurden ihnen ja Geiz und Wortbrüchigkeit vorgeworfen. Die hier spürbare ambivalente Haltung zur Sage, die auffällige Kehrtwendung dem ehemaligen Wahrzeichen gegenüber lockte aber interessierte Forscher: Anfangs waren es Naturwissenschaftler und Ärzte, die versuchten, den Wirklichkeitsgehalt der Sage, an dem sie nicht zweifelten, freizulegen. Dabei dürfte der Berichtscharakter eine Rolle gespielt haben, der der Sage gerade in ihrem Frühstadium anhaftete. Dann gesellten sich Pädagogen und Theologen dazu, die die Sage nutzten, um ihre eigenen Theorien zu belegen, um auf Mängel in der Erziehung und Beaufsichtigung von Kindern hinzuweisen. Auf diese Weise konnte die Rattenfängersage im Munde von Pfarrern und Pädagogen bereits zur Warnsage werden, so bei A. Hondorff: »Man sol die Kinder zur Schuel und Gottesfurcht halten unnd sie nicht auff der Gassen in Mutwillen lassen umb lauffen / drumb merk diese Geschicht.«

Eine Ergänzung und Interpretation der Sage – gleich von welchem Standpunkt – erforderte das Erarbeiten von Theorien. Die Reihe der noch heute diskutierten Thesen eröffnete Johann Letzner um 1600. Er stellte, gestützt auf verschiedene Beispiele, die Tanzwut als Ursache des Hamelner Unglücks hin. In gewisser Parallelität zum Auszug der Hamelner Kinder steht dabei der Bericht in einer alten Erfurter Chronik. Danach versammelten sich in Erfurt ungefähr 100 Kinder, zogen tanzend und spielend zum Tor hinaus, wohl erregt durch die vorhergehenden Feiern anläßlich der Kanonisation der heiligen Elisabeth. Am Abend erreichten die erschöpften Kinder jedoch das 15 Kilometer entfernte Arnstadt, wo sie von den Bürgern aufgenommen und beherbergt wurden. Ein eilends abgesandter Bote hatte die Erfurter Eltern zu benachrichtigen und zu beruhigen. Am folgenden Tage wurden diese Kinder auf Karren und Wagen heimgeholt, sie waren noch immer ermattet und verstört.

Die Annalen des Klosters Reinhardsbrunn bestätigen diese Angaben. In neuerer Zeit wurde die Theorie von der Tanzwut von O. Meinardus (1882/84) und W. Krogmann wieder aufgenommen, auch in A. Peipers »Chronik der Kinderheilkunde« (1958) findet sich die Hamelner Sage als Illustration der mittelalterlichen Tanzwut.

Diese mittelalterliche Tanzwut, mitunter fälschlich als Veitstanz bezeichnet, war eine psychische und physische Reaktion auf Krisen, Ängste, Epidemien, aber auch auf allgemeine Erregungszustände. So berührt sich die Tanzwut mit den ekstatischen Geißler- und Kinderfahrten. Aber in den seltensten Fällen nahm die Tanzwut einen schlimmen Ausgang. Das Tanzen übertrug sich von Gruppe zu Gruppe, aber keine blieb verschollen, die Ekstase verebbte langsam. Nur als in Utrecht eine Brücke unter den Tritten der Tanzenden einbrach, gab es Tote.

Aber dieser Vorgang war allen Beteiligten durchschaubar.

Die Hamelner Sage wollte der bereits genannte gemaßregelte Rektor S. Erich mit Kinderfahrten verbinden, wobei der Exodus von 1284, ähnlich wie der Zug der Kinder von 1462 nach dem Mont Saint Michel, ein tragisches Ende gefunden haben sollte. Auch der Kinderkreuzzug von 1212, den der Philosoph Gottfried Wilhelm Leibniz in seine Überlegungen zur Rattenfängersage einbezog, brachte den Mitziehenden zwar Krankheit, Verderben, Verschleppung und Tod, doch waren bei diesen Aktionen weite Gebiete, zahllose Städte und Dörfer mit einbezogen, es gab genügend Erkenntnisse, es gab traurige Kunde, aber letztlich nichts Unerklärliches, Rätselvolles, wie es die Sage ausmacht. Bei allen diesen Theorien stellt sich auch stets die Frage, wieso gerade in Hameln ein so weiträumiges geschichtliches Ereignis seinen Niederschlag in einer doch auf Lokales zugeschnittenen Sage fand. Das veranlaßte dann wohl auch Leibniz, ein noch ungeklärtes lokales Geschehnis an den Ausgangspunkt der Sagenbildung zu setzen, er hielt aber fest: »L'origine de la fable vient d'une histoire veritable.«

Der Hamelner Garnisonsprediger C. F. Fein versuchte ein solches lokales Ereignis aufzuspüren. Er fand es in einem Treffen bei Sedemünde, wo 1259 ein Teil der ausgezogenen Hamelner Bürger im Kampf gegen die Truppen des Bischofs von Minden fiel. Aber Fein mußte entscheidende Punkte umbiegen. Es handelte sich bei ihm nicht mehr um Kinder, sondern um Stadtkinder, also Stadtbürger, und nur durch eine eigenwillige Deutung der Daten – gestützt auf die Angaben des Torsteines – errechnete er 1259 als das Unglücksjahr. Überdies gab der Verlust dieses Treffens keine Rätsel auf, die Erinnerung daran lebte durch das Abhalten einer jährlichen Memorie – jedenfalls bis zur Reformation – fort.

Im Gegensatz zu Leibniz' Auffassung verzichtete die mythologische Richtung, wie sie sich im 19. Jahrhundert herausbildete und in Einseitigkeit Jacob Grimms »Deutsche Mythologie« fortführte, darauf, der Sage einen geschichtlichen Kern zuzugestehen. Der Rattenfänger oder Pfeifer stand als Symbol für einen Totengott, den Anführer eines Totenzuges, der Zug bewegte sich in das Reich der Unterirdischen. Sicher spielten in jede Sagenbildung mythische Vorstellungen mit hinein, sie gehören zur Welt der Sage, da sie den Glaubenshorizont der Sagenerzähler fixieren, aber sie machen nicht die alleinige Substanz der Sage aus.

Doch setzten sich die auf das Geschichtliche gerichteten Theorien bald wieder durch, denn sie boten auch den Interpretationen bedeutend mehr Spielraum.

Aus der Tendenz der Rattenfängersage, der Vollform, die sich gegen den Rat der Stadt wendet, leitete L. Dörries (1880) ab, daß diese Spitze im 14. Jahrhundert im Kampf gegen die patrizischen Geschlechter entstanden sei. Die literarischen Quellen geben darüber allerdings keine Auskunft; das Eindringen sozialen Protestes ist jedoch in der Rattenfangsage selbst spürbar.

Die Pest oder eine pestähnliche Epidemie wollten F. Nork (1848) und R. Salinger (1908) im Hintergrund der Rattenfängersage erkennen, doch wurde auch hier der lokale Faktor zuwenig berücksichtigt. Ein ausgesprochenes Kindersterben ist für die Pest auch nicht typisch. Die Sage läßt sich unter diesem Aspekt nicht so weit vereinfachen, daß zuerst die Ratten sterben und dann die Menschen, um so das Musterbeispiel für einen Pestgang darzustellen. Die ursprüngliche Sage kannte ja das Rattensterben gar nicht, sondern es war nur vom Auszug der Kinder die Rede.

Eine ebenfalls in medizinhistorische Richtung gehende Deutung der Rattenfängersage von M. Rumpf (1984) dagegen stützt sich nur auf die Sage vom Exodus der Kinder. Es war demnach eine Gruppe von Leprakranken, die aus der Stadt geführt wurde, »der mit allerley Farve bekledete Piper« warnte mit seiner Leproseklapper die Bürger beim Durchziehen der Siechen vor der Gefahr der Ansteckung.

Abgesehen von der Änderung in der Komposition der Sage durch das Zuwachsen der Vorgeschichte vom Rattenfang, die eine Zweigliedrigkeit schuf, wurden in den verschiedenen literarischen Varianten auch andere Elemente ausgetauscht beziehungsweise hinzugefügt. So konnte der Rattenfänger selbst zum Beispiel in der Zimmerschen Chronik zum Zauberer werden. Auch der Schluß der Sage konnte eine Verlängerung erfahren, wie die Brüder Grimm ihn auch beim Kompilieren unterschiedlicher Quellen hinzufügten: die Kinder waren in eine Höhle geführt worden, dann aber in Siebenbürgen wieder auf die Erde zurückgelangt.

Dieser Schluß führte zu der Annahme, daß es sich bei dem Auszug der Kinder um einen Kolonistenzug gehandelt habe.

1949 griff W. Wann diese Theorie wieder auf, diesmal mit einer bewußt politischen Zielsetzung. So ordnete er das Sagengeschehen konsequent in die sogenannte Ostkolonisation ein. Dabei mußte er die Daten erheblich verändern. Die Kinder wurden zu Stadtkindern, der Pfeifer zu einem Lokator, das heißt zum Werber eines Grundherrn, der die Kolonisten zu ihrer neuen Siedlung zu führen hatte. Überdies hatte Wann eine Massenhochzeit der Auswanderungswilligen für den Tag vor dem Auszug postuliert, wofür es jedoch keinerlei Anhaltspunkte in den Urkunden gab. Die Frage nach Urkunden und schriftlichen Zeugnissen werden wir uns in einem anderen Zusammenhang später noch zu stellen haben.

Aber ein solcher Kolonistenzug hätte keinen Niederschlag in einer Sage gefunden. Wenn, wie Wann annimmt, Hameln katastrophal übervölkert war, wenn es gelang, zumindest einen Teil der besitzlosen und unzufriedenen jungen Leute aus dem Gemeinwesen entlassen zu können, wäre das in den Augen der Hamelner Bevölkerung und des Rates eine sehr erfreuliche Entwicklung gewesen, dies hätte kein Sujet für eine Sage gegeben. Die Hamelner Sage aber ist – wie fast alle Sagen – düster im Ton und weist auf einen tragischen Ausgang hin. Auch blieben stets Beziehungen der Kolonisten zu ihrer Heimatstadt bestehen, und Nachrichten liefen hin und zurück. Mit dem Verbleiben der Ausgezogenen hätte sich also nichts Geheimnisvolles, in einer Sage zu Erklärendes verbunden.

Eine Variante dieser Theorie mit tragischem Ausgang bot H. Dobbertin: Unter der Führung des Grafen Nikolaus von Spiegelberg zogen junge Hamelner Bürger aus, kamen dann aber bei einem Schiffsunglück an der Pommerschen Ostseeküste ums Leben, nachdem sie am Johanniterhofe Cuppen (Kopahn) zum letzten Male gesehen worden waren. Beweiskräftige Zeugnisse fehlen aber auch hier, vor allem wurden die Angaben der Sage umgestellt und zurechtgebogen.

Was ergibt sich aber, wenn wir ihnen folgen und dann erst unsere Schlußfolgerungen ziehen?

Die wichtigsten und konstanten Sagendaten – ein Mann mit Pfeife führt einen Zug von 130 Kindern am

26. Juni 1284 durch das Osttor der Stadt Hameln und geht mit ihnen am Koppen verloren – erinnern an den Bericht von dem Erfurter Kinderauszug, allerdings mit einer Einschränkung: Die Erfurter Kinder fanden sich am Abend in Arnstadt wieder ein, während die Hamelner Kinder verschwunden blieben.

An der Tatsache eines Kinderauszuges an einem schönen Sommertag wäre an sich nichts Rätselhaftes oder Auffälliges, es war ein Vorgang, wie er durchaus in das Leben einer mittelalterlichen Stadt paßte. Da der Auszug also keine spektakuläre Handlung einleitete, ist es begreiflich, daß es darüber keine Urkunden, keine Augenzeugen gibt. Der Mangel an schriftlichen Bezeugungen, der oft genug herangezogen wurde, um die Sage als eine Fiktion zu erklären, spricht also auch zumindest dafür, daß das Sagengeschehen, der tragische Ausgang, sich aus dem Alltäglichen, dem Gewohnten heraus entwickelte.

Der Spielmann war eine gern gesehene Erscheinung, gerade während festlicher Tage, und der Johannistag gruppierte eine ganze Reihe von Tagen mit festlichem Treiben um sich. Umzüge und auch Auszüge von Kindern und Jugendlichen gehörten zu den sommerlichen Bräuchen; dahin gehörte auch die Sitte, an markanten Orten und besonders auf Bergen Johannisfeuer abzubrennen. Ein Kinderauszug war damit ein Vorgang, der in der Kulturgeschichte seinen Platz hatte; freilich mußte sich bei einem solchen Auszug später etwas Gravierendes ereignet haben, das den Bericht darüber in das Genre der Sage verwies.

Als Ort des tragischen Geschehens wird der »Koppen« angegeben. Koppen bedeutet Berg, Hügel, Kuppe schlechthin. Der Ort ist nicht genau identifizierbar. Wir suchen ihn in größerer Entfernung von der Stadt – denn unter den Augen der Bürger wird sich das Unglück nicht zugetragen haben. Auch die nachträglich hinzugefügte Erklärung, die Erwachsenen wären zur Zeit des Auszuges gerade alle in der Kirche gewesen, kann wohl kaum befriedigen.

Vergegenwärtigen wir uns wieder den Bericht vom Erfurter Kinderauszug, so werden wir daran gehen, den Koppen in einer größeren, aber für Kinder an einem Tage noch erreichbaren Entfernung von Hameln zu suchen. Halten wir also Ausschau nach einer Stätte, die diesen Namen trägt oder trug und Gefahren in sich birgt!

Es gibt einen »Cobbenberg« (bereits 1013 von Kaiser Heinrich II. urkundlich erwähnt), in dessen Vorfeld der Ort »Coppenbrügge« gegründet wurde, auf sumpfigem Gelände zwischen Ith und Deister, etwa 14 Kilometer von Hameln entfernt.

Für unsere Fragestellung ist vor allem interessant, daß in diesem ehemaligen Coppenberg ein Felsenkessel, die sogenannte Teufelsküche – oder auch das Teufelsloch – eingelagert ist. Der Coppenbrügger Pastor Jacobi berichtete 1771, wie er die Teufelsküche aufgefunden hatte: »Sie liegt an der Spitze des Oberbergs in einer Gegend, wo ungemein dickes Holz steht, zwischen welchem ziemlich große Felsen hervorragen. Der Weg zu ihr ist ziemlich steil, und über ihr nach der Spitze des Berges zu ist es noch steiler. Der Ort selbst ist ein Grund oder kleines Thal, welches ohngefähr sechs hundert Schritte in Umfang hat, und in welchem ganz unordentlich ein ungeheuer großer Stein über dem andern liegt. Durch ihre Lage sind zwischen den Steinen Hohlräume entstanden, darinnen sich wohl Menschen verbergen, aber nicht aufrecht stehen können.«

Das Gelände gehörte den Grafen Spiegelberg, die darauf 1313 eine Burg errichtet hatten. In der »Statischen Beschreibung der Grafschaft Spiegelberg« von 1783 (Handschrift im Königlichen Hausarchiv in Den Haag, Verfasser unbekannt) heißt es: »Die Teufelsküche ist ein kleines aber wildes und felsigtes Thal auf äussersten Spitze des Oberbergs ...«. Und 1858 gab W. A. Rudorff in der »Zeitschrift des historischen Vereins für Niedersachsen« folgendes Bild:

»Ein anderer Ort, wo die Höhe des Ithberges nach Coppenbrüge zu umbiegt, jetzt gewöhnlich der Oberberg genannt, oberhalb des Lecker Hainholzes, trägt gleichfalls den Namen Teufelsküche, und erinnert dadurch an einen Opferplatz ...

Er ist auf beiden Seiten von hohen Felsen eingeschlossen und viel schauerlicher und wilder durch die übereinander gestürzten Felsblöcke, als die auf dem Hilse gewählte Bloße Celle, und die dazwischen hervorragenden alten Baumstämme mit ihren weißlichgrünen langen Moosbärten geben dem ganzen Bilde den Anstrich der grauen Vorzeit, so daß man diesen Ort entweder für einen besonders würdigen Aufenthaltsort heidnischer Gottheit halten oder für heidnische Gottesverehrung und Festmahle als einen sicheren Zufluchtsort vor dem schon allgemein hereindringenden Christentum ansehen mochte.

Dem Namen der Teufelsküche am Oberberge als heidnischen Opferplatzes tritt noch der Umstand hinzu, daß dieser am Ausgang des Ith gelegene Oberberg in der obigen Urkunde Heinrichs II. vom Jahre 1013 Cobbenberg genannt wird.«

Rudorff, Anhänger einer mythologischen Deutung, versucht dann den Namen Cobbenberg von Kobbe (Kufe, Bottich), lateinisch cupa, abzuleiten und den Felsenkessel als alte Kultstätte mit Festschmaus und -trunk darzustellen. Für eine Kultstätte in oder bei der Teufelsküche sprechen auch zwei aufragende Felsen in der Nähe, welche Spuren von Bearbeitung aufweisen, die archäologisch in die Steinzeit zu setzen sind.

Immerhin könnte die zweifellos dem Mittelalter angehörende herabsetzende Bezeichnung Teufelsküche dafür sprechen, daß dieser Ort als eine heidnische Stätte dämonisiert wurde.

Heute bietet sich folgendes Bild: Der Felsenkessel, auf halber Höhe des Berges gelegen, ist durch einen relativ breiten Spalt zu betreten bzw. einzusehen. Die Ausdehnung des Loches beträgt in der Länge ungefähr 150 und in der Breite etwa 50 Meter. Die Wände steigen 20 Meter steil an, ein 30 Meter hoher Überhang verdunkelt das ohnehin düstere Loch. An der Nord- und Westseite sind die Felsen bereits stark verwittert, Blöcke sind hinabgestürzt und liegen getürmt neben modernden Baumstämmen. Gernot Hüsam, der gegenwärtig dem Felsloch sein Interesse zuwendet, glaubt, daß durch das Loch eine tektonische Verwerfungslinie verläuft. Das könnte wohl auf einen Erdfall hinweisen. Vor Jahrhunderten, als der Verwitterungsprozeß noch nicht so weit vorgeschritten war, muß das Felsloch eine größere Tiefe gehabt haben: die Trümmerschicht beträgt schätzungsweise 8 Meter. Die Felsen sind mit Moos überzogen, und zwischen den Blöcken und Baumstämmen wachsen auf feuchtem Untergrund Farne und Sauerklee. Im Boden ist vertorftes Holz eingelagert. Möglicherweise ist das Felsloch im Ith durch den Einsturz einer Höhle entstanden. Im östlichen Teil des Ith sind vor allem in letzter Zeit in den dolomitischen Jurakalkschichten Höhlen erschlossen worden, von denen wohl eine als alte Kulthöhle anzusprechen sein dürfte. Wegen Einsturzgefahr können sie allerdings nicht begangen werden.

Sind wir bei diesen Feststellungen vielleicht ganz nahe am Kern der Sage? Auf alle Fälle macht das Gelände einen finsteren und unheimlichen Eindruck, der durch häufige dichte Nebelbildung noch verstärkt wird. Die steilen und unvermuteten Abstürze sind auch heute noch gefährlich.

Mit dem Massiv des Oberbergs ragt der Ith schroff und wuchtig in die Ebene zwischen Hameln und Coppenbrügge. Dieser Steilabfall gab ihm ein markantes Gepräge und bestimmte die Landschaft bis zum Weserufer. Dieser aus seiner Umgebung ragende Berg zog, wie die Berichte zeigen, den Brauch auf sich, Osterfeuer beziehungsweise Johannisfeuer anzuzünden.

Um die Teufelsküche gab es zahlreiche literarisch nie fixierte Sagen; ältere Bewohner des Fleckens wissen davon. Opferfeste sollen in der Teufelsküche gefeiert worden sein, viele Menschen seien dort umgekommen. Ein Sagenfragment lastet freilich dem Grafen von Spiegelberg die Schuld an, ein anderes Fragment läßt dafür in der Burg des Grafen eine weiße Frau spuken.

Eine weitere Sage – nach Mitteilung des Hamelner Heimatforschers H. Spanuth – bringt einen Zauberer, der am Mönchstein, einen Kilometer von der Teufelsküche entfernt, umgehen soll. Er ist in die Spalten des Berges gebannt und fährt nur in der Osternacht talwärts, um dort sein Unwesen zu treiben.

Die Gestalt des Zauberers aus einer einstmals farbigeren Sage könnte auf das Bild des dämonisierten Spielmanns, mitunter auch als Zauberer dargestellt, eingewirkt haben.

Das Felsloch wurde im Volksglauben zur Teufelsküche. Überdies hatte in den Jahren 1346–1351 eine Pest die Hamelner Gegend heimgesucht, und viele, die noch um das Verschwinden der Kinder wußten, starben hinweg. Den Überlebenden blieb die undeutliche Erinnerung. Da der neutrale Flurname Koppen bei Hameln vorkam, wurde das Geschehen dicht an die Stadtmauern herangerückt, und das wundergläubige Mittelalter sah zwischen dem Hügel Koppen und der düsteren Überlieferung keine Diskrepanz. Diese Vertauschung mußte dazu beitragen, die sagenhaften Elemente dieser Überlieferung weiter auszubauen. Auch barg und birgt ja ein Verschüttetwerden etwas besonders Schauriges und Geheimnisvolles, selbst die Leichen der Verunglückten sind oft nicht auffindbar. Der

Ausdruck »verschwunden«, wie er in den verschiedenen Varianten der Sage immer wieder gebraucht wurde, kennzeichnet ein solches Nichtwissen und Nichtbegreifen. Die in der Sage genannten Daten fügen sich hier ohne Umbiegen in eine Rekonstruktion des Geschehens, das einen Zug von Hameln nach dem alten Coppenberg und der Teufelsküche nachzeichnet.

Ein weiteres Indiz stützt diese These: Auf dem bereits genannten Bild der Mörsperger Handschrift führt der Kinderzug an einer Hinrichtungsstätte, einem Galgenberg, linker Hand vorbei, dahinter mehr rechts gelegen geht der Weg weiter bergauf, und im hohen Berg öffnet sich eine dunkle Höhlung. Ein Blick auf das Bild der Landschaft von heute zeigt eine auffallende Ähnlichkeit mit der Topographie der Mörsperger Handschrift. Vor dem bewaldeten Oberberg liegt die Heerburg, auf der sich eine Galgen- und Schädelstätte befand. Hinter einer Baumreihe verlief die alte Heerstraße. Mit diesem Galgenberg dürfte der Kalvarienberg identisch sein, der in zahlreichen Varianten der Sage erscheint ... »up den Koppen by Calvarie ... verbracht unde verloren«. Auf einer Karte von 1783 ist die Heerburg eingetragen. Neben den Namen sind zur Kennzeichnung der Hügel Galgen und Rad gesetzt worden. Die Schädelstätte wurde oftmals zum Kalvarienberg (lateinisch calvaria, Hirnschädel) und in Erinnerung an das biblische Golgatha zu einem Wallfahrtsort. Diese auf der Heerburg gelegene Hinrichtungsstätte mit aufragendem Rad und Galgen war wohl die Gerichtsstätte der Grafen von Spiegelberg, zumindest war sie ein signifikanter Punkt in der Landschaft.

Die Hamelner Kinder mögen, angeführt von einem Spielmann, aus der Stadt gezogen sein und die Höhle betreten haben. Dafür könnte es verschiedene Gründe geben. Vielleicht wollten sie vor einem Unwetter Schutz suchen, wobei das Unwetter dann zum Einsturz der Höhle führte.

Der alte Brauch, Sonnenwendfeuer auf dem Oberberg abzubrennen, legt nahe, daß junge Menschen aus Hameln sich um den Johannistag dort aufhielten. Auch Kinder können sich diesem Unternehmen angeschlossen oder selbst einen Auszug veranstaltet haben. Die alte Kultstätte konnte gerade für einen Spielmann besondere Anziehungskraft besitzen, denn die Spielleute waren von der Kirche ausgeschlossen und lange noch mit den alten heidnischen Glaubensvorstellungen vertraut. Wenn in zahlreichen Versen und Inschriften das Wort »verloren« wiederkehrt, so ist damit vielleicht nicht nur der Verlust, der Tod der Kinder umschrieben, sondern – wir schließen uns hier Überlegungen G. Hüsams an – es kann mit dieser Formulierung auf lapidare Weise ein Urteilsspruch gefällt worden sein. Wenn tanzende, sinnesfreudige junge Menschen einen Ort, den es zu meiden galt, aufsuchten und dabei elendiglich umkamen, wenn sie aus Tanz und Spiel in einen jähen Tod stürzten, so waren ihre Seelen nach der damaligen kirchlichen Auffassung verloren. Ein so düsteres und hartes Urteil fügt sich in den Ton der Sage. Doch auch andere Faktoren können das Losziehen der Kinder bewirkt haben, wie Freude am Abenteuer, an Tanz, Spiel und Musik, seelische Erregtheit und Aufsässigkeit. Auf alle Fälle verband sich mit dem Kinderzug nichts Ungewöhnliches, nichts Spektakuläres, nichts, was zu beurkunden war.

Im Lüneburger Stadtarchiv sind Aufzeichnungen eines Schreibers vorhanden, der, allerdings in anderem Zusammenhang, zwischen 1430 und 1450 berichtete: »... mater domini Johannes de Lude dekani vidit pueres recedentes«. Der Ratsherr von Lüden verstarb 1378, seine Mutter war also im Jahre 1284 noch ein Kind. Durch diese Beifügung erhielt die Möglichkeit der Zeugenschaft eines Kindes Glaubwürdigkeit. Wichtiger aber ist, daß der lateinische Text »vidit« für »sehen« einsetzte – »videre« heißt »sehen« schlechthin; hätte es sich um eine bedeutungsvolle Aktion gehandelt, die es regelrecht zu beobachten, vielleicht sogar anzustaunen galt, so hätte er »observat« eingesetzt.

Die Kinder müssen sich also aus einer nicht mehr zu klärenden Motivation in der Stadt zusammengefunden haben, sie sind dann wohl durch die sogenannte Bungelosegasse gezogen – allerdings ist erst seit 1577 belegt, daß dort kein Trommelschlag ertönen durfte, vielleicht als eine Manifestation der Trauer –, sie haben dann durch das Osttor Hameln verlassen, da der Ith mit der Teufelsküche östlich von Hameln liegt. Die Entfernung Hameln–Teufelsküche entspricht ungefähr der Entfernung Erfurt–Arnstadt. Die Kinder kamen wohl, gerade wenn es beabsichtigt war, ein Feuer zu entzünden, am Abend an, vielleicht schon bei Anbruch der Dunkelheit. Beim Betreten des Geländes muß dann die Katastrophe, der Einsturz, erfolgt sein. Vielleicht wurde er durch ein Unwetter ausgelöst. Eine sich abzeichnende Gefahr konnte Panik auslösen, so daß die Kinder vollends ins Verderben gerieten.

In einigen Sagenvarianten wurden allerdings Kinder genannt, die den Nachtrab bildeten und aus sicherer Entfernung den Untergang ihrer Gefährten erlebten. Sie konnten die Kunde von dem Unglück weitergeben. Der erste Augenzeugenbericht der erschöpften, verstörten Kinder mußte bereits unscharf werden. Das Sagenmotiv, daß eines der Kinder blind, das andere stumm gewesen sei, geht auf eine in der Folklore weit verbreitete Formel zurück und steht hier für das Unvermögen, das furchtbare Geschehen zu schildern und zu begreifen. Da waren nur Berg, der Eingangsfelsen zur Höhle und das herabgebrochene Gestein zu sehen. Auch die uns schon bekannte Identifizierung des Rattenfängers mit dem Teufel, wie sie uns vereinzelt entgegentritt, fügt sich in das Bild von der Teufelsküche, dem Teufelsloch als locus funestus, als Ort des Untergangs.

Die Hamelner Kinder sind also nicht, wie es dann in der späteren Sagenausformung heißt, im Berge verschwunden, sondern durch den Einsturz des Gesteins begraben worden. Diese Annahme stützt sich auch auf frühe markante Varianten der Sage. Da ist noch einmal die Aussage der Bamberger Bürger, daß die Hamelner Kinder im Berge versunken seien, da ist der nachfolgende Einblattdruck von 1622.

Der Arzt Freitag beschrieb in einem Brief an den niederländischen Gelehrten Ortelius (zweite Hälfte des 16. Jahrhunderts), ausgehend von einer ungenannten Quelle, die Lage in der Stadt nach dem Kinderauszug: »derwegen jedermann ist hinauff gelauffen / umb seine Kinde wiederumb zu bekommen / aber alles vergebens …«. Auch andere Chronisten lassen die Eltern, allerdings erfolglos, an der nicht weiter beschriebenen Unglücksstätte nachgraben. Bis heute haben noch keine ernsthaften archäologischen oder geologischen Untersuchungen auf dem Gebiet des Oberbergs und der Teufelsküche stattgefunden. Aus der Teufelsküche selbst gibt es keine Funde.

Wenn nicht sehr ungünstige chemische Einflüsse vorliegen, müßte die Humussäure des sumpfigen Bodens in genügendem Maße konservierend beziehungsweise mumifizierend gewirkt haben. Könnten die verschwundenen Kinder nach Jahrhunderten wieder aufgefunden werden? Gerade wenn wir die Rattenfängersage auf ein lokales Geschehen zurückführen, stellt sich die Frage, wie ein solches begrenztes Ereignis zu historischer Bedeutung gelangen und weltweit bekannt werden konnte.

Da ist einmal das Faszinierende des geheimnisvollen, dramatischen Vorgangs, das die Phantasie und den Forschungsdrang anregt. Ein ungelöster unbedeutender Vorgang beschäftigt die Gemüter viel stärker als ein bedeutenderer, aber durchsichtiger Fall und fordert immer wieder zur Beantwortung heraus.

Für Hameln war der rätselvoll-tragische Exodus der Kinder freilich bedeutsam, fehlte doch eine Generation später ein Großteil der Bürger, die zu Beginn des 14. Jahrhunderts im Schaffensalter gestanden hätten. Verheerende Stadtbrände 1335 und 1339 sowie die Pest dezimierten die Bevölkerung noch weiter.

Wir sagten es bereits: Die erste Wiedergabe des Geschehens – vermutlich von Zeugen im Kindesalter beigebracht – mußte unscharf und von Irrationalem erfüllt gewesen sein, für das im 13. Jahrhundert stets eine Bereitschaft zu glauben vorhanden war.

Das Überlieferte, anfangs ein Erlebnisbericht, zog in seiner Konstellation die mythischen Vorstellungen vom Totenzug und Totenführer auf sich. Auch die dramatischen und bildnerischen Darstellungen des Totentanzes, die sich seit dem 14. Jahrhundert mit dem Wüten von Seuchen und dem Massensterben herausbildeten, färbten die Gestalten, vor allem die des Spielmannes. Nunmehr wurde er zum dämonischen Initiator des Auszuges. Dieser Auszug konnte verschieden begriffen werden. Einmal tanzten die Kinder vielleicht tatsächlich in Lust und Freude, die dann jäh endeten, hinter dem Spielmann her. Dann wieder wurde der Exodus als Totentanz gedeutet, und es konnte die ekstatische Tanzwut nachgezeichnet werden.

Auch in der biblischen Erzählung vom bethlehemitischen Kindermord war ein Beispiel gegeben, dem eine Parallele von einem schlimmen Kindersterben beigefügt wurde.

Die außerordentliche Pflege, die die Stadtväter und auch wohl alle Bürger Hamelns der Sage lange Zeit bis zur Mitte des 17. Jahrhunderts angedeihen ließen, trug ebenfalls zu ihrer Verbreitung bei. Dadurch wurde auch die gelehrte Welt auf sie aufmerksam. Als sich dann nach 1650 der Rat gegen die Sage, die sich zur heutigen Rattenfängersage entwickelt hatte, wandte und sie bekämpfte, war es zu spät, um ihrer Volkstümlichkeit Einhalt zu gebieten – im Gegenteil, die Sage gewann durch den Streit neue Beachtung.

Fast möchte es scheinen, als hätte die alte Sage mit der Vorgeschichte vom Rattenfang erst ihre Motivierung erfahren: Der Untergang der Kinder war durch die Rache eines Spielmannes ausgelöst worden. Trotzdem hat die alte eingliedrige Entführungssage über Jahrhunderte ein beständiges Eigenleben geführt, wurde als abgerundete, in sich geschlossene Sage weitererzählt. Im Mittelalter genügte die lapidare Schuldzuweisung an den Spielmann vollauf, denn der Spielmann war aufgrund seiner sozialen Stellung, seiner kirchlichen Verfemung zu allem Bösen fähig und wurde zu den »henkersmäßigen Leuten« gerechnet. In den Augen der Kirche bewahrten die Spielleute und Gaukler zu viele vorchristliche Vorstellungen und Traditionen; überdies vertrug sich ihr Treiben auch nicht mit der kirchlichen Forderung nach Frömmigkeit und Askese. Aber auch im Rechtsleben figurierten diese als völlig rechtlos und ehrlos. Ob die Spielleute herumzogen oder in städtischen Diensten standen, machte kaum einen Unterschied. Der Bürger war also de jure nicht verpflichtet, einem Spielmann gegenüber eine Abmachung einzuhalten. Dieser konnte betrogen und sogar getötet werden! Die Zeit der tiefsten Erniedrigung der Spielleute erstreckte sich von der zweiten Hälfte des 13. Jahrhunderts bis in die Mitte des 14. Jahrhunderts; in dieser Zeit bildete sich die Hamelner Entführungssage heraus. Da der Spielmann das Böse an sich verkörperte, konnte er, wie es in Varianten denn auch geschah, leicht vom Teufel abgelöst werden.

So wurde die Sage vom Spielmann als Kindesentführer von den Bürgern benutzt, um Spielleute und andere Rechtlose abzuwerten und ihre Rechtsansprüche abzuweisen. Mit dieser Tendenz erlangte die Sage allgemeine Bedeutung. Jedoch entfernten sich gegen Ende des 15. und zu Beginn des 16. Jahrhunderts breite Bevölkerungsschichten von kirchlichen Herrschaftsansprüchen und überlieferten Wertvorstellungen. In der Zeit der Reformation und des Bauernkrieges erfolgte eine Umwertung in allen

Bereichen. Sollte die Hamelner Sage in der Überlieferung weiterleben, mußte sie sich den neuen Verhältnissen anpassen. Die unverständlich gewordene und nicht mehr akzeptable Motivierung des Auszugs, das Hineinlaufen in eine Katastrophe, der Schuldzuweis an den Spielmann mußten durch eine neue und begreifliche ersetzt werden. In der Zeit schwerer sozialer Kämpfe und Umwertungen änderte sich auch die gesellschaftliche Position des Spielmanns, er war nicht mehr verfemt, er konnte sogar an die Spitze revolutionärer Gruppierungen treten wie das »Pfeiferhänslein«.

So entstand, in das Kolorit des Bildes der Stadt Hameln passend, die neue Motivierung der alten Entführungssage durch das Hinzufügen der Rattenfangsage. Da der Spielmann nicht mehr eo ipso als böse aufgefaßt werden konnte, mußte die Verlockung, die dann in dem Untergang der Kinder endete, neu motiviert werden. Diese Begründung aber leitete sich ebenfalls aus den gewandelten sozialen Verhältnissen ab. Die Gestalter und Erzähler der Rattenfangsage nahmen Partei für den betrogenen Spielmann, sie stellten die Unredlichkeit und die Habsucht des Ratsherrn bloß. Damit war der Rat nicht nur zum Mitschuldigen, sondern zum Hauptschuldigen an dem Unglück geworden, das über die Stadt hereingebrochen war. Der Spielmann hatte furchtbare Rache genommen, aber der Rat hatte ihn dazu getrieben.

Die Neigung zu schwankhaft-satirischer Gestaltung – mit dem aufscheinenden sozialen Protest oft eng verbunden – begünstigte auch die Erweiterung und plastische Schilderung der Vorgeschichte vom Rattenfänger: Dieser sozialkritisch durchwirkte Eingang gewann der ursprünglichen Entführungssage gegenüber erzählerisch-kompositorisch eine Vorrangstellung.

In diesem im 16. Jahrhundert einsetzenden Prozeß verband sich in den Varianten der Sage langsam die Vorgeschichte vom Rattenfang mit der alten Entführungssage, bis schließlich die Sage in ihrer Zweigliedrigkeit und ihrem unüberhörbar kritischen Ton erneut zum Widerspruch, diesmal von seiten des Rates und der Bürgerschaft, führte.

Diese Entwicklung aber ließ die Gestalt des Rattenfängers in widersprüchlichem Charakter erscheinen. Im ersten Teil der Sage ist er der arme, mißachtete und mißhandelte Mensch; im zweiten Teil der Sage ist er der dämonische Verführer. Diese Zwielichtigkeit (in der Sage selbst wird sie durch das Irrationale aufgehoben) hat der Rattenfänger bis heute bewahrt, und sie erhöht den Reiz und die Rätselhaftigkeit der alten Volkssage.

# Dracula

*»Eine ziemlich lange Zeit schien aber verflossen zu sein, als er seinen blutbefleckten Mund von meinem Hals löste. Ich sah schwere, rote Tropfen davon herniederfallen!«*
*Bram Stoker, Dracula*

Der Glaube an den wiederkehrenden Toten ist vielen Völkern gemeinsam. Angst vor unerklärlichen Krankheits- und Todesfällen steht dahinter. In diese Wiedergängervorstellungen vom »lebendigen Leichnam« fügt sich auch der Glaube an Vampire ein, die Lebenden das Blut aussaugen, um über den Tod hinaus weiterexistieren zu können.

Bereits die griechische Antike kannte die Lamien, blutsaugende Unholdinnen, die Empusen, verwandlungsfähige Spukgestalten im Gefolge der chthonischen Göttin Hekate, und die Strigen, die gespenstischen Nachtvögel. Sie alle flogen durch das Reich der Finsternis, fern vom lichten Göttersitz des Olymp.

Blut galt – und nicht nur bei den Griechen – als Lebenssaft. Odysseus lockte deshalb im 11. Gesang der Odyssee die Nebelgestalten der Toten mit dem Blut von Schafen aus der Unterwelt: »... ihr Blut floß dunkel. Da stiegen aus der Tiefe die Seelen der abgeschiedenen Toten ... Die umschwärmten die Grube in großen Scharen mit lautem Schreien von allen Seiten ...«

Der römische Dichter Ovid (43 v. Chr.–17 n. Chr.) brachte in seinen »Fasti«, einer Art Festkalender, in dem er römische Feste, Kultbräuche und Mythen behandelte, eine Schilderung der Gespenstervögel: »Dick ist ihr Kopf, mit Schnäbeln zum Raub; mit Haken versehen sind ihre Krallen, ihr Blick starr, das Gefieder ganz grau. Nachts fliegen sie aus ... Strigen nennt sie das Volk, und der Ursprung des Namens rührt daher, daß ihr kreischender Ruf schaurig erklingt in der Nacht.«

Im Mittelalter tauchte dann neben Werwölfen, Mahren, Wasser-, Wald- und Berggeistern, Teufeln und Hexen vereinzelt auch der Vampir auf.

Unter dem Eindruck verheerender Pestzüge, die bis ins 17. Jahrhundert hinein stattfanden, als im Dreißigjährigen Kriege Seuchen den Heeren folgten, verbreitete sich auch der Glaube an Vampire und an Nachzehrer und schlug sich in den Sagen wie Märchen nieder. Wenn Glieder einer Familie plötzlich hintereinander verstarben, Nachbarn der Tod traf, Gassen und Stadtviertel entvölkert wurden, dann gab man in vielen Gebieten die Schuld daran dem Vampir oder Nachzehrer. Meist war er der zuerst Verstorbene, der die anderen zu sich in das Grab holte. Um diesem so gefürchteten Treiben ein Ende zu machen, gruben die um ihr Leben fürchtenden Menschen diesen vermeintlichen Vampir aus und schlugen ihm einen Pfahl durch den Leib, um ihn in seinem Grabe festzuhalten und an seiner verhängnisvollen Wiederkehr zu hindern. Diese Vampirgestalt war so tief in den Volksglauben eingedrungen, daß sie in die Welt der Sage und auch in die des Märchens Einzug hielt.

Der Vampir bekam aber nicht nur im Volksglauben, in den Sagen und im Märchen einen Platz eingeräumt, sondern auch in wissenschaftlichen Abhandlungen: Wir nennen hier das »Gutachten der Königlichen Preußischen Societät deren Wissenschafften von denen Vampyren oder Blutaussaugern«.

Der Bericht der Kommission war freilich skeptisch, aber immerhin ratend, »daß man by dieser Quaestion behutsam zu verfahren …« habe. Und er schließt: »Berlin, den 11. Mant. 1732 allerunterthänigst-treugehorsamste Zur Königl. Societät der Wissenschafften verordnete Vicepräsident, Doctores und Mit-Glieder.«

Als ein umstrittenes, vielleicht durch die Naturwissenschaften zu ergründendes Phänomen konnte der Vampir auch im Zeitalter der Aufklärung weiterleben und dem lese- und bildungsbeflissenen Bürgertum ein angenehmes Gruselgefühl verschaffen. Die stärkste Wirkung in dieser Hinsicht erzielte 1897 der Ire Bram Stoker mit seinem Roman »Dracula«. Sein Vampir-Graf hauste auf einem zerfallenen Schlosse in Transsilvanien. Er hatte literarische Vorbilder, wir werden sie später noch kennenlernen. Graf Dracula war keine reine Fiktion, sondern besaß einen historischen Ahnherrn: Vlad Dracula, später auch Vlad Tzepes (Vlad der Pfähler) genannt, ein walachischer Fürst, der um die Mitte des 15. Jahrhunderts lebte.

Die Auswertung von rumänischen, ungarischen, italienischen und türkischen Dokumenten machte es möglich, seinen Lebenslauf zu rekonstruieren und seiner historischen Bedeutung gerecht zu werden.

Vlad Dracula, eigentlich Vlad Draculea, war der Sohn von Vlad Dracul: Dracul, das bedeutet Ritter des Drachenordens. Vlad Dracula hatte diesen Orden vom damaligen ungarischen König Sigismund erhalten. Nach dem Tode seines Vaters und des älteren Bruders wurde der junge Prinz Vlad, der als Geisel bei den Türken lebte, zum Fürsten der Walachei (Muntenien) bestimmt. Wahrscheinlich haben gerade die Jahre der Geiselhaft den jungen Vlad zum entschiedenen Gegner der Türken gemacht. Das Osmanische Reich hatte im 13. und 14. Jahrhundert an Bedeutung, Macht und Ausdehnung gewonnen, während der Einfluß des Byzantinischen Kaiserreiches ständig abnahm. 1453 wurde Konstantinopel (Byzanz) von den türkischen Truppen gestürmt, geplündert, in Istanbul umbenannt und zur Residenz der osmanischen Sultane erhoben. Damit war die Eroberungspolitik der Osmanen vorgezeichnet: Sie versuchten, auf den Balkan vorzudringen und die dort wohnenden Völker zu unterwerfen oder tributpflichtig zu machen.

1389 siegten die Türken auf dem Amselfeld (Kosovo Polje). Wenig später stellte sich ihnen 1396 ein schwer gepanzertes, aber recht undiszipliniertes christliches Heer unter dem ungarischen König Sigismund entgegen. Die französischen Ritter, Ungarn, Bewohner der Walachei und Angehörige des Johanniterordens unterlagen dem türkischen Heer bei Nikopolis. Die Balkanfürsten wurden den Osmanen dienst- und tributpflichtig. Eine Sonderstellung nahm dabei die Walachei ein. Sie lag am Schnittpunkt der christlichen und der islamischen Welt, ihrer Interessengebiete und Machtansprüche. Fürst Vlad versuchte, aus dieser Situation das Beste für seinen Herrschaftsbereich und seine Heimat zu machen.

Ein historisch notwendiger Zusammenschluß der Völker des Balkans bis nach Ungarn wurde dadurch erschwert, daß zwischen der römisch-katholischen Kirche und der griechisch-orthodoxen Kirche eine tiefe Kluft bestand. Sogar angesichts der türkisch-islamischen Bedrohung kämpften sie erbittert gegeneinander.

Bei seinen Bemühungen um eine zumindest relative Unabhängigkeit der Walachei mußte sich Fürst Vlad von einer doppelten Oberhoheit befreien. Er war zum einen den Türken tributpflichtig, zum anderen befand er sich in gewisser Abhängigkeit vom katholischen Königreich Ungarn. Zwistigkeiten unter den feudalen Geschlechtern stießen jedoch den jungen Fürsten von seinem Thron.

In den Jahren zwischen 1456 und 1462 kam Vlad Dracula wieder zur Macht, und es gelang ihm zu verhindern, daß Sultan Mohammed II. die Walachei seinem türkischen Großreich einverleibte. In dieser Zeit wählte Vlad Bukarest zu seinem Herrschaftssitz. Eine von ihm unterzeichnete Urkunde ist auf das Jahr 1459 datiert.

In einem Kreuzzug gegen die Türken, den auch andere europäische Mächte planten, begann Fürst Vlad als erster den Kampf. Er vernichtete türkische Garnisonen und rückte gegen das alte Byzanz vor. Ein Heer des Großwesirs, das sich ihm entgegenstellte, wurde trotz zahlenmäßiger Überlegenheit geschlagen. Die osmanische Bevölkerung flüchtete bereits auf die andere Seite des Bosporus. Doch reichten die Kräfte des walachischen Fürsten nicht aus, um die Metropole zu erobern. Dafür glückte ihm ein Nachtangriff auf ein türkisches Heerlager, der bis zum Zelt Mohammeds vordrang. In diesem Kampf gegen das Osmanische Reich hatte sich Fürst Vlad aber politisch zu weit vorgewagt. Der ungarische König Matthias Corvinus, Vlad im Grunde wohlgesonnen und mit ihm verbündet, konnte und wollte zu diesem Zeitpunkt keinen Krieg gegen die Türken führen, denn er selbst hatte sich gegen die Thronansprüche Friedrichs III. von Habsburg zur Wehr zu setzen und sah so seine militärischen Kräfte gebunden.

Hinzu kamen die sogenannten »Verräterbriefe«, mit denen bewiesen werden sollte, daß Vlad mit den Türken zu paktieren gedachte. Sie entstammten einer Verleumdungskampagne, die vornehmlich von Bojaren geführt wurde.

Dafür schätzten die Armen im Lande den Fürsten Vlad. Sie verübelten es ihm auch nicht, wenn er mit harten Maßnahmen gegen die »sächsischen« Kaufleute (Siebenbürger Sachsen) vorging, die sich seiner Politik in den Weg stellten. Fürst Vlad war hart in seinem Vorgehen und grausam bei seinen Strafen. Im Verteidigungsfalle ließ er die Bauern und ihr Vieh in die Wälder flüchten, die Fluren zerstören, so daß es für den Feind nichts zu plündern gab. Gefangene – vor allem Türken – und Unbotmäßige, auch Bojaren, ließ er pfählen, das heißt, senkrecht an einem Pfahl aufspießen und zur Abschreckung aufstellen. So wurde Vlad Draculea zu Vlad Tzepes (Vlad der Pfähler) oder einfach Dracula, wobei dieser Name die Bedeutung »Satan« erhielt. Damit setzte der Prozeß der Verteufelung ein. Aber letztlich führten alle Seiten einen gleich grausamen Krieg.

Vlad wurde durch einen Offizier des ungarischen Königs festgenommen und verblieb zwölf Jahre in ungarischer Gefangenschaft. Dann kehrte er zurück, bestieg 1476 zum dritten Male den Thron und zog wiederum gegen die Türken. Aber ein türkischer Söldner, der sich in das Heer des Fürsten Vlad eingeschlichen hatte, ermordete ihn hinterrücks. So endete gewaltsam ein Leben, das von Krieg, Gewalt und einem erbitterten Kampf gegen Unterdrükkung gezeichnet war.

Ein solches Leben mußte aber auch Erzähler und Chronisten reizen. Die slawische »Erzählung über Fürst Dracula« geht auf eine wohl 1486 verfaßte, aber verlorengegangene Handschrift zurück. Der Meistersänger Michael Behaim wartete mit einem Gedicht zu Ehren des Woiwoden auf, seine Quelle aber entwarf ein anderes Bild: »Von einem Wutrich der hiess Trakle Waida«.

Die sich hier abzeichnende Ambivalenz zeigt sich in der Gestaltung des Woiwoden in allen Quellen des 15. Jahrhunderts. Graf Dracula erschien als grausamer und tyrannischer Herrscher oder als strenger, aber zugleich mutiger Fürst, der sein Land liebte, es gegenüber den Türken verteidigte und nicht davor zurückschreckte, aufsässige und herrschsüchtige Bojaren zu strafen.

Die erste deutschsprachige Fassung wurde wohl von einem Siebenbürger Sachsen aus Kronstadt (Braşov) geschrieben. Vielleicht wurde der Stoff über diese Aufzeichnung nach Süddeutschland vermittelt. Dort erschien in der Druckerei von Marcus Ayrer in Nürnberg 1488 ein Volksbuch mit dem Titel »Dracole Waida«. Weitere Ausgaben im süddeutschen Raum folgten. Sie präsentierten Dracula als einen menschenverachtenden Fürsten, der seine Gefangenen spießte, briet und sott – auch des Kannibalismus wurde er geziehen. Zuvor hatte er selbstverständlich alle Kaufleute ausgeplündert. In marktschreierischer Sensationslust hieß es immer wieder: »... ließ sie alle miteinander spiessen.« Von seinem Kampf gegen die türkische Machtausweitung war dagegen nur in einem einzigen Satz die Rede.

Daß daneben aber noch ein anderer Überlieferungsstrang bestand, der zeitweilig sichtbar wird, beweist die »erschröckliche historie von dem wilden wutrich Dracole weyde«, erschienen in Straßburg, Anno domini MCCCCC. Von Dracule heißt es am Schluß »er thet dann grosse puß ..., und man sagt, er het donnoch vil guter werck gethon«.

Nach dieser Aufwertung zog der unbekannte Autor sich aber wieder auf frühere Positionen zurück: »Item seinen schatz hot er gar listigklichen lassen versencken ... Ein Knabe, der davon wußte, do ertodtet yn der dracole auch, das nyman seyn schatz solt wissen oder finden.«

Der biographische Gehalt solcher Darstellungen war gleich Null. Durch die fast genüßlich zu nennende Aneinanderreihung von Greueltaten trat die historische Gestalt des Vlad ganz in den Schatten, und es blieb nur die »erschröckliche historie« eines mehr mythisch als historisch erscheinenden Unholds.

Die Romantik, die ihr Interesse auch den vielzitierten Nachtseiten der Natur und des Menschen zuwandte, griff das Vampirthema wieder auf. Da viele Romantiker nach Anregungen aus der Volksdichtung suchten und Motive dem Volksglauben entlehnten, hatte dieses Sujet besondere Reize. Aber auch Stoffe des 18. Jahrhunderts, wie August Bürgers »Lenorenballade«, wirkten weiter. E. T. A. Hoffmanns »Aurelia« war den Ghulen aus 1001 Nacht nachgezeichnet, die Menschen und Leichen fressen, der Vampir ging mehr in der englischen, französischen und russischen Literatur um.

Für uns ist der Kreis um Lord Byron interessant, der sich am Genfer See darin versuchte, die massive »Schauerromantik« der »gotischen Romane« des 18. Jahrhunderts mit der sensibleren Novellistik des beginnenden 19. Jahrhunderts zu verbinden. Ein Produkt dieses Kreises wurde »Frankenstein« von Mary Shelley, damals noch Mary Godwin. Eine ähnliche Resonanz erzielte der Arzt Polidori mit seinem »Vampyr«, einer Novelle, die 1820 aufgrund ihres literarischen Erfolges zu einem zweibändigen Roman erweitert wurde.

Aber auch in der zweiten Hälfte des 19. Jahrhunderts gab es neue Variationen des Vampirsujets. Eine der eindrucksvollsten bot der Ire Sheridan Le Fanu mit »Carmilla« (1872). Die seit 150 Jahren verstorbene und begrabene Komtesse Mircalla Karnstein verwandelte sich in ein betörendes, aber gefährliches Vampirweib, das sich in lesbischer Liebe seinen Opfern, arglosen jungen Mädchen, näherte. Diese Novelle wirkte auf Bram (Abraham) Stoker – ebenfalls irischer Abkunft –, der 1897 »Dracula. Ein Vampirroman« veröffentlichte.

Bram Stoker war mit den Sagen um den Woiwoden Dracula durch den Orientalisten Arminius Vámbéry von der Budapester Universität bekannt geworden. Wohl nicht mehr zu klären ist, ob in dieser Sage der transsilvanische Graf bereits mit vampirischen Zügen ausgestattet war oder ob Stoker, seit der Lektüre von »Carmilla« am Vampirsujet interessiert, selbst Vlad Dracula, den Pfähler, zum Gepfählten, das heißt zum durch das Pfählen unschädlich gemachten Vampir befördert hatte.

Fürst Dracula hatte in Transsilvanien gelebt, und in einigen Erzählungen waren sein Name und sein Wirken mit düsteren Schrecknissen in Verbindung gebracht worden. Der Vampirglaube war bereits seit Jahrhunderten – denken wir an die antiken Vorläufer – auf dem Balkan verbreitet. Hier im Roman also eine Querverbindung zu ziehen bot sich an. Überdies konnten trotz aller Entfernung von der Geschichte und der geschichtlichen Realität des Dracula seine Gestalt und sein Domizil, das heißt sein Schloß und seine Gruft in eine romantisch ferne, aber nicht fiktive Landschaft, nämlich Transsilvanien, gestellt werden. Obgleich Stoker diese Gegend nie bereist hatte, gelangen ihm am Eingang des Romans eindrückliche Landschaftsschilderungen. Er brauchte dazu keine Details, denn es war wirksamer für sein Vorhaben, die düstere Stimmung spürbar zu machen, die über den Bergen, den Dörfern, den Wäldern und den Menschen lag.

Gleich zu Beginn des Romans wird der Leser in eine Atmosphäre von Furcht und Grauen eingeführt, die sich steigert, als die Postkutsche in Richtung des Borgopasses sich dem Schloß des Grafen Dracula nähert. Künftiges Unheil wirft seine Schatten voraus. »Dunkle drohende Wolken flogen über unseren Häuptern dahin, und in der Luft lag eine schwere drückende Schwüle. Es war, als trennte der Gebirgszug zwei grundverschiedene Atmosphären und als träten wir nun in die der Gewitter ... Dann fuhr eine Kalesche mit vier Pferden von hinten an uns heran und hielt auf gleicher Höhe an, während die Bauern in lautes Geschrei ausbrachen und sich bekreuzigten. Beim Schein der Laternen konnte ich erkennen, daß die Pferde kohlschwarz und wundervoll gebaut waren.« So begann die Fahrt nach dem Bergschloß des Grafen im fahlen Mondlicht, begleitet vom Geheul der Wölfe und der scheu geflüsterten Bemerkung (aus Bürgers Lenore): »Denn die Toten reiten schnell.«

Nachts erscheint Graf Dracula selbst mit raubvogelartigem Gesicht und langen, spitzen Zähnen, und er bringt auch Remineszenzen an Historisches: »Wer war es, der als Woiwode die Donau überschritt und die Türken auf eigenem Boden schlug, als die Banner der Walachen und Magyaren vor dem Halbmond in den Staub sanken? Wer anders als einer meines Geschlechtes, ein Dracula!«

Der Dämon nähert sich seinen Opfern als riesige Fledermaus. Noch heute sehen manche in diesen harmlosen Tieren etwas Unheimliches, wohl wegen ihres nachtaktiven Wesens. In dieser Gestalt vermag der Vampir auch die Felsen kopfüber hinabzuklettern. Von seinem Biß zeugen nur zwei kaum sichtbare Narben am Hals des Opfers. Die Opfer, die nach jedem Biß schwächer werden, sind vornehmlich junge Frauen ...

Bram Stoker vermochte die Verschmelzung von Natur- und Landschaftserleben, Traditionen, Rudimenten des Volksglaubens und psychologischer Zergliederung nicht durchzuhalten. Der Schluß des Romans versetzt – trotz Wolfsgeheuls und Winterkälte – den Leser nicht in die Stimmung der Anfangskapitel zurück. Nicht in der verborgenen Gruft des verfallenen Schlosses wurde der Vampir aufgefunden und unschädlich gemacht, sondern in der Holzkiste eines Transportunternehmers. Das war eben das 19. Jahrhundert mit seinen Anwälten, Bureaus, Transport-, Immobilien- und Geldgeschäften, und trotz des Aufgebotes von Waffen, Grüften, Särgen, magischen Zeichen und Zigeunern, trotz des Erlösungsmotivs war dieser Ausklang ernüchternd.

Stoker hatte seinen Roman auf der Basis des Positivismus errichtet – wie übrigens nur wenig später Conan Doyle seine erfolgreichen Geschichten von Sherlock Holmes. Diese Philosophie ging von der Errechenbarkeit allen Geschehens aus und stellte angesichts des Aufschwungs der Naturwissenschaften und des technischen Fortschritts die Bedeutung von Beobachtungen und Experimenten heraus.

Der positivistischen Grundhaltung kam gerade das Vampirthema entgegen: Dem Leser wurde zwar ein genüßlich empfundener Gruseleffekt geboten, gleichzeitig war er aber auch eingeladen, die Aufdeckung eines rätselvollen Phänomens mitzuerleben.

Diesem angestrebten Berichtscharakter, der wiederum das Grauen noch erhöht, da er es zu verifizieren scheint, entspricht die Komposition des Romans aus Tagebuchnotizen, Zeitungsausschnitten, wissenschaftlichen Berichten, Telegrammen, Phonographenaufzeichnungen und Ausführungen des Dr. Van Helsings, der sich fast wie in einem Kolleg über den Vampirismus und über die Abwehrkräfte des Knoblauchs verbreitet.

Bereits ein Jahr nach dem Erscheinen des Romans erschien Graf Dracula auf englischen und amerikanischen Bühnen. 1922 entstand unter der Regie von Fritz Murnau der Film »Nosferatus, eine Symphonie des Grauens« nach dem Roman von Bram Stoker. Immer wieder wurde in den folgenden Jahren bis zur Gegenwart das Vampirthema in Filme umgesetzt – vielfach variiert, auch persifliert, denken wir an Polanskis Film »Tanz der Vampire«.

Der blutgierige Graf Dracula mit seinen langen spitzen Vampirzähnen, der durch sein altes Schloß geisterte, hatte sich weit von seinem historischen Ahnherrn entfernt. Es wußte auch in Mitteleuropa kaum einer von diesem Vorbild. Die Historiker hatten den auf den ersten Blick entlegen erscheinenden Teil der europäischen Geschichte zu wenig aufgearbeitet. Erst langsam bahnte sich ein Wandel an, bei dem rumänische Historiker vorangingen. Gheorghe Sincai (1754–1816) versuchte, die Zeit der Fürsten Dracula und der Kämpfe gegen die Türken in seine »Chronik der Rumänen und mehrerer Völker« einzubinden. Im 19. Jahrhundert führte Mihail Kogălniceanu diese Betrachtungen in der »Geschichte der Rumänen« (1837) weiter.

Vlad Dracula war es auch, der Bukarest zum Herrschersitz erhob, eine von ihm gezeichnete Urkunde geht auf 1459 zurück. Heute kann der Historiker Constantin C. Giurescu die Taten und Gewalttaten des Fürsten Vlad so einschätzen: »Sie dienten als Beispiel den Thronprätendenten, die die errichtete Ordnung störten, wie auch deren Unterstützern, sowie für alle Übeltäter, ... und schließlich auch für die äußeren Feinde, die sich darüber Rechenschaft gaben, daß es im Lande einen starken Willen gab.«

Als harter, aber leidenschaftlicher Verteidiger seiner Heimat gewann Vlad Dracula ein neues, ein historisches

Profil, und mit Recht wurde im UNESCO-Kalender des Jahres 1976 des 500. Todestages dieses transsilvanischen Fürsten gedacht. Fledermausartige Vampire geistern jedoch auch weiter durch Literatur und Film und unsere Phantasie.

# Atlantis

*»Weiterhin aber brach dann eine Zeit gewaltiger Erdbeben und Überschwemmungen herein, und es kamen ein Tag und eine Nacht voll entsetzlicher Schrecken, wo die ganze Masse eurer Krieger von der Erde verschlungen ward; ebenso tauchte die Insel Atlantis in die Tiefe des Meeres hinab und verschwand. Daher ist das dortige Meer auch heute noch unbefahrbar und unerforschbar infolge der ungeheuren Schlammassen, welche die sinkende Insel anhäuft.«*

*Aus Platons »Timaios«*

Gab es Atlantis? Wo mag es gelegen haben, und warum ging es unter? Oder war dieses Atlantis doch nur eine Fiktion des griechischen Philosophen Platon?

Es gibt so viele Veröffentlichungen zu diesem Problem – wir könnten in der Flut dieser Literatur versinken wie einst Atlantis im Meer, wollten wir uns mit jedem Buch beschäftigen. Bevor wir uns hier mit einigen Hypothesen zum Thema Atlantis befassen und dann unsere Schlußfolgerungen ziehen, wollen wir jene Stellen in Platons Dialogen »Timaios« und »Kritias«, die sich auf Atlantis beziehen, vorstellen.

Aus der Gesprächsrunde des »Timaios«:

»Denn, wie eine Urkunde berichtet, hat euer Staat dereinst einer gewaltigen Heeresmacht Halt geboten, die in hellem Übermut gegen Europa und Asien zugleich zu Felde zog und ihren Ausgangspunkt im atlantischen Meer hatte. Damals nämlich war das Meer dort schiffbar; denn vor der Meerenge, die in eurer Sprache ›die Säulen des Herakles‹ heißt, lag eine Insel; diese Insel war größer als Libyen und Asien zusammengenommen und von ihr war damals der Übergang möglich nach den anderen Inseln, von diesen Inseln aber wiederum der Übergang nach dem ganzen gegenüberliegenden Festland, welches jenes Meer umschließt, das eigentlich allein den Namen Meer verdient. Denn dieses unser Meer, das innerhalb der bezeichneten Meerenge liegt, erweist sich nur als eine Bucht mit schmalem Eingang; dagegen kann jenes Meer in Wahrheit so und das es umschließende Festland mit vollem Recht Festland genannt werden. Auf dieser Insel Atlantis nun bildete sich eine große und staunenswerte Königsmacht heraus, der nicht nur die ganze Insel, sondern auch noch viele andere Inseln sowie Teile des Festlandes untertan waren. Außerdem beherrschten diese Könige noch von den Ländern am Binnenmeer Libyen bis nach Ägypten und Europa bis nach Tyrrhenien. Diese ganze zur Einheit zusammengeballte Macht schickte sich nun einst an, alles euch und uns gehörende Land sowie überhaupt alles Land innerhalb der Meerenge durch einen einzigen Kriegszug in ihre Gewalt zu bringen. Das war denn, mein Solon, die Zeit, wo eure Staatsmacht der ganzen Welt die glänzende Probe ihrer Tüchtigkeit und Kraft gab; denn allen überlegen an Beherztheit und Kriegskunst stand sie zuerst an der Spitze der Hellenen, dann aber sah sie sich durch den Abfall der anderen auf sich allein beschränkt. So geriet sie in die äußerste Bedrängnis; gleichwohl errang sie den Sieg über die Angreifer und errichtete ihre Siegeszeichen. So verhinderte sie die Unterjochung der noch nicht unterworfenen Völker. Was aber uns andere Völker anlangt, die wir innerhalb der Säulen des Herakles wohnen, so schenkte sie allen großmütig die Freiheit. Weiterhin aber brach dann eine Zeit gewaltiger Erdbeben und Überschwemmungen herein, und es kam ein Tag und eine Nacht voll entsetzlicher Schrecken, wo die ganze Masse eurer Krieger von der Erde verschlungen ward; ebenso tauchte die Insel Atlantis in die Tiefe des Meeres hinab und verschwand. Daher ist das dortige Meer auch heute noch unbefahrbar und unerforschbar, infolge der ungeheuren Schlammassen, welche die sinkende Insel anhäuft.«

»So hast du denn in aller Kürze, mein Sokrates, die Erzählung des greisen Kritias nach des Solon Bericht vernommen.«

Der Kontext weist darauf hin, daß Solon – der Solon der erdachten Gesprächsrunde – diesen Bericht wiederum aus dem Munde eines ägyptischen Priesters gehört hatte.

In Solons Schriften ist eine derartige Erzählung nicht belegt, aber es gingen freilich in der Antike viele Schriften verloren. Es ist jedoch genauso gut möglich, daß Solon nur als fiktiver Gewährsmann von Platon zitiert wurde.

Ausführlicher ist die Schilderung in Platons »Kritias«:

»Bei der Verteilung der ganzen Erde unter die Götter erhielten die einen den größeren, die anderen den kleineren Anteil, und sie richteten Heiligtümer und Opfer für sich ein. So erhielt denn auch Poseidon die Insel Atlantis, auf der er seinen Nachkommen aus der Verbindung mit einem sterblichen Weibe ihre Wohnstätte gab, und zwar an einer Stelle von folgender Beschaffenheit:

Vom Meer her nach der Mitte der ganzen Insel hin lag eine Ebene, wie es keine schönere und an Bodenbeschaffenheit trefflichere gegeben haben soll. An sie schloß sich, wieder nach der Mitte zu, vom Meere etwa fünfzig Stadien entfernt ein nach allen Seiten niedriger Berg an. Ihn bewohnte einer der dort zu Anfang aus der Erde entsprossenen Männer namens Euenor mit seiner Gattin Leukippe. Ihrer Ehe entstammte eine einzige Tochter, Kleito. Als das Mädchen das Alter der Mannbarkeit erreicht hatte, starben Mutter und Vater. Poseidon aber, von Liebe zu ihr ergriffen, verband sich mit ihr, und so umgab er denn den Hügel, auf dem sie wohnte, ihn abglättend, ringsum mit einer starken Schutzwehr. Abwechselnd nämlich fügte er kleinere und größere Ringe von Meerwasser und Erde umeinander, und zwar zwei von Erde, drei mit Meerwasser von der Mitte der Insel aus wie mit einem Zirkel abgemessen, überall gleich weit voneinander abstehend, so daß der Hügel unzugänglich für Menschen wurde; denn Schiffe und Schiffahrt gab es damals noch nicht. Ihm selbst aber, als einem Gott, war es eine leichte Mühe, die Insel mit allem Nötigen auszustatten, indem er teils zwei Wassersprudel, den einen warm, den anderen kalt, entquellen, teils mannigfaltige und reichliche Frucht aus ihr hervorgehen ließ. An Kindern zeugte er fünfmal Zwillingssöhne; er zog sie auf, teilte die ganze atlantische Insel in zehn Teile und sprach von dem ältesten Paar dem Erstgeborenen den mütterlichen Wohnsitz zu mit dem rings herum liegenden Teil, den größten und besten, und machte ihn zum König über die anderen, die anderen aber auch zu Herrschern, denn jedem gab er die Herrschaft über viele Menschen und viel Land. Auch Namen legte er ihnen bei, und zwar dem ältesten und Könige den, von dem ja auch die ganze Insel und das Meer, welches das atlantische heißt, ihren Namen erhielten, weil der Name des ersten der damaligen Könige Atlas lautete. Dem nachgeborenen Zwillingsbruder, welcher als Anteil den äußersten Teil der Insel erhielt von den Säulen des Herakles bis zum Gadeirischen Lande, wie es noch jetzt in jener Gegend genannt wird, gab er den Namen, der hellenisch Eumelos, in der Landessprache Gadeiros lautete, und dieser Umstand mag auch zugleich dieser Landschaft ihren Namen gegeben haben. Von dem zweiten Zwillingspaare nannte er den einen Ampheres, den anderen Euämon, von dem dritten legte er dem älteren den Namen Mneseus, dem nach ihm geborenen den Namen Autochthon bei; vom vierten nannte er den älteren Elasippos, den jüngeren Nestor; vom fünften endlich erhielt der früher geborene den Namen Azäis, der spätere den Namen Diaprepes. Diese nun sowohl selbst als auch ihre Nachkommen wohnten dort viele Menschenalter hindurch nicht nur als Herrscher über viele andere Inseln im Meer, sondern auch, wie schon früher bemerkt, als Gebieter über die innerhalb der Säulen des Herakles Wohnenden bis nach Ägypten und Tyrrhenien.

Vom Atlas stammte denn ein zahlreiches, auch in seinen übrigen Gliedern hochangesehenes Geschlecht ab; was aber den König anlangt, so übergab immer der ältere dem ältesten der Nachkommen die Herrschaft; so bewahrten sie diese viele Menschenalter durch; dabei häuften sie eine Fülle von Reichtum an, wie er wohl weder vorher in irgendeinem Königreich zu finden war noch so leicht späterhin sich wieder finden wird, wohlversehen mit allem, was der Bedarf der Stadt wie des übrigen Landes forderte. Vieles nämlich wurde ihnen als Herren unterworfener Gebiete von außen zugeführt, das meiste aber zum Bedarf des Lebens bot die Insel selbst; zunächst alles, was durch den Bergbau an gediegenem Gestein und schmelzbarem Metall aus der Erde gefördert wird, darunter auch eine Metallart, von der wir jetzt nur noch den Namen kennen, die aber damals mehr war als ein bloßer Name, nämlich die des Goldkupfererzes, welches damals an vielen Stellen der Insel aus der Erde gefördert, unter diesem alten Menschengeschlecht nächst dem Golde am höchsten geschätzt ward. Ferner bot sie alles, was der Wald für die Arbeiten der Zimmerleute zu liefern hat, in großer Fülle, auch nährte sie reichlich zahme und wilde Tiere. Und so war denn auch das Geschlecht der Elefanten sehr zahlreich auf ihr vertreten. Denn es fand sich nicht nur für die übrigen Tiere, die in Sümpfen, Teichen und Flüssen wie auch für die, welche auf Bergen oder in der Ebene leben, kurz, nicht nur für sie alle fand sich ausreichende Weide, sondern auf die gleiche Weise auch für jenes von Natur größte und gefräßigste Tier. Außerdem trug und nährte sie trefflich alles, was auch jetzt noch die Erde an wohlriechenden Erzeugnissen gedeihen läßt, an Wurzeln, Gras, Holz oder Säften, sei es, daß diese Säfte aus Blüten oder aus Früchten hervorquellen. Dazu kam noch die ›milde Frucht‹ und die trockene, deren wir zur Nahrung bedürfen, sowie alle die Frucht, die uns zur Speise dient und die wir mit einem zusammenfassenden Namen ›Gemüse‹ nennen, ferner die, welche baumartig wächst und Trank und Speise und Salböl liefert, ferner die schwer aufzubewahrende Frucht der Obstbäume, welche uns zur Kurzweil und zur Erheiterung geschaffen ist, sowie alle, welche wir als Reizmittel des gesättigten Magens dem Erschlaffenden als erwünschte Gabe zum Nachtisch auftragen – alles dies brachte die Insel, deren Klima damals Sonnenwärme und Feuchtigkeit verband, in vortrefflicher und erstaunlicher Güte sowie in unermeßlicher Menge hervor. Indem nun die Herrscher dies alles von der Erde empfingen, gründeten sie Tempel, Königshäuser, Häfen und Schiffswerften und gaben auch dem gesamten übrigen Lande seine Einrichtungen, wobei sie folgende Ordnung einhielten: Zuerst überbrückten sie die Wasserringe, welche die alte Mutterstadt umgaben, um einen Weg aus und zu der Königsburg zu schaffen. Die königliche Burg aber errichteten sie gleich zu Anfang an dem Wohnorte des Gottes und ihrer Vorfahren und so empfing sie denn der eine vom anderen, in der weiteren Ausschmückung nach Kräften stets seine Vorgänger übertreffend, bis sie denn diesem ihrem Wohnsitz durch die Größe und Schönheit ihrer Werke ein Aussehen verliehen hatten, das Staunen erregte. Sie gruben nämlich vom Meere aus einen Kanal, drei Plethren breit (ein Plethron entspricht 30,83 Metern, d. A.), hundert Fuß tief und fünfzig Stadien lang bis zu dem äußersten Ringe und ermöglichten so die Schiffahrt vom Meere dahin wie in einen Hafen, indem sie den Damm in einer Breite durchbrachen, die den größten Schiffen Einfahrt gewährte. Und so durchbrachen sie auch die Erdringe, welche die Wasserringe trennten, in der Nähe der Brücken so weit, daß man gerade mit einem Dreiruderer von einem zum anderen fahren konnte. Die Öffnungen aber überbrückten sie, so daß man unter diesen Überbrückungen wegfuhr, denn die Ränder der Erdringe hatten eine hinreichend über das Wasser emporragende Höhe. Es hatte aber der größte von den Ringen, in welchen das Wasser hineingeleitet worden war, eine Breite von drei Stadien (ein olympisches Stadion entspricht 192,27 Metern, d. A.), und ihm war der nächstfolgende Erdring gleich. Von dem zweiten Ringpaar hatte der nasse Ring eine Breite von zwei Stadien, der trockene war mit dem vorhergehenden nassen gleich breit. Eines Stadiums Breite hatte der Wasserring, der die in der Mitte liegende Insel unmittelbar umgab. Die Insel aber, auf welcher die königliche Burg lag, hatte einen Durchmesser von fünf Stadien. Diese nun umgaben sie ringsherum mit einer steinernen Mauer, ebenso die Erdringe von der einen Seite der ein Plethron breiten Brücke bis zur anderen Seite, an der Brücke aber bei den Durchgängen zum Meer errichteten sie Türme und Tore. Die Steine dazu, teils weiß, teils schwarz, teils rot brachen sie ringsum unten am Rande der in der Mitte liegenden Insel und unten an den Ringen außerhalb wie innerhalb; bei dem Brechen derselben verfuhren sie aber so, daß sie dadurch zugleich nach innen doppelte Hohlräume als Schiffsarsenale gewannen, vom Felsen selbst überdeckt. Die Gebäude aber, die sie aufführten, waren teils einfarbig, teils aber auch aus verschiedenartigen Steinen zusammengesetzt, zur Augenweide; denn diese Zusammenstellung übt einen natürlichen Reiz aus. Sodann faßten sie die um den äußersten Ring herumlaufende Mauer in ihrem ganzen Umfang mit Erz ein, indem sie es ähnlich wie Salböl verwendeten; die innere umkleideten sie mit geschmolzenem Zinn und die Mauer um die Burg selbst mit Goldkupfererz, welches einen feurigen Glanz hatte.

Die königliche Wohnung innerhalb der Burg war folgendermaßen eingerichtet: In der Mitte befand sich dort ein der Kleito und Poseidon geweihter, dem öffentlichen Besuch entzogener Tempel, eingefaßt mit einer goldenen Mauer, derselbe, in welchem sie einst das Geschlecht der zehn Fürsten erzeugt und hervorgebracht hatten. Dorthin brachte man auch jährlich aus allen zehn Anteilen einem jeden dieser Nachkommen die Erstlinge als Opfergaben. Der Tempel des Poseidon selbst hatte eine Länge von einem Stadion, eine Breite von drei Plethren und eine für das Auge dementsprechende Höhe, in seiner ganzen

Form aber verleugnete er nicht eine gewisse Verwandtschaft mit dem Barbarentum. Den ganzen Tempel überzogen sie von außen mit Silber, mit Ausnahme der Zinnen, diese aber mit Gold. Was aber das Innere betrifft, so konnte man die elfenbeinerne Decke ganz mit Gold, Silber und Goldkupfererz verziert sehen, alles andere aber an Mauern, Säulen und Fußboden belegten sie mit Goldkupfererz. Auch stellten sie goldene Bildsäulen darin auf, und zwar den Gott selbst auf einem Wagen stehend als Lenker von sechs geflügelten Rossen und in solcher Größe, daß er mit dem Scheitel die Decke berührte, ringsherum aber hundert Nereiden auf Delphinen, denn so viel gab es ihrer nach dem Glauben der damaligen Menschen.

Außerdem fanden sich darin noch zahlreiche Bildsäulen als Weihgeschenke von Privatleuten. Um den Tempel außen herum standen goldene Bilder von allen insgesamt, von den Weibern und von allen denen, die von den zehn Königen abstammten, auch viele andere große Weihgeschenke sowohl von Königen wie von Privatleuten teils aus der Stadt selbst, teils von den außerhalb Wohnenden, über welche jene herrschten. Auch der Altar entsprach an Größe und Art der Herstellung dieser Ausstattung, und die Königswohnung war auf gleiche Weise ebensowohl der Größe des Reiches wie auch der Ausschmückung der Heiligtümer angemessen. Die Quellen aber, die mit dem kalten und die mit dem warmen Wasser, die eine unerschöpfliche Wasserfülle boten und die beide, jede in ihrer Art, durch ihren natürlichen Wohlgeschmack und die Güte ihres Wassers für den Gebrauch nach beiden Seiten sich wunderbar eigneten, verwerteten sie in nützlichster Weise: Ringsum nämlich in der Nähe derselben legten sie Gebäude und für die Bewässerung besonders empfängliche Baumpflanzungen an; dazu ferner richteten sie ringsum Wasserbehälter ein, teils unter freiem Himmel, teils zu warmen Bädern für den Winter in bedeckten Räumen und zwar abgesondert voneinander für den König und für die Untertanen, und noch andere für die Frauen und auch für die Pferde und die übrigen Zugtiere, durchweg mit der angemessenen Ausstattung für die einzelnen versehen. Das abfließende Wasser aber leiteten sie in den Hain des Poseidon, der sich dank der Güte des Bodens durch die Schönheit und den wunderbar hohen Wuchs seiner Bäume mannigfachster Art auszeichnete, zum Teil auch auf die äußeren Erdwälle durch Kanäle über die

Brücken hinweg. In der Umgebung dieser Wasserleitungen waren teils zahlreiche Heiligtümer für eine Reihe von Göttern, teils Gärten und Ringplätze in großer Zahl angelegt, sowohl für die gymnastischen Übungen der Männer selbst wie für die Übungen mit Rossegespannen, gesondert auf jedem der beiden Erdringe. Überdies befand sich auch in der Mitte der größeren Insel eine auserlesene Rennbahn, ein Stadion breit und der Länge nach sich um den ganzen Umkreis erstreckend ... Um dieselben lagen zu beiden Seiten die Wohnungen für die Mehrzahl der Trabanten. Den Zuverlässigeren aber war auf dem kleineren und näher an der Burg gelegenen Erdring die Wacht übertragen; denen hingegen, die an Treue sich vor allen anderen hervortaten, waren ihre Wohnungen auf der Burg selbst in der unmittelbaren Nähe des Königs angewiesen. Die Schiffsarsenale waren voll von Dreiruderern und mit allem, was zur Ausrüstung von Dreiruderern gehört, bestens versehen.

So also war es mit der Ausstattung des Wohnsitzes der Könige bestellt. Wenn man aber die drei außerhalb befindlichen Häfen überschritten hatte, so traf man auf eine vom Meer beginnende und von da im Kreise umlaufende Mauer; von dem größten Ringe und Hafen war sie überall fünfzig Stadien entfernt und lief, (im Kreis) sich schließend, wieder zur Ausgangsstelle zurück, nämlich zur Mündung des Kanals, der von dem Meere ausging. Dieses Ganze aber war umgeben von dichtgedrängten Wohnungen, der Ausfahrtsplatz aber und der größte Hafen wimmelte von Schiffen und Kaufleuten, die von allen Orten dort zusammenströmten und durch ihr massenhaftes Auftreten bei Tage wie bei Nacht Geschrei, Getümmel und Lärm mannigfacher Art verursachten.

Was sich auf die Stadt und auf jenen alten Wohnsitz bezieht, das ist nun von mir ziemlich so, wie es damals erzählt wurde, vorgetragen. Nun gilt es, das übrige Land nach seiner natürlichen Beschaffenheit und der Art der Verwaltung zu schildern.

Zunächst war das Gelände im ganzen als Hochland und als schroff nach dem Meere zu abfallend geschildert, nur das Gebiet um die Stadt herum als durchweg eben. Diese die Stadt umschließende Ebene ward aber selbst von Gebirgen umschlossen, die sich bis zum Meere herabzogen, während sie ihrerseits eine glatte und gleichmäßige Fläche bildete, im ganzen von länglicher Gestalt wie ein

Rechteck, auf der einen Seite dreitausend Stadien, in der Richtung vom Meer her in der Mitte zweitausend Stadien lang. Im Verhältnis zur ganzen Insel lag dieser Teil nach Süden zu, geschützt gegen den Nordwind. Die Berge aber, welche sie umgaben, übertrafen, wie die Lobpreisungen des damaligen Geschlechtes ergeben, an Menge, Größe und Schönheit alle jetzt vorhandenen; sie umfaßten viele Flecken mit zahlreicher Bevölkerung, ferner Flüsse, Seen und Wiesen, die allen Arten zahmer und wilder Tiere Nahrung boten, sowie zahlreiche Waldungen, die bei der großen Mannigfaltigkeit der Baumarten für alle Handwerker im ganzen wie im einzelnen unerschöpflichen Rohstoff lieferten. Folgendes nun war die natürliche Beschaffenheit der Ebene und die Gestaltung, die sie durch die Fürsorge vieler Könige in langer Zeit erhalten hatte. Sie hatte die Gestalt eines regelmäßigen, länglichen Vierecks; was daran fehlte, war gerade gerichtet worden, indem ein Graben rings herum gezogen worden war. Was die Tiefe, Breite und Länge desselben anlangt, so klingt es bei einem Werk von Menschenhand zwar unglaublich, wenn erzählt ward, daß zu den anderen Arbeitsleistungen auch noch dies hinzukomme, doch muß ich berichten, was ich gehört habe. Ein Plethron tief nämlich war er gegraben und überall ein Stadion breit; um die ganze Ebene also herumgezogen gab es eine Länge von zehntausend Stadien. Er nahm die von den Bergen herabströmenden Gewässer auf und, rings um die Ebene herumfließend und die Stadt zu beiden Seiten berührend, ließ er sie auf folgende Weise ins Meer abfließen. Von seinem oberen Teile her wurden nämlich von ihm gradlinige Kanäle, meist hundert Fuß breit, in die Ebene geführt, welche wieder in den vom Meer aus gezogenen Kanal einmündeten, und zwar jeder dieser Kanäle hundert Stadien von dem andern entfernt. Auf ihnen schafften sie denn das Holz von den Bergen in die Stadt und brachten auch die sonstigen Landeserzeugnisse zu Schiffe heran durch Verbindungskanäle, die sie zwischen den Hauptarmen in der Quere und nach der Stadt hin anlegten. Zweimal im Jahr ernteten sie ein, wozu ihnen im Winter der Regen des Zeus verhalf, während sie im Sommer das der Erde entquellende Wasser aus den Kanälen herbeileiteten.

Was aber die Volksmenge anlangt, so bestand die Anordnung, daß jedes Landgrundstück in der Ebene aus der kriegstüchtigen männlichen Bevölkerung einen Anführer stellen sollte; die Größe jedes Landloses aber betrug durchschnittlich zehn Quadratstadien, die Gesamtzahl aber dieser Mannschaften betrug sechzigtausend. Auf den Gebirgen und im übrigen Lande gab es, wie erzählt ward, eine unendliche Menschenmasse, alle aber waren nach Ortschaften und Flecken einem dieser Landlose und dem betreffenden Anführer zugewiesen. Die Führer mußten der geltenden Ordnung gemäß je sechs immer einen Kriegswagen stellen, im ganzen zehntausend Wagen, zwei Rosse und Reiter, ferner ein Zweigespann ohne Sessel, auf dem ein Krieger mit kleinem Schild seinen Platz hatte, der im Kampf herunterstieg, und neben diesem Kämpfer noch ein Lenker für die beiden Rosse, außerdem mußte jeder noch zwei Schwerbewaffnete stellen und je zwei Bogenschützen und Schleuderer, je drei leicht bewaffnete Stein- und Speerwerfer und viele Seeleute zur Bemannung der zwölfhundert Schiffe. So war das Kriegswesen des königlichen Staates eingerichtet, von den übrigen neun aber hatte jeder seine besonderen Einrichtungen, über die zu berichten zu viel Zeit erfordern würde.

Für die Verteilung der Ämter und Ehrenstellen aber waren von Anfang ab folgende Anordnungen getroffen: Von den zehn Königen war ein jeder in seinem Gebiet mit dem Wohnsitz in seiner Stadt Herr über die Bewohner und über die meisten Gesetze, so daß er strafte und hinrichten ließ, wen er wollte. Die Herrschaft und Gemeinschaft unter ihnen selbst aber ward aufrecht erhalten nach den Anordnungen des Poseidon, wie sie ihnen das Gesetz und die Inschrift überlieferte, die von den Urvätern auf einer Säule aus Goldkupfererz eingegraben war, sie stand mitten auf der Insel im Heiligtum des Poseidon. Dort versammelten sie sich abwechselnd bald jedes fünfte, bald jedes sechste Jahr, um die ungerade Zahl nicht vor der geraden zu bevorzugen, und berieten hier in persönlicher Berührung über die gemeinsamen Angelegenheiten, untersuchten ferner, ob sich jemand einer Übertretung schuldig gemacht hätte, und saßen darüber zu Gericht. Waren sie aber schlüssig, ein Gericht abzuhalten, so gaben sie einander zuvor folgendes Unterpfand: In dem heiligen Bezirke des Poseidon trieben sich frei weidende Stiere herum, nun veranstalteten die zehn (Herrscher) ganz allein, nachdem sie zu Gott gefleht, er möge das ihm erwünschte Opferstück fangen lassen, eine Jagd ohne Eisen, bloß mit Stöcken und Stricken; denjenigen

Stier aber, den sie fingen, schafften sie auf die Säule hinauf und schlachteten ihn auf der Höhe derselben über der Inschrift. Auf der Säule aber befand sich außer dem Gesetz noch eine Schwurformel mit wuchtigen Verwünschungen gegen die Ungehorsamen. Wenn sie nun nach gesetzmäßigem Vollzug des Opfers alle Glieder des Stiers dem Gotte als Weihgabe darbrachten, warfen sie in einen dazu vorbereiteten Mischkessel für jeden einen Tropfen geronnenen Blutes, das übrige übergaben sie dem Feuer, nachdem sie die Säule ringsherum gereinigt hatten. Hierauf schöpften sie mit goldenen Trinkschalen aus dem Mischkessel und schwuren, von ihren Schalen in Feuer spendend, sie würden nach den Gesetzen auf der Säule richten und Strafe verhängen, wenn einer von ihnen sich vorher einer Übertretung schuldig gemacht hätte, was aber die Zukunft anlange, so würde keiner absichtlich sich einer Gesetzesübertretung schuldig machen und weder selbst anders als gesetzmäßig herrschen noch einem Herrscher gehorchen, der sich in seinen Anordnungen nicht nach den Gesetzen des Vaters richtete. Nachdem ein jeder von ihnen dies für sich selbst und für seine Nachkommen gelobt hatte, trank er und weihte die Schale in das Heiligtum des Gottes. Dann gönnten sie sich Zeit für das Mahl und für die notwendige Körperpflege. Sobald aber die Dunkelheit hereinbrach und das Opferfeuer erloschen war, legten alle ein dunkelblaues Gewand von wunderbarer Schönheit an, und so, bei der Glut des Eidesopfers am Boden sitzend und alles Feuer um das Heiligtum herum auslöschend, ließen sie nächtlicher Weile dem Rechte als Richter und Gerichtete seinen Lauf, wenn einer von ihnen den anderen irgendeiner Übertretung beschuldigte. Das Urteil aber, welches sie gefällt, trugen sie, sobald es Tag ward, auf eine goldene Tafel ein, die sie als Gedenktafel aufstellten mitsamt den Gewändern. Es gab aber noch viele andere Gesetze über die besonderen Gerechtsame (rechtliche Befugnisse, d. A.) der einzelnen Könige, die wichtigsten Bestimmungen aber waren die, daß sie niemals einander bekriegten, sondern sich alle gegenseitig beistehen sollten, wenn etwa irgendeiner von ihnen in einem der Staaten das königliche Geschlecht zu vernichten unternähme; dabei sollten sie aber gemeinsam, wie die Vorfahren, über Krieg und sonstige Unternehmungen beraten und die Oberleitung dem Geschlechte des Atlas überlassen; doch sollte der König nicht das

Recht haben, einen seiner Verwandten zum Tode zu verurteilen, wenn nicht mindestens sechs von den zehn Herrschern ihre Zustimmung gäben.

Diese so gewaltige und so großartige Macht, die damals in jenen Gegenden bestand, ließ Gott nun in kriegsmäßigem Zusammenschluß gegen unsere Gegenden hier vorbrechen und zwar, wie es heißt, aus folgendem Grunde: Viele Menschenalter hindurch, solange des Gottes Natur sich in ihnen noch fühlbar machte, blieben sie den Gesetzen gehorsam und verleugneten nicht ihre Verwandtschaft mit der Gottheit. Denn ihre Sinnesweise war von hoher Art, wahrhaftig und durchaus großherzig; etwaigen Schicksalsschlägen gegenüber sowie im Verkehr miteinander zeigten sie sich gelassen und zugleich einsichtsvoll; in ihren Augen hatte nur die Tugend wahren Wert; darum achteten sie die vorhandenen Glücksgüter gering und machten sich nichts aus der Masse des Goldes und übrigen Besitzes, die ihnen aber wie eine Last erschienen. Weit entfernt also, trunken von dem Schwelgen in ihrem Reichtum, ihrer selbst nicht mächtig, zu Falle zu kommen, erkannten sie nüchternen Sinnes in voller Schärfe, daß all dies äußere Gut nur durch die Freundesgemeinschaft, gepaart mit Tugend, gedeihe, dagegen dahinschwinde, wenn alle Sorge und Wertschätzung eben nur ihm zugewendet ist, und dann werde denn auch die Tugend mit in den Abgrund gerissen. Infolge dieser Denkungsart und des fortwirkenden Einflusses der göttlichen Natur gedieh ihnen alles, dessen wir schon vorher gedacht haben. Als aber, was Göttliches in ihnen war, durch starke und häufige Mischung mit Sterblichen immer mehr dahinschwand und menschliche Sinnesweise die Oberhand bekam, da erst zeigten sie sich unfähig, sich mit dem Vorhandenen richtig abzufinden, schlugen aus der Art und erniedrigten sich in den Augen aller Urteilsfähigen dadurch, daß sie von allem Wertvollen das Schönste zugrunde richteten, während sie den Urteilslosen, die kein Auge haben für den Wert eines auf wahrhafte Glückseligkeit gerichteten Lebens, nunmehr erst recht herrlich und preiswert erschienen, da sie sich ganz der rechtswidrigen Habsucht und Machtgier hingaben. Der Gott der Götter aber, Zeus, der nach den Gesetzen regiert und einen scharfen Blick für dergleichen hat, beschloß, da er ein tüchtiges Geschlecht in so kläglichem Zustand versetzt sah, sie durch Strafe zu züchtigen, auf daß sie dadurch zur

Besinnung gebracht und gebessert würden. So berief er denn alle Götter in seinen ehrwürdigen Wohnsitz zusammen, der, in der Mitte der ganzen Welt gelegen, den Blick über alles gewährt, was des Werdens teilhaftig geworden, und richtete an die Versammelten folgende Worte.«

(Nach B. Pischel, Die Atlantische Lehre, 1982.)

Hier aber brach Platon ab. Vielleicht müssen wir jetzt noch eine zusätzliche Frage nach dem Warum stellen. War das Schicksal von Atlantis nicht bereits im »Timaios« vorgezeichnet? Wollte er zum Nachdenken anregen? Wollte er das Ende eines Musterstaates nicht weiter darstellen? Platon starb 374 v. Chr. in Athen, die sich auf ihn berufenden philosophischen Schulen wirkten weiter, seine Lehre wurde weitergegeben und weiterentwickelt bis hin zum Neuplatonismus, der wiederum in die christliche Religion Eingang fand und die mittelalterliche Philosophie, vor allem die Scholastik, beeinflußte.

Platons Schilderung des Inselstaates Atlantis und der Untergang dieses Staates jedoch fand kaum Interesse. Dafür gab es mehrere Gründe. Einmal gab es außer Platons Schilderung kein weiteres Zeugnis aus der Antike, das von der Existenz und vom Untergang von Atlantis berichtete. Die »Schiffermärchen« der Phönizier, die als wagemutige Kaufleute und Seefahrer über die »Säulen des Herakles« hinaussegelten, erzählten zwar von Gefahren und Ungeheuern, um Konkurrenten abzuschrecken, aber nicht von einem versunkenen Inselstaat.

Außerdem hatte der berühmte griechische Philosoph Aristoteles, der einmal Platons Schüler gewesen war, sich skeptisch zu dessen Auslassungen über Atlantis geäußert. Damit war dieses Thema auch für die mittelalterliche Philosophie, die stark unter dem Einfluß des Aristoteles stand, uninteressant, sogar unerwünscht, fast verdammungswürdig geworden. Überdies war das antike Weltbild – die Erde mit Teilen von Europa, Asien und Afrika, vom Okeanus umströmt – nicht wesentlich vom frühmittelalterlichen Weltbild unterschieden; es bot sich in dem Okeanus auch keine Stelle für das sagenhafte Atlantis. Auch der griechische Geograph und Historiker Strabon (64/63 v. Chr.–20 n. Chr.) und der römische Beamte, Gelehrte und Flottenkommandant Plinius verhielten sich dem Atlantisproblem gegenüber skeptisch. Diese Sachlage änderte sich im Zeitalter der Entdeckungen. Am 3. August 1492 verließ Kolumbus an Bord der »Santa Maria« den Atlantikhafen Palos, um mit seiner kleinen Flotte nach Westen zu segeln in dem Glauben, auf diesem Kurs das asiatische Festland zu erreichen. Seine Zuversicht wurde überdies durch einen kapitalen Fehler in der Berechnung der Entfernungen gestärkt. Die Lehre von der Kugelgestalt der Erde, bereits von Wissenschaftlern der griechischen Antike aufgrund gewissenhafter Beobachtungen erwiesen, im frühen Mittelalter unter kirchlichem Einfluß wieder verworfen, hatte sich endgültig durchgesetzt und die Ausweitung von Handel und Schiffahrt sowie die geographischen Entdeckungen überhaupt erst ermöglicht.

Im Westen war Land entdeckt worden – erst nach Kolumbus' Tod stellte sich heraus, daß nicht ein Teil von Ostasien, sondern ein neuer großer Kontinent entdeckt worden war. Damit war das Land im Westen noch interessanter, ja geheimnisvoller und auch lockender geworden. Bei diesem Interesse mußte auch die Erinnerung an den Bericht Platons wach werden. In einigen Teilen bestätigten die Entdeckungen Einzelheiten der antiken Erzählung, die Land und Insel im Westen anvisierte. Die Frage aber stellte sich weiterhin: War ein Inselstaat im nunmehr in seiner Weite erkannten Ozean versunken, und wann und unter welchen Umständen sollte diese Katastrophe stattgefunden haben?

Da diese Fragen auch naturwissenschaftliche Aspekte einschlossen, die Naturwissenschaften in diesen Jahrhunderten sich erst langsam von der Vorherrschaft der Theologie befreiten, waren die Antworten mit Unsicherheit belastet.

In seiner Geschichte der Länder Westindiens führte der Spanier Francisco Lopez de Gomara Platons Beschreibung des Westatlantiks an, die sich bei der Entdeckung und Erforschung Westindiens als richtig zu erweisen schien. Auch der englische Staatsmann, Philosoph und Naturwissenschaftler Francis Bacon of Verulam, der sich als Empiriker fühlte und sich vielen Dingen gegenüber skeptisch verhielt, fand Platons Bericht bestätigt.

Sebastian Münster, Verfasser der »Cosmographia« (1544), einer frühen, auch mit Karten versehenen Geographie, hielt den südamerikanischen Kontinent für Atlantis, das bei dieser Ausdeutung freilich nicht in den Fluten versunken, sondern nur aus dem Gesichtskreis und dem Aktionsradius der europäischen Seefahrer verschwunden war.

Der Jesuitenpater Athanasius Kircher, der mit Leidenschaft naturwissenschaftlichen und historischen Rätseln nachspürte, sah in den Azoren Berggipfel der untergegangenen Insel Atlantis und lokalisierte diese folgerichtig im Azorenbereich.

In all diesen Darstellungen ging es vornehmlich um eine Ortung von Atlantis und damit zugleich um die Anerkennung von Platons Aussage.

Das gesamte Atlantisproblem war aber nicht auf den Versuch einer Lokalisierung beschränkt, sondern schloß die Frage ein, ob eine Katastrophe und wenn ja, welcher Art, den Untergang des Inselstaates bewirkt hatte. Das bedeutete auch, daß verschiedene, vornehmlich naturwissenschaftliche Disziplinen herangezogen werden mußten. Diese Differenzierung der Naturwissenschaften, verbunden mit einem sichtbaren Aufschwung und einer – wenn auch begrenzten – Popularisierung der Themen fand jedoch erst im 19. Jahrhundert statt.

Gleichzeitig wurden im 19. Jahrhundert Expeditionen ausgerüstet und entsandt, um ferne Länder aufzusuchen, weiße Flecken auf der Landkarte zu tilgen und Kolonialbesitz zu sichern. Hierbei konnte auch wieder nach Atlantis gesucht werden. Neue geographische und geologische Theorien konnten dabei aufgestellt oder bestehende überprüft werden. Unter diesen günstigen Bedingungen ist es nicht verwunderlich, daß fast auf der ganzen Erde Atlantis vermutet wurde: auf Spitzbergen, den Kanarischen Inseln, den Azoren, Madeira oder Helgoland, im armenisch-kaukasischen Hochland, in Schweden, Italien, in der Großen Syrte und in Kleinasien.

Aber nirgends deckten sich die vorgefundenen Verhältnisse mit den von Platon beschriebenen. Wenngleich auch einzelne Indizien für die vorgetragene Theorie sprachen, beweiskräftig und völlig überzeugend war keine.

Um die unterschiedlichen Ansatzpunkte und Intentionen zu verdeutlichen, möchten wir hier vier hervorheben. Der Völkerkundler Leo Frobenius glaubte, Atlantis im Yorubaland aufgespürt zu haben, denn er war dort Zeugnissen einer Hochkultur – Stein-, Terrakotta- und Bronzefiguren – begegnet, die er der afrikanischen Bevölkerung, dem Stamme der Yoruba, nicht zutraute und die deshalb seiner Meinung nach nur den bis dahin unbekannten Schöpfern einer Hochkultur zuzuweisen waren, und als diese setzte er die Bewohner von Atlantis ein.

Der Archäologe Adolf Schulten meinte das antike Tartessos, in Spanien gelegen, mit Atlantis gleichsetzen zu können. Er versuchte sich dabei eng an den Beginn von Platons Bericht anzulehnen. Wenn es dort hieß, daß Atlantis vor den »Säulen des Herakles« – meist als Gibraltar gedeutet – lag, so erlaubte dies zweierlei Interpretationen: Einmal konnte es bedeuten, daß Atlantis irgendwo westlich in einer nicht näher bestimmten Entfernung von den »Säulen des Herakles« lag; zum anderen, daß sich Atlantis direkt vor der Meerenge befand.

Tartessos lag unweit der Mündung des Guadalquivir (flußabwärts von Sevilla), also jenseits Gibraltars, der »Säulen des Herakles«, inmitten der andalusischen Tiefebene. Diese Ebene hat subtropisches Klima, ist äußerst fruchtbar und wird von der an Metallen reichen Sierra Morena gegen Norden abgeschirmt. Auch stimmen Platons Größenangaben recht gut mit dem damals bekannten Teil der Iberischen Halbinsel, überein.

Die Griechen trieben seit der Mitte des 7. Jahrhunderts v. Chr. Handel mit Tartessos. Tartessos, vermutlich identisch mit dem alttestamentlichen Tarschisch, war wohl eine etruskische Gründung (etwa um 1150 v. Chr.). Fest steht nur, daß die Kultur von Tartessos nicht aus der Kultur der Iberischen Halbinsel hervorgegangen war, daß die Tartesser keine Iberer waren. Etwa um 530 v. Chr. wurde Tartessos von den Karthagern zerstört, und zwar so gründlich, daß Schulten bei seinen Ausgrabungen erfolglos blieb. Allerdings konnte ein archäologischer Beweis, daß Tartessos in Südspanien lag, bisher nicht mit letzter Sicherheit erbracht werden. Es tauchen bei einer Identifizierung von Tartessos mit Atlantis einige Unstimmigkeiten auf: Platon berichtet von Erdbeben und Überschwemmungen, nicht aber von einem karthagischen Feldzug. Die Karthager hatten allen Grund, Tartessos zu zerstören, denn sie gewannen dadurch die Kontrolle über Gibraltar und mithin auch das Monopol für den Handel mit den nördlichen Zinnländern, den Britischen Inseln. Zugleich beseitigten die Karthager einen Handelspartner und Verbündeten ihrer Feinde, der Griechen, und einen mächtigen Konkurrenten der eigenen Handelsniederlassung Gades (das heutige Cádiz).

Wenn Tartessos wirklich von gewaltigen Erdbeben und Überschwemmungen zerstört wurde, so wäre es unwahrscheinlich, daß das nur rund 50 Kilometer entfernte Gades nicht oder nur geringfügig gelitten hätte. Es gibt jedoch keinen Hinweis auf eine solche Auswirkung. Ein weiteres Argument spricht gegen die Gleichsetzung von Atlantis und Tartessos: Die Gestalt der Iberischen Halbinsel war bekannt, Atlantis aber war eine Insel.

Den Hinweis auf die Insellage von Atlantis aber griffen zwei griechische Gelehrte auf, die die These in die Diskussion einbrachten, die Atlantissage widerspiegele den plötzlichen Untergang der kretisch-minoischen Kultur. An der Wende vom 15. zum 14. Jahrhundert v. Chr. fand ein verheerender Ausbruch des Vulkans Santorin auf Thera statt. Ein Teil der Insel versank, glühendes Gestein und Asche überschütteten das Land und vernichteten das Leben. Eine Flutwelle, über dreißig Meter hoch, brandete gegen die Küsten Kretas; Siedlungen und Paläste, Zeugnisse der kretisch-minoischen Kultur, wurden zerstört. Erstmalig hatte 1939 der Archäologe Spiridon Marinatos diese These entwickelt, sein Landsmann Angelos Galanopoulos ergänzte und verteidigte sie.

Der Dubliner Professor J.V. Luce zielte mit seinen Überlegungen in die gleiche Richtung. Ihm war ein junger Wissenschaftler aus Belfast bereits 1909 vorangegangen, doch hatte seine Vermutung, die Atlantissage berge eine Erinnerung an die verschwundene kretisch-minoische Kultur, kaum Beachtung gefunden. Allerdings lagen Kreta und die zur kretischen Kultur gehörenden Inseln nicht vor den »Säulen des Herakles«, die Überlieferung könnte aber vielleicht die felsige Südspitze des Peloponnes gemeint haben.

Differenzen in der Chronologie – Platons Atlantiskatastrophe lag weit vor dem Ausbruch des Santorin – könnten ebenfalls einem Fehler in der Überlieferung zuzuschreiben sein. Auf alle Fälle ist damals in der Ägäis eine blühende, weltoffene Hochkultur jäh vernichtet worden.

Sagensplitter finden sich noch in griechischen Überlieferungen wie der vom feuerspeienden Ungeheuer Typhon oder vom Riesen Talos, der Kreta bewachte, Fremde mit Steinen bewarf und sie an seiner Brust aus glühendem Eisen erdrückte. Doch das sind Traditionsstränge außerhalb von Platons Bericht. Vielleicht bezeugt diese Divergenz auch, daß die Santorin-Katastrophe eben nicht identisch mit dem Untergang von Atlantis ist.

Die vierte der hier vorgestellten Theorien ist die spektakulärste. Danach schlug ein gewaltiger Planetoid vor

12 000 Jahren in die Erde ein, traf auf die Insel Atlan… und die unter ihr liegenden, nur von einer dünnen Erdkruste bedeckten Magmamassen. Die Wasser des Ozeans fluteten in die aufgerissene Erde, glühendes Magma und vulkanische Ausbrüche zerstörten die Insel vollends, so daß sie in die Tiefe versank. Nur die höchsten Berggipfel ragten in Gestalt der Azoren als Inseln aus dem Meer hervor. Die Katastrophe löste eine riesige Flutwelle aus, die sich vernichtend bis an die Küsten der Kontinente ausbreitete. Das wäre dann die Sintflut gewesen, die uns aus der Bibel und dem altbabylonischen Gilgameschepos bekannt ist, dort jedoch im Zweistromland lokalisiert. Nachdem die ihn sperrende Insel im Atlantik versunken war, hätte auch der Golfstrom seine Richtung geändert und wäre nach Norden gelenkt worden.

Zur Stützung dieser Theorie, die Otto Heinrich Muck 1954 vortrug, wurden Beobachtungen über den Einschlag anderer Meteore und über Gesteinsschichtungen bei den Bahamabänken im Bermuda-Dreieck herangezogen.

Hier konnte die Gegenargumentation leicht einsetzen: Die auf dem Meeresboden entdeckten Steinblöcke waren nicht als Überreste von Häusern und Mauern zu deuten, sondern als bizarres Spiel der Natur. Stufentempel aus Mexiko und Stufenpyramiden aus dem alten Ägypten wurden miteinander verglichen, obwohl sie aus verschiedenen Epochen stammten.

Auch die Verbindung der Atlantissage mit der Megalithkultur ist problematisch. Diese Kultur, charakterisiert durch Großsteinsetzungen, hat sich im 3. Jahrtausend v. Chr. über weite Gebiete Westeuropas erstreckt, vorwiegend an der Atlantikküste. Platon schildert aber Atlantis als einen auf einer Insel gelegenen Stadtstaat und nicht als ein weiträumiges, ungegliedertes Territorium.

Die entscheidende Frage aber lautet: Konnte sich zu dieser frühen Zeit der Menschheitsgeschichte bereits eine Hochkultur herausgebildet haben, deren Untergang zu beklagen war?

Tatsächlich können Inseln, auch größere Inseln, und Landstriche im Laufe der Geschichte versunken sein (vgl. das Kapitel über Vineta), die Unterwasserarchäologie hat bereits manche Sage verifiziert. Britische Forscher entdeckten jüngst zwischen den Shetland-Inseln und Norwegen eine Insel 130 Meter unter dem Meeresspiegel. Nach der letzten Eiszeit wurde die Insel überflutet; sie war von

Menschen, die mit Feuersteinwerkzeugen hantierten, Elchen, Rentieren und kleinerem Getier bewohnt worden.

Wir stellen fest: Lage der Insel, Zeit des Untergangs und Größe der Insel erinnern uns an Platons Bericht. Aber es handelte sich nicht um eine Hochkultur, eher um eine Jägerkultur, eine Kultur früher Viehzüchter; die von Platon angegebenen Einzelheiten sind nicht auffindbar. Das weist uns auf die Frage nach der Bedeutung und Wertung dieser Eigentümlichkeiten bei Platon hin.

Dabei ergibt sich ein überraschendes Bild, wenn wir die zwei Berichte Platons über den Untergang von Atlantis miteinander vergleichen. Kritias berichtet in Kürze von Atlantis, das er vor den »Säulen des Herakles« lokalisierte, und von seinem Untergang. »Weiterhin aber brach dann die Zeit gewaltiger Erdbeben und Überschwemmungen herein, und es kamen ein Tag und eine Nacht voll entsetzlicher Schrecken, wo die ganze Masse eurer Krieger von der Erde verschlungen ward; ebenso tauchte die Insel Atlantis in die Tiefe des Meeres hinab und verschwand.« Von einer Schuldzuweisung ist hier nicht die Rede. Andererseits suchten die Menschen seit eh und je nach einer Erklärung für Katastrophen, von ihrem Standpunkt her durchaus zu Recht, denn der Glaube an ein blindwütiges Schicksal, das auch und gerade die Unschuldigen trifft und alle, die da lebten und hofften, bedrohen konnte, mußte letztlich zum Fatalismus führen und jede Aktivität erlahmen lassen. Wenn dagegen der Einbruch einer Katastrophe als Sühne für schuldhaftes Verhalten erklärt werden konnte, so war die gestörte oder gefährdete Ordnung wiederhergestellt, und die Überlebenden konnten ihre Zuversicht zurückgewinnen.

Überdies wurde das Geschehen des Untergangs relativiert, denn Kritias erklärte, bevor er auf das Schicksal von Atlantis zu sprechen kam, daß viele Städte und Menschen vernichtet wurden durch Feuer, Wasser und andere Elemente und daß auch weiterhin Städte und Menschen untergehen würden.

Am Schluß wird der Ort der Atlantiskatastrophe noch einmal beschrieben mit dem Hinweis auf große Schlammmassen; vielfach sind diese kaum schiffbaren Schlammmassen mit den im Sargassomeer im Atlantik treibenden Tanginseln identifiziert worden.

Platon nannte in den Dialogen Solon als Gewährsmann. Er tat dies auch im »Kritias«, aber dieser Dialog blieb ein Fragment; vielleicht ließ Platon den Schluß absichtlich in der Schwebe: Zeus rief die Götter zusammen, aber was er sagte, womit er den Atlantern drohte, wie er sie zur Umkehr bringen, wie er sie strafen wollte, wenn sie nicht auf seine Mahnung hörten, das blieb unausgesprochen. Beabsichtigt oder unbeabsichtigt, ein jeder konnte so über Schuld, Wandlung und Sühne nachdenken und auch über die Gerechtigkeit oder Härte des Schuldspruchs. Denn sicher war Atlantis auch in der zweiten Version zum Untergang bestimmt.

Die voraufgegangene Schilderung des Inselstaates aber ist ausführlich, die Landschaft und die Bauten werden beschrieben, die Einwohner charakterisiert.

Es stellt sich die Frage, welche von beiden Atlantisversionen die ursprüngliche ist, welche den Quellen, also Solon und den ägyptischen Priestern, folgt, wenn es diese Gewährspersonen überhaupt gab. Wir dürfen uns mit Sicherheit für die erste, der Sage nahestehende, entscheiden, eine ausführliche Schilderung hätte eine längere Tradition in dieser Form nicht überdauern können, sie wäre abgeschliffen worden. Platon hatte also wohl von sich aus, denn er führte keine weiteren Quellen an, eine Erweiterung und auch eine neue Akzentuierung vorgenommen. Bemerkenswert ist dabei vor allem die Erwähnung des verhältnismäßig jungen griechischen Gottes Zeus, der schwerlich in dem altehrwürdigen Bericht eines ägyptischen Priesters eine Rolle spielen konnte.

Auf den ersten Blick bietet sich Atlantis als lockendes Eiland, als blühendes Gemeinwesen dar. So konnte sich auch die Meinung verfestigen, Platon habe mit seinem Inselstaat einen Idealstaat entwerfen wollen – so wie es Thomas Morus versucht hatte, der Lordkanzler unter Heinrich VIII. war, bis er sein Leben auf dem Schafott beenden mußte. 1516 erschien seine Schrift »De optimo statu rei publicae deque nova insula Utopia«. Dieser von Morus entworfene Inselstaat war von ihm jedoch auf der Insel »Nirgendheim« angesiedelt, denn seine Vorstellungen von einem Staat gingen weit über seine Zeit und über die damalige Gesellschaftsordnung hinaus.

Aber konnte Atlantis das Bild eines Idealstaates sein, konnte Platon, der in Athen eine philosophische Schule begründet hatte, die den Namen Akademie erhielt, ein gesellschaftliches Modell entwerfen, in dem die Pflege geistig-kultureller Werte keinen Platz fand?

Der Text des »Kritias« bringt eine genaue Beschreibung der Lage, der natürlichen Gegebenheiten und der Einrichtungen von Atlantis; zum anderen ist die Vernichtung der Insel eindeutig Folge niedriger Sinnesart und sträflichen Handelns ihrer Bewohner. In diesem Zusammenhang sei noch auf einen merkwürdigen Umstand hingewiesen: Es gab in Atlantis Bäder für den Winter und den Sommer, getrennte Sportstätten für Ringer und Gymnastiker einerseits und die Rosselenker andererseits, doch fehlt jeder Hinweis auf Einrichtungen, die den Geist der jungen Atlanter hätten formen können, etwas Ähnliches wie eben die Akademie Platons. Es gab nichts, was einem möglichen moralischen Verfall entgegenstand; der ungeformte Geist blieb sich selbst überlassen.

Bedeutete diese nur auf körperliche Ertüchtigung und Wohlstand gerichtete Ordnung vielleicht doch eine Absage an Sparta? Jedenfalls hatte Platon wohl mit diesem doch gravierende Mängel aufweisenden Inselstaat Atlantis keinen Idealstaat zeichnen wollen.

Fragen wir uns hier, wer Platon war. Was erlebte er, was prägte ihn? Platon entstammte einem alten aristokratischen Geschlecht, er trat für die Trennung und Abgrenzung der verschiedenen Klassen und Schichten ein: Ein Teil des Adels, die Weisen, sollten regieren, die Krieger den Staat schützen und die Handwerker und Tagelöhner körperlich arbeiten, sich aber nicht in die Politik einmischen. »Der junge Platon wuchs in einer Zeit politischer Wirren heran. Er hat den Zusammenbruch Athens im Peloponnesischen Krieg erlebt, die Tyrannis der Dreißig und ihr Ende, die Verurteilung und den Tod des Sokrates, die wachsende Abhängigkeit der griechischen Poleis von der korrupten und korrumpierenden persischen Macht, den Zusammenbruch Spartas und die Siege Thebens, den Aufbau des zweiten attischen Seebundes und sein Auseinanderbrechen, Errichtung und schnellen Sturz von Verfassungen, Tyrannis und zur Ochlokratie entartete Demokratie, Söldnerwesen und -unwesen, unaufhörliche Streitigkeiten und Kriege der hellenischen Poleis untereinander.« (E. Ch. Welskopf, Probleme der Muße im alten Hellas, Berlin 1962, S. 174)

So ist es erklärlich, daß der Philosoph Platon sich eingehend mit Staatstheorien beschäftigte, wobei er seine Lehren in Form von Dialogen und Diskussionen vortrug. Platon war Lehrer und Philosoph, kein Historiker, der nur Vergangenes zu berichten hatte. Ihm lag daran, das Vergangene für seine eigene Zeit auszudeuten. Platon zeichnete das Bild eines Staates, der weitgehend von seinen Vorstellungen geprägt war.

Die Atlanter hatten nicht nur ihre Abkunft vergessen, sie hatten auch alle Warnungen hochmütig mißachtet und fielen einer tragischen Hybris zum Opfer. Gesellschafts- und Staatsgefüge vermochten daran nichts zu ändern, denn es gab keinen Maßstab für sittliche Werte.

Ein frühes Königtum hätte in diesem Rahmen vielleicht noch bestehen können, für die griechische Polis, für einen griechischen Städtebund war ein solches Staatswesen nicht mehr geeignet, es war von der geschichtlichen Entwicklung überholt. Für Platon bot die Atlantissage nicht das Bild eines Idealstaates, aber sie führte zu Überlegungen, wie die menschliche Gesellschaft und der Staat in der Zukunft aussehen könnten und sollten.

Um diesen letztlich philosophischen und pädagogischen Absichten Nachdruck zu verleihen, mußte das von Platon entworfene Bild ein historisches Vorbild haben. Damit sind wir wieder an den Ausgangspunkt unserer Betrachtung zurückgekommen. Wo haben wir nun das Vorbild der Atlantiserzählung zu suchen? Der Hinweis Platons, daß er sie von Solon übernommen habe, fügt sich in den Modus der Sagentradition: Diejenigen, die die Sagen berichteten und weitergaben, bemühten sich tunlichst um Gewährsmänner, die sie bestätigen konnten. Wenn möglich, wurde das Zeugnis aus der eigenen Familie herbeigeholt, vom Großvater und Urgroßvater. Und Solon gehörte zu den Vorfahren Platons. Platon aber hatte an der Vorlage, wenn sie existierte, Veränderungen vorgenommen, wie die beiden Versionen beweisen. Doch bereits die erste Fassung im »Timaios« zeigt, daß Platon bestrebt war, das Schicksal eines Inselstaates mit einer von mythischen Überlieferungen durchsetzten griechischen und vor allem athenischen Geschichte zu verbinden, um auf diese Weise den Untergang mythisch zu überhöhen. Je weiter – zeitlich wie räumlich – das Geschehen entfernt lag, um so geeigneter war es nicht nur für eine Sagenbildung, sondern auch zur Hochstilisierung ins Mythische.

Über menschlichem Versagen, Fehlverhalten und Abkehr von den Göttern stand der Schuldspruch des Göttervaters Zeus. Die Atlanter gingen unter zusammen mit ihrer ein schönes und glückliches Leben versprechenden

Insel – eine antike Vertreibung aus dem Paradies, doch ohne die Möglichkeit des Überlebens.

Wenn wir hier versucht haben, uns Platons Motivation für die Darstellung der Atlantissage zu nähern, dann erkennen wir, daß wir nicht alle Einzelheiten der Atlantiserzählung als feststehende Indizien zu werten haben. So kann der Untergang der Insel in einem längeren Zeitraum als in »einem Tag und einer Nacht« erfolgt sein; die Struktur der Sage, die nach dramatischen Höhepunkten drängte, raffte gern alles Geschehen zusammen.

Wir sollten also der Sage nicht ihre, freilich durch wechselnde Einsichten bedingte, Geschichtlichkeit absprechen, Grundzüge und Grundwertung stimmen – auch in historischer Perspektive. Wir sollten Umschau halten nach einer Insel, die im Atlantik, dem sie letztlich auch den Namen gab, versank, einer Insel, mit der eine alte eigenständige Kultur und eine frühe staatliche Ordnung bis auf die Spur in der Sage verschwanden. Wir haben den zahllosen Atlantishypothesen keine weitere hinzuzufügen. Das historische Vorbild für Atlantis bleibt noch in den dunklen Tiefen des Meeres verborgen.

# König Artus

*»Dann werden die Krieger ausreiten, Artus allen voran, um den Feind ins Meer zurückzuwerfen, und von da an wird Friede und Gerechtigkeit unter den Menschen sein.«*
*Aus einer walisischen Sage*

Gajus Julius Cäsar (102–44 v. Chr.) bezwang im Jahre 58 v. Chr. die herandrängenden Germanen und unterwarf Gallien endgültig dem Römischen Reich. Dies war um so leichter, als der Zusammenhang unter den keltischen Stämmen nicht sehr nachhaltig war; nicht selten standen sie sich feindlich gegenüber. Gemeinsam war den keltischen Stämmen sowohl auf den Britischen Inseln wie in Gallien die Religion, verkörpert durch die Priesterschaft der Druiden, die einen erheblichen politischen Einfluß hatten. Aber so sicher wie kein keltischer Stamm in Gallien einem anderen die Vorherrschaft einräumen wollte, bestand noch immer die, wenn auch lockere, Verbindung zur Insel, und damit ergab sich für Rom die Gefahr, daß die Kelten in Gallien Zuzug und Hilfe von ihren Brüdern von jenseits des Kanals erhalten könnten. Cäsar landete daher im Jahre 55 v. Chr. in der Nähe des heutigen Dover, errang einige Erfolge über die Briten und nötigte ihnen die Oberherrschaft Roms ab. Jedenfalls war es Cäsar damit gelungen, einen militärisch-politischen Zusammenschluß der Kelten diesseits und jenseits des Kanals zu unterbinden.

Späterhin, vor allem unter Kaiser Hadrian (76–138 n. Chr.) wurde diese Herrschaft erweitert und befestigt, nicht zuletzt durch die Anlage des sogenannten Hadrianwalls, der in den Jahren 122–124 erbaut wurde. Er bezeichnete ungefähr die Grenze zwischen dem heutigen England und Schottland und schützte das römische Britannien gegen die Überfälle der Scoten und Pikten.

Konstantin der Große (274–337) erhob das Christentum de facto zur Staatsreligion, und als solche verbreitete es sich nunmehr über das gesamte Römische Reich, also auch im römischen Britannien, später selbst bei den Pikten, Scoten, Iren und Walisern. Zu dieser Zeit aber, im 5. Jahrhundert, hatte das sogenannte Weströmische Reich im Zuge der Völkerwanderung längst seine Macht eingebüßt und war zum Spielball der germanischen Völkerschaften geworden. Die Römer waren daher nicht in der Lage, den Briten zu Hilfe zu kommen, die im 6. Jahrhundert von Sachsen (Niedersachsen), Angeln und Jüten einerseits und von Pikten und Scoten andererseits bedrängt wurden. Zudem waren die Briten in sich zerspalten, jeder dieser Kleinkönige focht nur für sich, so daß den Briten schließlich nichts anderes übrig blieb, als sich mit den im Süden schon Fuß fassenden Sachsen und Angeln gegen die Scoten zu verbünden, wollten sie nicht von beiden zermahlen werden. Einmal freilich schien es, als ob die Briten sich doch zur Abwehr ihrer Feinde vereinigen könnten, und das geschah unter jenem sagenhaften König Artus (oder Arthur), von dem wir kaum mehr wissen, als daß er um 530 bei Bath einen Sieg über die Sachsen errang. Mehr und mehr wurden die Briten dann aber doch westwärts abgedrängt, so daß ihnen gegen Ende des 7. Jahrhunderts nur noch Wales und Cornwall geblieben waren.

Freilich waren nicht nur die Briten untereinander uneins, bei den eingefallenen germanischen Stämmen sah es nicht besser aus. Jahrhundertelang tobte ein Kampf aller gegen alle, ständig wechselten die Bündnisse der zahllosen kleinen Stammesfürsten. Hinzu traten noch religiöse Unterschiede; so hingen die Briten der altbritischen Kirche an, die Angeln, Jüten und Sachsen hielten teils am Wodanskult fest, teils gingen sie zum Christentum römischer Prägung über. Die altbritische Kirche unterschied sich von der römisch-katholischen Kirche durch ihre überaus strenge Askese, was vor allem der Tatsache zuzuschreiben ist, daß die altbritische Kirche vorwiegend eine Mönchs- bzw. Klosterkirche war. Ein in der Gemeinde seßhafter Weltgeistlicher war der altbritischen Kirche ebenso fremd wie die zentrale Stellung der Bischöfe in der römischen Kirche. Zur Verdrängung der altbritischen Kirche aber führte letztlich eine abweichende Berechnung des Osterfestes, was schwer erträgliche Verwicklungen mit sich brachte.

Besondere Verdienste erwarben sich die altbritische Kirche und vor allem die Mönche des Klosters Hy bei der Bewahrung klassischen Schrifttums.

Im übrigen hing die Hinwendung zu dieser oder jener Religion nicht zuletzt von den militärischen Erfolgen bzw. Mißerfolgen ab; mitunter erwies man dem christlichen wie dem heidnischen Gott gleichermaßen die Ehre, um es mit keinem zu verderben.

Mit dem Jahre 830 trat eine erste Festigung des angelsächsischen Reiches ein. Egbert, König von Wessex, hatte die Oberherrschaft über das Reich der Angelsachsen errichtet, begünstigt teils durch das Aussterben rivalisierender Königshäuser, teils durch seine militärische Ausbildung unter Karl dem Großen. Zwar waren nun im Innern einigermaßen Ruhe und Ordnung eingekehrt, doch hatten sich die Angelsachsen schon bald wieder äußerer Feinde zu erwehren, vor allem der Dänen, die seit der Mitte des 9. Jahrhunderts immer wieder das angelsächsische Reich heimsuchten und verwüsteten, sich zeitweise festsetzten und durch immer neue Tributforderungen das Land derart schwächten, bis es ihnen wie von selbst zufiel, so daß 1016 der Dänenkönig Knud auch als Herrscher über England anerkannt wurde. Nach Knuds Tod im Jahre 1035 fiel das Königtum freilich wieder an die Angelsachsen zurück, bis im Oktober des Jahres 1066 der Normannenherzog Wilhelm der Eroberer über den Kanal setzte und die Angelsachsen bei Hastings vernichtend schlug.

Mit diesem Sieg trat eine gänzliche Umgestaltung ein. Einen großen Teil bis dahin angelsächsischen Besitzes gab Wilhelm als Lehen an seine Normannen; die altbritisch-angelsächsische Kirche wurde nicht mehr länger geduldet und durch das römisch-katholische Christentum verdrängt. Als einschneidendste Maßnahme aber erwies sich die genaue Erfassung jeglichen Landbesitzes, gleichviel ob er einem Normannen oder einem angelsächsischen Großen verliehen war, denn nach der Größe und Güte des Besitzes wurden die Anzahl der zu stellenden Krieger sowie die Abgaben geschätzt. Ähnlich straff waren Finanzverwaltung, die Verwaltung überhaupt und die Rechtspflege organisiert. Doch so nützlich eine solch straffe Verwaltung war, die in den Händen der beamteten Sheriffs (Landgrafen) lag, so sehr erbitterte sie gerade durch ihre Härte die Angelsachsen, die sich, sicher zu Recht, noch lange als Besiegte fühlten, zumal sie wegen der vor dem normannischen Einfall herrschenden sehr weitgehenden Freiheit eine derart strenge Zucht nicht gewöhnt waren.

Zu einer Annäherung zwischen Normannen und Angelsachsen kam es, wenn auch erst sehr langsam, nach dem Tode Wilhelms des Eroberers (1087), als seine Nachfolger den Angelsachsen wieder ihre alten Rechte einräumten (unter anderem die Waffenfähigkeit). Die Wehrhaftmachung der Angelsachsen, die nun ziemlich gleichberechtigt neben den Normannen standen, wirkte sich auch insofern günstig aus, da nun weder die Überfälle der Scoten noch der räuberischen Waliser mehr zu befürchten waren, vielmehr wurden diese zur Botmäßigkeit gezwungen.

Die straffe Zentralisierung und die direkt an den königlichen Fiskus zu zahlenden Abgaben verhalfen dem Königtum zu einer im übrigen Europa unbekannten Machtfülle, die von König Johann aber in jeder Hinsicht mißbraucht wurde, so daß sich 1214 die Barone mit den (angelsächsischen) Städten verbündeten und den König zu der freilich nur widerwillig geleisteten Anerkennung der Magna Charta, des Freiheitsbriefes der Stände, zwangen. Es war gerade dieses Bündnis von Nachfahren der Normannen und der Angelsachsen ein letzter wichtiger Schritt zur Herausbildung der englischen Nation, die im Parlament als Vertretung der Stände ihren Ausdruck fand.

Es war also rund ein Dreivierteljahrtausend von den Einfällen der räuberischen Sachsen, Angeln und Jüten in Britannien bis zur Herausbildung der englischen Nation vergangen, doch König Artus spielte in dieser Zeit eine derart bescheidene Rolle, daß man sich fragt, wie es möglich war, daß Barden wie auch Chronisten ihn neben Gottfried von Bouillon und Karl den Großen stellen konnten.

Ein Grund dafür ist die Tatsache, daß mittelalterliche Chronisten und Historiographen ein ganz anderes Verhältnis zur Geschichte hatten als wir heute. So spielte zum Beispiel die Zahlenmagie eine große Rolle: Karl der Große war der anerkannte Begründer des christlichen Abendlandes, Gottfried von Bouillon ein bedeutender Kreuzfahrer, und um die heilige Dreizahl zu erfüllen, wurde Artus zum mächtigen Heidenbezwinger erhoben, und das nicht nur auf den Britischen Inseln. Die Tatsachen wurden also bedenkenlos dem Geschichtsbild angepaßt und geändert, was im Mittelalter eine durchaus übliche Praxis war. Das erklärt freilich noch nicht, warum es gerade Artus war, der Karl dem Großen und Gottfried von Bouillon zur Seite gestellt wurde. Restlos läßt sich diese Frage freilich nicht beantworten.

Es hatte rund zweihundert Jahre gedauert, bis die Angelsachsen (wie wir sie von nun an der Einfachheit halber nennen wollen) Britannien (also das heutige England) erobert hatten. Die Briten hatten dabei manche Niederlage hinnehmen müssen, und so ist es verständlich, daß sie die wenigen großen Siege um so getreuer durch Lieder und Geschichten in ihrem Gedächtnis bewahrten. Besonders war dies natürlich bei den Walisern, den Nachfahren der alten Briten (auch Britones genannt), der Fall. Die Christianisierung, die man sich nicht als einen einmaligen Akt, sondern vielmehr als einen über Jahrhunderte gehenden, von mancherlei Rückschlägen begleiteten Prozeß denken muß, brachte es in Gegenden, wo die Artustradition besonders lebendig war, mit sich, daß das Volk felsenfest an eine Wiederkehr seines Königs Artus glaubte und auch nicht zögerte, diesen seinen Glauben handfest zu verteidigen. Die Kirche wiederum lehnte ihrerseits verständlicherweise eine solche Ketzerei ab, war aber ansonsten gerne bereit, sowohl die Historizität von König Artus (die bis heute noch nicht völlig geklärt ist) wie auch seine überragende Stellung auf der Insel und darüber hinaus zuzugeben.

Das hatte gute Gründe. Zum einen lag dem Klerus natürlich an einem christlichen König (der Artus wahrscheinlich gewesen war), welcher erfolgreich gegen die Heiden kämpfte – denn etwas anderes waren die Britannien erobernden Angeln, Sachsen und Jüten des Frühmittelalters in den Augen der Geistlichen nicht gewesen. Diese Forderung erfüllte Artus offenbar. Andererseits waren ja ein Teil dieser Kleriker Waliser, die sich als rechtmäßige Nachfolger der Briten im allgemeinen und des Königs Artus im besonderen fühlten. Vor allem die walisischen Fürsten betrachteten sich als Nachfahren und somit auch Nachfolger von König Artus, und so leiteten sie prompt aus der angenommenen Herrschaft des Artus über die Insel nunmehr auch ihr Herrschaftsrecht über England ab. Ähnlich verhielt es sich mit den angelsächsischen und später normannischen Geistlichen. Für die angelsächsischen Geistlichen gegen Ende des 1. Jahrtausends, die gleichzeitig ja auch die Chronisten dieser Epoche waren, war nicht die britisch-keltische Nationalität entscheidend, sondern die Tatsache, daß Artus ein christlicher König war. Aufgrund der Christianisierung sahen sich die Angelsachsen wiederum als legitime, weil christliche Nachfolger des Artus an. Mehr noch: Artus wurde mit Titeln wie »Imperator« geschmückt, daraus ließ sich leicht die Oberherrschaft nicht nur über England, sondern auch über Wales, Schottland und Irland ableiten. Diese Deutung machten sich dann vor allem die normannischen Eroberer zu eigen, die allerdings noch weiter gingen, indem sie Ansprüche nicht nur auf die gesamten Britischen Inseln, sondern auch auf die Bretagne als einen Teil des einst von Briten bewohnten und beherrschten Gebietes machten. Die Kirche des 12. und 13. Jahrhunderts wiederum war sehr an einem Idol für die Ritterschaft interessiert, konnte sie den ins Heilige Land ziehenden Königen und Rittern so doch immer den die Heiden bekämpfenden Artus vorhalten, vor allem dann, wenn sich die Ritterschaft beziehungsweise dieser oder jener König wenig geneigt zeigte zur Eroberung des Heiligen Landes.

Die Übernahme der Artustradition durch die englischen Könige des 12. Jahrhunderts war keineswegs eine abstrakte oder gar nebensächliche Angelegenheit. König Heinrich II. ließ um 1190 Artus' Gebeine (oder was man dafür hielt) feierlich nach Glastonbury überführen und dort mit großem Pomp erneut bestatten – ein Schauspiel, das knapp ein Jahrhundert später Edward I. wiederholte. Die Ehre, die Artus damit durch Heinrich II. erwiesen wurde, trug zu dessen Ruhm bei, zudem präsentierte sich Heinrich durch diesen Akt unmißverständlich als Artus' Nachfolger und damit als Herr über das Artus zugeschriebene Herrschaftsgebiet. Ob es tatsächlich Artus' sterbliche Reste waren, die da neu bestattet wurden, ist höchst zweifelhaft, allein König Heinrich wie auch die Mönche von Glastonbury mochten diesen Umstand nicht gar zu genau untersuchen, denn der Kirche war durch Artus' Grab ein gewaltiger Zulauf sicher. Und schließlich war diese Überführung als Versöhnung zwischen den normannischen Königen und der altbritischen Kirche bedeutungsvoll.

Doch nicht nur auf der Insel, sondern auch auf dem Kontinent war die Artustradition lebendig, vor allem in der Bretagne. Als 1187 dem gerade verstorbenen Herzog der Bretagne, Jeoffrey, ein Sohn geboren wurde, taufte man das Kind auf den Namen Arthur (Artus). Heinrich II.

hätte es gern gesehen, wenn der Neffe seinen Namen erhalten hätte, zumal er damit als potentieller Thronerbe in der Lage gewesen wäre, seinen Anspruch auf die Krone zu bekräftigen. Aber Constance, die Mutter des kleinen Herzogs, hatte – möglicherweise unter dem Einfluß der bretonischen Großen – ihren Sohn eben auf den Namen Arthur (Artus) taufen lassen. Damit hatte es folgende Bewandtnis. Die Bretagne mußte, seitdem sich die Sachsen und späterhin die Normannen im Norden Frankreichs niederließen, um ihre Unabhängigkeit kämpfen. Wenn auch die Bretagne an der Wende vom 12. zum 13. Jahrhundert offiziell dem Herzog der Normandie (und der wieder dem König von Frankreich) unterstand, so liebäugelten doch die Bretonen immer wieder mit der Unabhängigkeit sowohl von Frankreich wie auch von England. Und da kam den großen Herren der Bretagne ein – noch dazu unmündiger – Herzog namens Artus gerade recht. Richard Löwenherz versuchte, sich die Bretagne einzuverleiben, aber dies scheiterte; er starb, und sein Bruder Johann (Johann Ohneland) ließ sich 1199 schnellstens in Westminster zum König krönen. Das hielt die bretonischen Großen freilich nicht davon ab, die englische Krone für ihren Herzog (der vorsichtshalber in Paris in die Obhut des französischen Königs gegeben war) auch kraft seines Namens zu beanspruchen.

Viele Große der Touraine, des Maine und des Anjou (an der Loire gelegene Landschaften) standen gegen Johann hinter Arthur of Brittany, nicht zuletzt deshalb, weil dieser damals ein fünfzehnjähriger Knabe war. Das bedeutete für die Barone nichts anderes als die faktische Unabhängigkeit – eine Konstellation, wie sie zu allen Zeiten bei ungeklärten Thronfolgen auftrat.

Letzten Endes aber war der Fünfzehnjährige auf sich allein gestellt, denn der einzige, der ihn bei seinen ehrgeizigen Plänen hätte unterstützen können, war der französische König Philipp. Diesem jedoch konnte seinerseits freilich nichts an einem englischen König mit Namen Arthur (Artus) gelegen sein, der noch dazu über große west- und nordfranzösische Besitzungen verfügte. So fiel der junge Arthur in Johanns Hände, der ihn auch prompt umbringen ließ, um endlich Ruhe in der Bretagne zu haben. Das war allerdings ein Irrtum, denn kaum hatte sich die Kunde vom Tod des jungen Herzogs verbreitet, brach ein Aufstand der bretonischen Ritter los, in dessen Folge England einen großen Teil seiner nordfranzösischen Besitzungen an Frankreich verlor. Zum Verhängnis war dem jungen Arthur sein berühmter Name geworden, der ihn nach Englands Krone greifen ließ: Nur auf seinen großen Namen gestützt, ohne militärische Macht, die seinem berühmten Ahnherrn immerhin zur Verfügung gestanden hatte, war Arthur of Brittany verloren. In einem freilich war die Übereinstimmung mit dem großen Vorfahren und Vorbild vollkommen: Genaues ist auch über den Tod des jungen Arthur nicht bekannt geworden, und unbekannt ist auch sein Grab.

Der junge Herzog, der seinen Namen in erster Linie einer jahrhundertealten Tradition verdankte, sorgte durch sein Leben und mehr noch durch sein mysteriöses Verschwinden für ein Aufleben ebendieser Tradition.

Daß es gerade die bretonischen Ritter waren, die sich empörten, als sie von der Ermordung ihres Herzogs hörten, ist gewiß kein Zufall, war doch der Name Arthur oder Artus für sie die Verkörperung alles Edlen, von dem ihr Ansehen und ihr Fortbestand abhingen. Hand in Hand mit der Verarmung der Ritter ging eine weitere Um- bzw. Ausdeutung der Artustradition: Artus, der König der Tafelrunde.

Die Einführung der Tafelrunde in die Artuslieder um die Mitte des 13. Jahrhunderts läßt sich einmal auf Einflüsse aus der Karlsepik zurückführen, denn auch Karl versammelte seine Paladine um sich. Zum anderen konnten so die zu dieser Zeit recht häufigen Turniere poetisch motiviert werden. Mancher Ritter hätte ohne diese Turniere, bei denen er auf Kosten des Königs beziehungsweise eines Großen verköstigt wurde und Preise gewinnen konnte, kaum leben können, es sei denn, er wäre zum Raubritter verkommen. Für diese armen Adligen war ein König, der nicht nur großzügig für seine Ritter sorgte, sondern auch ohne Unterschied von Rang und Stand mit ihnen an einer Tafel saß, das Idol schlechthin. Wir dürfen wohl annehmen, daß dieser Artustradition ein gut Stück gesellschaftliche Kompensation innewohnte.

Während die Artustradition auf der Insel und in der Bretagne klare politische Bedeutung hatte, trug sie auf dem Kontinent (abgesehen eben von der Bretagne) vor allem in Frankreich und Burgund weniger politische als allgemein ethische Züge. War der Artus in der »Historia regum Britanniae« (um 1135) des Geoffrey of Monmouth ein großer, gewaltiger König, der fast die gesamte den Engländern damals bekannte Welt einschließlich Roms unterwarf und so gleichsam ein Universalreich schuf, so wurde er bei dem anglo-normannischen Reimchronisten Wace in der »Geste des Bretons« (1155), einer Bearbeitung der »Historia regum Britanniae«, zum Musterbeispiel des edlen Ritters und großen Feudalherrn und diente der Selbstdarstellung der Ritterschaft. Waces Patronin war Eleonore von Poitou, die Gemahlin erst König Ludwigs VII. von Frankreich und dann König Heinrichs II. von England.

Noch stärker wurde diese höfische Tendenz, bei der Artus selbst als Kämpfer und Krieger nicht mehr aktiv wurde, sondern nur noch als Verkörperung ritterlicher Tugenden fungierte, bei Chrétien de Troyes (1130–1190). Chrétien hat offensichtlich auf die eine oder andere natürliche Fortsetzung der Abenteuer seiner Helden verzichtet, zugunsten der durch und durch höfischen Versdichtung. Artus selbst tritt dabei immer mehr in den Hintergrund, die eigentlichen Helden sind Lancelot, Gavein, Yvein und Parcival.

Der »Lancelot« ist wahrscheinlich, wie auch die Artussage, in Wales entstanden und gelangte über die Bretagne nach Frankreich, wo er durch Chrétien de Troyes seine Ausformung zum höfischen Roman erfuhr. Die Bedeutung Chrétiens für die Verbreitung der Artussage auf dem Kontinent kann schwerlich überschätzt werden: seine Artusromane beziehungsweise freie Übersetzungen seiner Romane waren weit verbreitet, so etwa in Deutschland Wolfram von Eschenbachs »Parzival« oder der »Iwein« (Ywein) des Hartmann von Aue. Ywein, auch der Löwenritter genannt, erhielt seinen Beinamen, weil er einem Löwen im Kampf gegen eine Schlange beistand und daraufhin vom Löwen wie ein treuer Hund auf all seinen Abenteuern begleitet wurde – ein Motiv, das dann sowohl in der dänischen Dietrichsage wie auch bei Tasso und Cervantes auftaucht.

Die Handlung des »Ywein« spielt übrigens zum Großteil in der Bretagne; so wurde auch Artus zum bretonischen König: »Artus, li boens rois de Bretaigne«, wie es in einem zeitgenössischen Lied heißt. Diese geographische Verschiebung König Artus' wird auch dadurch verständlich, daß weder dem französischen noch dem burgundischen Hof an einer Verherrlichung der englischen Könige (gleichgültig ob altbritischer, angelsächsischer oder normannischer Herkunft) gelegen sein konnte, bedenkt man die permanenten Auseinandersetzungen zwischen Frankreich und England, die schließlich zum Hundertjährigen Krieg führten. Wie weit sich das höfische, im 14. und noch mehr im 15. Jahrhundert längst überholte französisch-burgundische Ritterideal auf die große Politik auswirkte, wird nicht zuletzt an dem grenzenlosen Hochmut der französischen Ritterschaft deutlich, der zu den katastrophalen Niederlagen von Maupertuis, Crécy und Azincourt führte.

Doch nicht nur beim Adel erfreuten sich die Artusromane größter Beliebtheit. Bezeichnend ist ein Erlebnis, von dem Caesarius von Heisterbach berichtet: Einige Mönche waren während des gemeinsamen Gebetes eingeschlafen, ja lautes Schnarchen ertönte. Da rief der Abt: »Hört Brüder, hört doch, ich will Euch eine neue merkwürdige Geschichte erzählen: Es war einmal ein König namens Artus.« Sodann unterbrach der Abt seine kaum begonnene Erzählung und ermahnte die Mönche: »Was für ein großes Unglück! Wenn ich euch von Gott spreche, schlaft ihr, aber ich brauche bloß von eitlem Zeug anzufangen, und ihr wacht sofort auf und seid ganz Ohr!« Aber ganz offensichtlich kannte Abt Caesarius »das eitle Zeug« auch recht gut und wußte sehr wohl um dessen Wirkung!

Auf den Britischen Inseln hatte unterdessen König Heinrich III. in Anlehnung an den Runden Tisch von König Artus im Jahre 1245 das ebenfalls runde Chapter House von Westminster Abbey errichten lassen, in dem ab 1260 das Parlament tagte. Später hielt der »Runde Tisch« Einzug in die internationale Diplomatie, und wir können nicht umhin, hierin ein Anzeichen jenes praktischen Geistes zu sehen, der bis heute für die Briten so typisch ist.

Der Artushof ging als eine repräsentative Vereinigung von Turnieren und Gelagen anfangs in die feudale, später auch in die Festgestaltung reicher vornehmer bürgerlicher Kreise ein; der Schauwert wurde dadurch angehoben, daß Ritterorden gegründet und sogar in Städten hallenartige Artushöfe – für ebendiese Festlichkeiten – gebaut wurden.

Um die Mitte des 15. Jahrhunderts stellte in England Sir Thomas Malory seinen »Morte Darthur« zusammen. Malory, der von den Gesetzeshütern wegen Räubereien verfolgt und wiederholt eingekerkert wurde, schrieb wohl einen Teil seines Artusromans im Gefängnis. Neben französischen Prosaromanen baute Malory heimische Sagenüberlieferungen ein, aber auch Motive aus Märchen und aus der Bibel. In der Zeit der Kämpfe zwischen den Anhängern der Weißen Rose, den Anhängern also des Hauses York, und den Anhängern der Roten Rose, den Anhängern des Hauses Lancaster, drückte er in seiner Artusdarstellung die Sehnsucht nach Frieden und einem gefestigten Königtum aus.

Nachdem es Artus gelungen war, seine Stärke bei einer fast wundersamen Schwertprobe zu erweisen, riefen alle, die Herren wie die Gemeinen: »Wir wollen Artus zum König haben, wir wollen ihn nicht länger warten lassen, denn wir alle sehen, daß es Gottes Wille ist, daß er unser König wird, und wer sich dem nicht fügt, den wollen wir erschlagen.« Daraufhin knieten sie alle zugleich nieder, arm und reich, und baten Artus um Gnade, weil sie ihn so lange hatten warten lassen. Und Artus verzieh ihnen und nahm das Schwert in beide Hände und legte es auf dem Altar nieder, an dem der Bischof stand, und so wurde er von dem ranghöchsten Manne, der anwesend war, zum Ritter geschlagen. Gleich darauf fand die Krönung statt, und Artus gelobte seinen Lords und Gemeinen, ein guter König zu sein und von nun an bis ans Ende seines Lebens wahre Gerechtigkeit zu üben.

Nach der großen Schlacht mit seinem Sohn Mordred, bei der auf beiden Seiten alle Ritter dahinsanken, ließ der schwerverwundete Artus sein Schwert Exalibur durch den letzten lebenden Getreuen, Sir Bedivere, ins Meer werfen. Danach trug Bedivere König Artus zum Strand, wo schon eine Barke auf ihn wartete, um ihn in das Tal von Avalon auf einer französischen Insel zu bringen, damit der König dort von seinen schweren Wunden genese.

Und Malory reihte Überlieferungen an, nach denen das Volk auf Artus' Rückkehr hoffte.

Hier sei auszugsweise eine walisische Sage mit dem Titel »Wo König Artus schläft« zitiert:

»Es war ein sehr großer Raum, aber mehr noch erstaunte sie, was sie dort sahen. Er war angefüllt mit Kriegern in strahlender Rüstung, die alle auf dem Boden lagen und schliefen. Es gab einen äußeren Ring von tausend Männern und einen inneren von hundert, die

Köpfe ruhten zur Wand hin, und ihre Füße waren gegen die Mitte hin ausgestreckt, jeder trug ein Schwert, ein Schild, eine Streitaxt und einen Speer, und ganz außen lagen ihre Pferde. Weshalb sie das alles so deutlich erkennen konnten, wird man fragen. Nun, die Waffen und die Rüstungen glitzerten wie Sonnen, und die Hufe der Pferde strahlten ein Licht aus wie der Mond im Herbst. Und ganz in der Mitte lag ein König und Kaiser, den man an der juwelenbesetzten Krone in seiner Hand und an seiner ganzen Erscheinung erkannte. Dann sah der junge Bursche, daß in der Höhle auch zwei große Haufen Gold und Silber lagen. Gierig wollte er sich darauf stürzen, aber der weise Mann riet ihm, einen Augenblick zu warten.

›Nimm von einem Haufen oder vom anderen‹, warnte er, ›aber hüte dich, von beiden zu nehmen!‹

Der Waliser lud sich so viel Gold auf, bis er auch nicht eine Münze mehr hätte tragen können. Zu seinem Erstaunen nahm der weise Mann nichts. ›Gold und Silber machen nicht weise‹, sagte er. Das erschien dem Waliser mehr angeberisch als klug, aber er sagte nichts, als sie wieder zum Eingang der Höhle zurückkehrten. Wieder warnte ihn der weise Mann, nur nicht an die Glocke zu stoßen.

›Es könnte schlimm für uns ausgehen, wenn einer oder mehrere der Krieger aufwachten und ihren Kopf höben und dann fragten: Ist es Tag? Sollte das geschehen, so mußt du auf der Stelle antworten: Nein, schlaft nur weiter, dann werden sie hoffentlich den Kopf wieder senken, und das bedeutet, wir können entkommen.‹

Und so geschah es. Der Waliser hatte sich die Taschen so mit Gold vollgestopft, daß er sich nicht an der Glocke vorbeizwängen konnte, ohne mit dem Arm daranzustoßen. Sofort weckte der Klang einen der Krieger. Er hob seinen Kopf und fragte:

›Ist es Tag?‹

›Nein‹, antwortete der junge Mann, ›schlaft nur weiter!‹

Und prompt senkte der Krieger seinen Kopf wieder und schlief ein. Nicht ohne sich noch einmal nach hinten umzuschauen, erreichten die beiden Männer das Tageslicht und brachten den Stein wieder in seine alte Lage. Der weise Mann verabschiedete sich von dem jungen Burschen und sprach:

›Nütze deinen Reichtum gut, dann wird er für den Rest deines Lebens hinreichen. Wenn du aber noch einmal kommst und noch mehr holen willst, was ich vermute, dann bediene dich von dem Haufen mit Silber. Stoß nicht an die Glocke, aber wenn einer der Krieger von ihrem Ton erwacht, wird er fragen: Ist Cymry in Gefahr? Dann mußt du antworten: Noch nicht, schlaf weiter! Aber auf keinen Fall darfst du ein drittes Mal in die Höhle zurückkehren.‹ ›Wer sind diese Krieger?‹ fragte der junge Mann aus Wales, ›und wer ist der schlafende König?‹

›Es ist König Arthur, und die um ihn sind die Männer von der Insel der Mächtigen. Sie schlafen mit ihren Stuten und Waffen, weil ein Tag kommen wird, an dem Mond und Himmel widerhallen vom Lärm einer Heerschar, und die Glocke wird läuten. Dann werden die Krieger ausreiten, Arthur allen voran, um den Feind ins Meer zurückzuwerfen, und von da an wird Friede und Gerechtigkeit unter den Menschen sein, solange die Welt dauert.‹«

Der Kaiser im Berg – in der Tradition des britischen Inselreiches zog er sich gleichfalls auf eine ferne Insel zurück!

Malorys »Morte Darthur« wurde 150 Jahre lang immer wieder neu aufgelegt, dann jedoch mehr als 180 Jahre (bis 1816) gar nicht. Wenn auch im 18. Jahrhundert das Interesse am Artusstoff nicht mehr so stark war wie in früheren Jahrhunderten, so versuchten sich doch immer wieder englische Dichter daran, wobei die Figur des Königs Artus dann dem jeweiligen Zeitgeschmack entsprechend umgestaltet wurde.

Auch auf dem Kontinent waren die Artusromane weit verbreitet, nicht nur im französischen Sprachraum, sondern auch in Deutschland und Italien. Kaiser Maximilian I. (1459–1519), »der letzte Ritter«, ließ 1513 von Peter Vischer eine Artusstatue herstellen, die neben seinem Grab in Innsbruck aufgestellt wurde.

Selbst wenn jener sagenhafte König Artus niemals gelebt hat, so haben doch die über ihn erzählten und geschriebenen Sagen, Lieder, Geschichten und Romane ihre Auswirkungen auf das Geistesleben und die Geschichte Englands und auch Frankreichs gehabt. Ohne daß es von irgendeiner Seite beabsichtigt worden war, ist Artus zum englischen Nationalhelden geworden. Da er bereits im Mittelalter in mythische Ferne entrückt war, konnten sich alle Bevölkerungsgruppen mit ihm identifizieren, auch die Bürger der immer wichtiger werdenden Städte.

Es scheint zu stimmen, was Chrétien de Troyes im »Yvein« sagte:

»Ich bin voll und ganz der Meinung, daß Artus' Name immer leben wird.«

# Harun ar-Raschid

*»... und siehe, der Kalif erschien, begleitet von Masrur, dem Träger des Schwertes seiner Rache; und sie waren ihrer Sitte gemäß als Kaufleute verkleidet.«*
*Aus Tausendundeiner Nacht*

Harun ar-Raschid, bekannt auch als Harun al-Raschid, das ist für den Leser von »Tausendundeiner Nacht« – dem in Europa zweifellos bekanntesten und beliebtesten Werk der arabischen Literatur – jener sagenhafte Kalif, der des Abends, meist nur von ein oder zwei Getreuen begleitet, als Kaufmann verkleidet, durch die Straßen Bagdads ging und sich mit Kaufleuten und Bettlern wie mit seinesgleichen unterhielt und dabei manches Abenteuer erlebte.

Der Leser dieser Erzählungen wird sich gefragt haben, ob Harun ar-Raschid nicht ein Phantasieprodukt arabischer Erzählkunst sei.

Doch den Kalifen Harun ar-Raschid gab es tatsächlich, ebenso wie die meisten seiner ständigen Begleiter aus den Erzählungen, etwa den Wesir Dscha'far oder Masrur, den Hauptmann der Palastwache. Aber der historische Harun ar-Raschid (zu deutsch: »Harun der Gerechte«) war charakterlich ganz anders geartet als der Harun ar-Raschid aus »Tausendundeiner Nacht«: Der historische Raschid war launisch, hart bis zur Grausamkeit, mißtrauisch und selbst für orientalische Verhältnisse unglaublich verschwenderisch. Daß Harun, als einfacher Mann verkleidet und bestenfalls noch in Begleitung seines Wesirs, durch die Straßen Bagdads zog, beruht auf einer Erfindung. Wie aber konnte sich dann um diesen arabischen Despoten ein ganzer Kranz von Geschichten flechten, in denen jener Despot als wahres Muster an Güte und Nachsicht erschien? Um diese Wandlung im Charakterbild des Harun ar-Raschid zu verstehen, müssen wir einen historischen Exkurs unternehmen.

Als Mohammed im Jahre 570 oder 571 zu Mekka als Sohn eines Kaufmanns geboren wurde, war diese Stadt das Zentrum der arabischen Halbinsel. Etwa in der Mitte der langen Karawanenstraße gelegen, die sich von Aden bis Damaskus an zwei Gebirgszügen längs des Roten Meeres erstreckte, war Mekka Treffpunkt und Zwischenstation der Kaufleute wie auch der mehr oder weniger frei umherschweifenden Wüstenstämme.

Bald nachdem Mohammed die Offenbarung zuteil geworden war, daß es nur einen Gott, Allah, gäbe und er dessen Prophet sei, warb er, zunächst im geheimen und dann auch öffentlich Anhänger seiner neuen Lehre. Damit brachte Mohammed jedoch das einflußreiche Geschlecht der Kuraischiten, dem er selbst entstammte, gegen sich auf, denn die Kuraischiten verwalteten die Kaaba, die damals der Tempel der vorislamischen Religion war. Natürlich konnten die Kuraischiten eine weitere Ausbreitung von Mohammeds Lehre nicht hinnehmen, drohten doch dadurch ihr Einfluß und ihre Macht zurückzugehen. Um sich und seine Anhänger nicht zu gefährden, zog Mohammed mit diesen im Jahre 622 nach Yathrib, dem heutigen Medina. Dort hatte Mohammed so großen Zulauf, daß er bereits zwei Jahre später mit einem Heer gegen Mekka ziehen konnte, das als Handelsstadt mit Yathrib konkurrierte. Die Anhänger des Propheten errangen einen großen Sieg, und nur wenige Jahre später (630) mußte sich Mekka ergeben. Was folgte, war ein triumphaler Einzug Mohammeds. Er ließ die Götzenbilder der Kaaba sofort zerstören. Mit ungeheurer Schnelligkeit verbreitete sich die neue Religion, der Islam, über die arabische Halbinsel und bald danach auch weit darüber hinaus.

War vor Mohammed für den einzelnen Araber die Zugehörigkeit zu dieser oder jener Familie oder zu diesem oder jenem Stamm das wichtigste, so zählte seit Mohammeds Wirken in erster Linie das Bekenntnis als Muslim und dann erst die Abstammung. Dadurch vermochte Mohammed die Rivalität zwischen den verschiedenen Städten, Stämmen und Familien einigermaßen einzudämmen. Bei seinem Tode im Jahre 632 war Mohammed der unumschränkte Herrscher Arabiens. Nach Mohammeds Tod wurde einer seiner Freunde, Abu Bakr, Kalif und damit Nachfolger Mohammeds, 634 folgte dann Omar. Dieser machte sich den jahrzehntelangen Streit der beiden tonangebenden Großmächte des Orients, Byzanz und Persien, zunutze und unterwarf innerhalb eines Jahrzehnts Syrien, Ägypten und Persien dem Islam. Die Berberstämme standen kurz vor der Unterwerfung, da fiel Omar einem Attentat zum Opfer. Omars Nachfolger wurde Uthman, ein Schwiegersohn Mohammeds und aus der Familie der Umaijaden stammend. Uthman begründete die Hausmacht der Umaijaden, indem er fast sämtliche Befehlshaberstellen an Familienangehörige vergab, mochten sich diese auch als noch so unfähig erweisen.

Im Jahre 656 begann das Kalifat von Mohammeds Schwiegersohn Ali. In dem bald darauf ausbrechenden Bürgerkrieg zwischen Ali und seiner Partei (arabisch: Schia, wovon abgeleitet seine Anhänger als Schiiten bezeichnet werden, sie erkennen nur Ali als rechtmäßigen Nachfolger Mohammeds an) und Alis Gegenspielern aus dem Stamm der Kuraischiten blieb Ali zwar zunächst Sieger in der »Kamelschlacht«, wurde dann aber 661 ermordet.

Das Kalifat der Umaijaden, dessen Residenz 661 Damaskus geworden war, dehnte sich weiter aus, so daß es sich im Osten bis zum Punjab in Indien, im Norden bis zum Kaspischen Meer und im Westen bis zum Atlasgebirge sowie über fast die gesamte Iberische Halbinsel erstreckte. Doch hatten sich die Umaijaden nicht zuletzt wegen ihrer Vetternwirtschaft viele Feinde gemacht, und so brach 747 ein Aufstand los. Von den Umaijaden konnte sich einzig Abd ar-Rahman retten, der auf abenteuerlichen Wegen auf die Iberische Halbinsel gelangte und dort das Emirat Córdoba übernahm.

In Damaskus aber hatte sich Abul Abbas aus der bisher zurückgesetzten Familie der Abbasiden des Kalifenthrones bemächtigt. Die Herrschaft der Abbasiden mußte zunächst durch unerbittliche Strenge befestigt werden. Abul Abbas führte nicht umsonst den Beinamen »Saffah«, das heißt »Der Blutvergießer«. Verzweifelte Aufstände und grausame Strafexpeditionen gaben dem Staatswesen einen ausgesprochen militanten Charakter, der durch die Einführung eines stehenden Heeres noch stärker betont wurde.

Von 754 bis 775 war Mansur, ein Vorfahre Harun ar-Raschids, Kalif. Er gründete Bagdad 762 als neue Hauptstadt und machte es nicht nur zur aufblühenden Handelsstadt, sondern auch zum Zentrum von Kunst und Wissenschaft. Mansurs Sohn al-Mahdi Mohammed (775–785), der Vater Harun ar-Raschids, ließ durch Vernunft und Güte die ersten Schreckensjahre der Abbasidenherrschaft langsam in

Vergessenheit geraten. Sein Nachfolger war zunächst Haruns älterer Bruder Hady. Dieser plante, seinen Bruder Harun umzubringen, doch die eigene Mutter ließ Hady vergiften. Zwar hatte Hady noch zu Lebzeiten seinen Sohn Ga'far zum Nachfolger bestimmt (es war dies die übliche Praxis der Kalifen), doch die Beamten des Hofes bestanden auf einer Abdankung Ga'fars zugunsten Haruns. Besonders der aus späteren Erzählungen bekannte Masrur, der Hauptmann der Palastwache, setzte sich für Harun ein.

Haruns Regierungszeit (786–809) zählt zu den Höhepunkten der Abbasidenherrschaft. Von den beiden früheren Großmächten war Persien längst besiegt und dem Kalifat einverleibt worden; Byzanz war und blieb dem Kalifat tributpflichtig, trotz mehrfacher Versuche, sich davon zu befreien. Der griechische Kaiser mußte es sich gar gefallen lassen, eine persönliche Kopfsteuer an Bagdad zu entrichten, so als wäre er ein Untertan des Kalifen.

Aber Haruns Kalifat zeitigte nicht nur Erfolge. Schwer zu schaffen machten ihm – wie schon seinen Vorgängern – die Aliden, das heißt die Schiiten. Wenig nützte auch das Bündnis mit dem anderen großen Herrscher jener Zeit, Karl dem Großen, gegen das nach wie vor von den Umaijaden gehaltene Emirat von Córdoba. Die Geschenke Haruns, ein herrlich gearbeitetes Schwert und vor allem ein Elefant mit Namen Abul Abbas, erregten bei den Franken zwar großes Aufsehen; praktische Folgen hatte dies jedoch nicht.

Doch nicht nur im Westen zeigten sich erste Auflösungserscheinungen des Kalifats, auch die wilden Steppenvölker des Nordostens erwiesen sich als aufsässig; auf einem Kriegszug gegen diese starb Harun 809, möglicherweise durch Gift wie einst sein Bruder.

In fast allen arabischen Märchen und Erzählungen, in denen Harun ar-Raschid als eine der Hauptpersonen auftritt, wird er von seinem Wesir Dscha'far begleitet, so als seien die beiden unzertrennliche Freunde gewesen. Das bestätigt auch die Geschichte. Dscha'far entstammte den Barmakiden, einem alten persischen Adelsgeschlecht; schon Dscha'fars Großvater hatte den Abbasiden treu gedient, und Dscha'fars Vater Jahja war der Erzieher Haruns gewesen. In den ersten Jahren von Haruns Kalifat war Dscha'far dessen erklärter Liebling und stieg zum Wesir, zum allmächtigen Minister, auf.

Nominell vereinigte der Kalif in seiner Person zwar eine enorme Machtfülle: Er war sowohl weltliches als auch geistliches und juristisches Oberhaupt seines Reiches, da sich die Gesetze aus dem Koran ableiteten. Doch die eigentlichen Regierungsgeschäfte und damit die tatsächliche Macht lagen beim Wesir.

Harun aber wollte keine bloße Scheinherrschaft ausüben, er wollte selbst regieren. Deshalb wurde Dscha'far 803 gestürzt und hingerichtet. In den Augen des Volkes, in seinen Märchen und Erzählungen, vor allem in »Tausendundeiner Nacht«, ist das Verhältnis zwischen Kalif und Wesir ungetrübt. Der historischen Wahrheit näher kommt dagegen die »Geschichte von al-Aschraf und al-Andschab und den wundersamen Ereignissen, die ihnen widerfuhren«. In dieser Geschichte läßt der Kalif seinen treuen Wesir hinrichten, nachdem ihm ein Negersklave in heimtückischer Weise folgenden Brief gesandt hatte:

»Von dem Sklaven al-Andschab Ibn Muhammed Ibn Sulaimân an die erhabene Majestät des Kalifen! Al-Andschab läßt zur Kenntnis gelangen, daß nur Du das Ziel seines Kommens warst, denn Dein Wesir, dem Du die Regierungsgewalt übertragen hast, hat mir an die fünfzig Briefe nach Basra geschrieben, mit denen er mich beschämte, und zwar schrieb er mir folgendes: ›Beeile Dich hierherzukommen, denn dieser ar-Raschid taugt zu nichts, es sei denn durch mich, und er ist von mir abhängig. Ich mag ihn nicht leiden, weil er ein tückischer Mensch ist. Ich habe ihm deutlich angemerkt, daß er einen Gewaltstreich gegen mich plant. Daher will ich einen Gewaltstreich führen, ehe er ihn gegen mich führt, und ich will die Herrschaft auf Dich übertragen, denn das Kalifat taugt für keinen als Dich!‹

Dein Knecht ist nur hierhergekommen, um Dich wissen zu lassen, daß Du vor ihm auf der Hut sein mußt. Nimm Kenntnis von dieser Lage; bei Dir steht es zu befehlen.«

Die Charakteristik, die in diesem gefälschten Brief vom Kalifen gegeben wurde, ist im großen und ganzen zutreffend. Im weiteren Verlauf der Erzählung bereut dann aber der Kalif seinen Befehl, den Wesir töten zu lassen, ohne ihn auch nur anzuhören. Manch harter Zug, der Harun ar-Raschid – wie fast allen Abbasiden – eigen war, wird in der Erzählung ganz ungeniert geschildert, wenn auch die Schuld am Tode des Wesirs in der Erzählung einem schwarzen Sklaven zugeschoben wurde; auch wurde dieser schwarze Sklave, wie häufig in arabischen Erzählungen und Märchen, so abstoßend, gemein und niedrig wie nur irgend möglich gezeichnet.

Die wahren Gründe für den Sturz und den Tod des Wesirs, die letztlich im Charakter des Kalifen lagen, kannten oder ahnten auch die einfachen Bürger Bagdads und nicht nur die Beamten des Hofes. Doch beginnt in und mit dieser Erzählung, die, wenn nicht zu Lebzeiten, so doch sicher bald nach Haruns Tod entstand, die Verklärung des Kalifen Harun ar-Raschid, der seinen Wesir der Sage nach nur auf Grund einer Verleumdung töten ließ.

So wie viele Erzählungen dürfte auch »Die Geschichte von al-Aschraf und al-Andschab« zum festen Erzählbestand im arabischen Sprachraum während des 9. Jahrhunderts gehört haben. Allerdings ging lediglich ein Bruchteil der erzählten Märchen, Sagen und Begebenheiten in die schriftliche Überlieferung ein, nämlich wohl nur jene Geschichten, die besonders populär und zudem gut erzählt waren. Aus der Häufigkeit, mit der Harun ar-Raschid und seine Umgebung in »Tausendundeiner Nacht« und anderen Erzählsammlungen auftauchen, kann man schließen, daß Harun ar-Raschid bei seinen Untertanen und auch in späteren Zeiten noch recht beliebt war.

Mögen nun bei der Enthauptung des Wesirs Dscha'far machtpolitische Erwägungen oder unbillige Grausamkeit seitens Haruns eine Rolle gespielt haben, aufs Ganze gesehen mochte der Kalif wohl erkannt haben, daß die Zeit der drakonischen Strafen eines Abul Abbas längst abgelaufen war. Darum gab er bei der Schule des großen Rechtsgelehrten Abu Hanyfa (690–767) eine Denkschrift über die leitenden Grundsätze in Administration und Politik in Auftrag. Leit- und Grundgedanke der Denkschrift waren Toleranz und Milde. So sollte das Leben eines Sklaven oder Ungläubigen (also eines Nicht-Muslims) ebensoviel wert sein wie das eines freien Muslims. Auch plädierte Hanyfa für mildere und angemessene Strafen. Diese neue Richtung konnte sich – und das natürlich nur mit Billigung des Kalifen – durchsetzen und wurde offizielle juristische Auffassung. Manch armer Teufel, der wegen eines geringen Vergehens früher sein Leben hätte lassen müssen, kam nunmehr glimpflich davon. Was Wunder, daß Harun mit dem Beinamen »Der Gerechte« belegt wurde. Die Intrigen am Hofe hingegen konnten dem Mann auf der Straße gleichgültig sein.

Zufrieden mit Raschid waren aber auch die Kaufleute: Die Handelsstraßen waren sicher, jedenfalls wagten Piraten und andere Räuber sich nicht mehr hervor als zu anderen Zeiten auch; die für Bagdad so überaus vorteilhaften Friedensschlüsse mit Byzanz verhießen zudem gute Geschäfte.

Daß Harun dem – im Islam verbotenen – Weingenuß ergeben war, dem er allerdings nicht in der Öffentlichkeit frönte, sahen ihm die strenggläubigen Muslims wegen seiner acht oder neun Pilgerfahrten nach Mekka nach. Zobaide, seine Gemahlin, ließ gar eine Wasserleitung in die heilige Stadt legen.

Doch nicht nur die kleinen Leute, die wohlhabenden Händler oder die Geistlichen schätzten Harun und verbreiteten seinen Ruhm, dies taten auch und vor allem die Sänger und Poeten. Haruns Großvater Mansur hatte sich seines Geizes wegen manchen Spottvers gefallen lassen müssen, bei Harun konnte davon wahrhaftig keine Rede sein. Einer seiner Günstlinge, der Hofsänger Ibrahim, erwarb zu Lebzeiten des Kalifen ein Vermögen, nicht zuletzt durch dessen Schenkungen. So berichtet Ibrahim von einem Abend, den er beim Kalifen verbrachte. Für das Vorsingen eines neuen Trinkliedes wurde er dort mit der Summe von 100 000 Dirham beschenkt.

Der Sänger Ibrahim besaß außer den Geschenken des Kalifen noch eine weitere überaus ertragreiche Einnahmequelle: Er hatte eine Sängerschule. Das Bagdad Harun ar-Raschids war eine blühende Handelsmetropole, gute Sänger und Poeten fanden in ihr leicht ein Unterkommen – vor allem, wenn sie Geschichten aus dem Leben des populären Herrschers gut zu erzählen wußten, mochten diese Geschichten erfunden sein oder nicht.

Zur weiteren Verbreitung dieser Geschichten dürfte nicht zuletzt der plötzliche Tod des Kalifen beigetragen haben, regt doch gerade ein mysteriöses Ende zur Sagenbildung an. So wird denn auch Haruns Tod, von dem man vermutet, daß Gift mit im Spiel war, eine Verklärung seiner Person unterstützt haben.

Ein Beispiel dafür ist »Die Geschichte von Abu al-Hasan oder dem erwachten Schläfer« aus »Tausendundeiner Nacht«:

Der Kalif und Masrûr gehen des Abends als Kaufleute verkleidet durch Bagdad, da begegnen sie einem jungen Mann, der sie zu sich einlädt. Man ißt und trinkt und plaudert, und Abu al-Hasan, so der Name des jungen Mannes, spricht den Wunsch aus, einmal, nur einen einzigen Tag in seinem Leben, Kalif sein zu dürfen. Heimlich gibt der Kalif ein Betäubungsmittel in den Becher Abu al-Hasans, läßt diesen sodann in seinen Palast bringen und gibt Dscha'far Anweisung, den jungen Kaufmann am nächsten Tag so zu behandeln und alle seine Befehle auszuführen, als sei dieser tatsächlich der Kalif. Es geschieht alles, wie von ar-Raschid angeordnet. Hasan darf einen Tag lang den Kalifen spielen und sich an seinen Feinden rächen. Am Abend aber wird er wieder betäubt und nach Hause geschafft. Als er sich aber am nächsten Morgen daheim ganz so gebärdet, als wäre er der Kalif, lassen ihn besorgte Nachbarn ins Tollhaus bringen. Dort bringen ihn Prügel und Hunger alsbald zur Vernunft. Als der Kalif ein zweites Mal dem jungen Hasan begegnet, ihn wieder heimlich betäubt und in seinen Palast schaffen läßt, will Hasan am nächsten Morgen nichts von der Kalifenwürde wissen: das Tollhaus ist ihm noch in zu guter Erinnerung. Raschid, der hinter einem Vorhang versteckt dem Unglücklichen zusah, gibt sich, vor Lachen schier ohnmächtig, Hasan zu erkennen und nimmt ihn in den Kreis seiner Günstlinge auf. Hasan aber und seine Frau spielen nun ihrerseits dem Kalifen und Zobaide einen Streich, worauf sich alles in Wohlgefallen und Gelächter auflöst.

Diese Erzählung hat viel von einer Posse an sich, mit dem historischen Raschid hat der Kalif der Erzählung nicht viel gemeinsam. Denn weder ging Harun ar-Raschid, als Kaufmann verkleidet, durch Bagdad, noch wäre es ihm je eingefallen, seine Kalifenwürde auch nur für einen Tag abzutreten, an wen auch immer. Die »Geschichte von Abu al-Hasan« ist gewiß viel jüngeren Datums als die von »Al-Aschraf und al-Andschab«; vermutlich entstand sie Jahrhunderte nach Haruns Tod, als die Kalifen zu bloßen Serail-Herrschern herabgesunken waren.

Gerade die Geschichten aus »Tausendundeiner Nacht« wurden im Verlauf der Jahrhunderte immer wieder neu zusammengestellt und verändert; die Gestalt des historischen Raschid rückte damit in immer weitere Ferne. Geblieben waren lediglich die bekannten Namen, die mittlerweile einen festen Platz in den arabischen Erzählungen einnahmen. Daß die Erzähler späterer Jahrhunderte lange nach Harun ar-Raschids Tod ihre Geschichten mit

Vorliebe zu seinen Lebzeiten spielen ließen, hatte aber auch politische Gründe: Haruns Regierungszeit war eben einer der Glanzpunkte der Abbasidenherrschaft, das Reich war damals groß und mächtig. Von den drei Söhnen, unter denen Harun das Reich aufgeteilt hatte, konnte sich am Ende der älteste, Mamun, durchsetzen; auch dessen Kalifat zählt noch zu den Glanzzeiten der Dynastie. Doch nach und nach büßten die Kalifen an Macht ein, die Statthalter der Provinzen erkannten ihre Oberhoheit nur noch formal an, sie waren inzwischen zu selbständigen Herrschern geworden. In Bagdad selbst sah es nicht viel besser aus: Zu den tatsächlichen Machthabern hatten sich die Anführer der Leibgarde, zumeist türkische Söldner, aufgeschwungen.

Über den allmählichen politischen Niedergang konnten die Glanzleistungen, die die arabischen Gelehrten und Künstler hervorbrachten, nicht hinwegtäuschen. Diese waren zudem nur Gebildeten zugänglich; im Alltag, der nur zu oft von Krieg, Hungersnot und Pest geprägt war, lauschte das Volk gerne den Erzählungen über seinen einstigen großen Kalifen Harun ar-Raschid.

# Klaus Störtebeker

*»Gottes Freund und aller Welt Feind.«*
*Wahlspruch der Seeräuber*

In Akten und Klageschriften über die Seeräuber kommt der Name von Gödeke Michel – unterschiedlich in der Schreibung – öfter als der Name seines Gesellen Klaus Störtebeker vor.

In der Sage dagegen hat Klaus Störtebeker die Hauptrolle übernommen; er ist der große Piratenkapitän. Allerdings ist sein Bild in den Sagen zwielichtig. Einmal stellt er sich dar als Held der Armen: »Einst kamen Klaus Störtebeker und Gödeke durch das Dorf Hagen in der Stubnitz und sahen einen alten Mann vor der Haustür sitzen. Er klagte ihnen, er sei zu arm, den Mietzins zu zahlen. Störtebeker wies ihn an, sich aus der Uferschlucht bei Stubbenkammer einen Mast zu holen und ihn zu zersägen. Als der Alte das tat, rollten ihm aus dem hohlen Holz harte blanke Taler entgegen. Voller Freude rief der alte Mann seine Frau herbei. Sie brauchten nicht mehr um ihre Zukunft zu bangen.«

In diese Richtung zielt auch die folgende Sage: »Bei einem Landgang trafen Klaus Störtebeker und Gödeke Michel eine Frau, die vor ihrer Kate saß und weinte. Sie hatte nicht einen Flicken mehr, um die zerschlissene Hose ihres Mannes auszubessern, und sie hatte erst recht kein Geld, um eine neue Hose zu kaufen. Störtebeker warf ihr einen Lappen aus gutem Tuch, in dem viele Goldstücke eingebunden waren, in den Schoß. Auch einer armen Witwe in Bobbin gab Störtebeker Geld, damit sie in ihrem Häuschen weiter wohnen konnte.«

Dieses Bild wurde von armen Fischerbauern und Küstenbewohnern entworfen, es paßt auch zu dem Bund der »Likedeeler«, dem beide, Störtebeker wie Michel, zugehörig waren. Die Städtebürger dagegen sahen in ihnen nur die Piraten, die ihren Handel beeinträchtigten, ihre Schiffe aufbrachten und die erbeuteten Waren in ihren Schlupfwinkeln versteckten. So kommt das widersprüchliche Bild Störtebekers zustande.

Wer war nun dieser Klaus Störtebeker, und wer waren die »Likedeeler«?

Mit dem Handel auf der Ostsee entwickelte sich auch die Piraterie. Indem schwer beladene Koggen verstärkt auf dem Meer gekapert werden konnten, unterblieben die noch gefahrvolleren Überfälle auf Hafen- und Umschlagplätze.

Die Kaufleute, die ihren Fernhandel ausbauen und die Seeräuberei zurückdrängen wollten, schlossen sich bei Schiffsfahrten zusammen und begannen sich auch auf wirtschaftlich-politischem Gebiet zu vereinigen. Diese Entwicklung gipfelte im Zusammenschluß der wichtigsten deutschen Hafen- und Handelsstädte durch die »Hansen« im 13. Jahrhundert. Er war um so nötiger, als die Hafenstädte keinen Rückhalt beim Kaiserlichen Hofe fanden und sich darüber hinaus oftmals noch gegen die Feudalherren zu behaupten hatten. Die Hansestädte hatten durch die Ausweitung des Fernhandels neben ihren wirtschaftlichen Interessen ja auch politische zu vertreten. Sie hatten Niederlassungen in Brügge, in Nowgorod, in Wisby auf Gotland, im norwegischen Bergen und in London. Durch gemeinsame Aktionen gelang es den Hansestädten, die Könige von Dänemark und Norwegen zur Gewährung von Handelsprivilegien zu zwingen. Die Führung des Städtebundes hatte Lübeck übernommen, das bereits 1226 Freie Reichsstadt geworden war. Wegen des Aufschwungs des Fernhandels ließen die Seeräuber nicht von ihrem lohnenden Geschäft. Verarmte Landadlige erkannten, daß Seeraub gewinnbringender sein könnte als Straßenraub, und ergriffen das Piratenhandwerk. Die Besatzung der Schiffe war also recht heterogen. Die Kampftüchtigkeit der Seeräuber imponierte den Landesherren und Städten. Als es Königin Margarete gelang, die Herrschaft über Dänemark, Schweden und Norwegen zu erlangen, konnte nur Stockholm sich gegen sie behaupten. Der Herzog von Mecklenburg, verwandt mit dem abgesetzten König von Schweden, stellte gemeinsam mit an der Ostsee gelegenen Hansestädten den Piraten Kaperbriefe aus. Die Piraten wurden also in Dienst genommen unter der Bedingung, daß sie das von der Landseite her eingeschlossene Stockholm mit Lebensmitteln versorgten, so daß Margarete die alte schwedische Hauptstadt nicht aushungern konnte. Die damals gebräuchliche Bezeichnung für Lebensmittel war »Viktualien«. Die Seeräuber, die sie 1389 in das belagerte Stockholm brachten, wurden volksläufig Viktualienbrüder, kurz Vitalienbrüder, genannt. Der Name blieb auch, als die politischen Streitigkeiten geregelt und die Kaperbriefe hinfällig geworden waren. Immerhin hatten sie die Piraterie – wenngleich für eine begrenzte Zeit – legalisiert. Ein Großteil der Seeräuber zog sich nach Wisby auf Gotland zurück, um dort in verhältnismäßiger Unabhängigkeit zu leben und auch von dort aus Kaperfahrten zu unternehmen.

Da der Handel in ostwestlicher Richtung verlief, Pelze aus Nowgorod gegen flandrische Tuche gehandelt wurden, ließ sich hier reiche Beute machen.

Wenn wir allerdings nach Klaus Störtebeker Ausschau halten, müssen wir auf die südwestliche Ostsee blicken. Dort hatten sich die Piratengruppen den programmatischen Namen »Likedeeler« gegeben – sie waren diejenigen, die zu gleichen Anteilen teilten. Sie wollten Beute machen, sie waren Freibeuter, sie wollten die Kaufleute schädigen, ihre Schiffe plündern, aber sie wollten damit auch einen Akt sozialer Gerechtigkeit erfüllen. »Gottes Freund und aller Welt Feind«, so lautete ihr Wahlspruch, angelehnt an sozial-religiöse Lehren. Tatsächlich waren die »Likedeeler« nicht aller Welt Feind, sondern gaben von ihrer Beute auch den Armen, den Fischern, kleinen Bauern und Knechten ein gut Teil ab. Berechtigt oder nicht, diese Freigebigkeit war auch vorteilhaft für die Piraten, denn die arme Landbevölkerung versorgte sie mit Lebensmitteln, gewährte ihnen notfalls Zuflucht in Schlupfwinkeln und gab nützliche Informationen weiter.

Diesen »Likedeelern«, zu deren Anführern auch Gödeke Michel gehörte, gesellte sich Klaus Störtebeker bei. In der Sage werden verschiedene Städte, so Hamburg, Verden, Wismar oder auch Dörfer wie Ruschwitz, Koosdorf und Glowe genannt, aus denen Störtebeker stammen soll. Wahrscheinlich wurde Klaus Störtebeker in Wismar geboren und hatte eine Zeitlang dort gelebt. In dem »Verfestigungsbuch« (Ausweisungsbuch) der Stadt wurde 1380 ein Nicolao Storkbeker aufgeführt, der aus der Stadt gewiesen wurde. Wir können nur vermuten, daß er sich »unbotmäßig« verhalten und gegen die städtische Ordnung rebelliert hatte. 1394 war er dann neben dem älteren Gödike Michel zu einem der offensichtlich erfolgreichen Kapitäne der Seeräuberschiffe geworden. In einer Klageakte englischer Kaufleute über die ihnen durch die Piraten zugefügten Verluste in den Jahren 1394–1399 taucht Störtebekers Name vierzehnmal auf.

Über Jahre hielten sich die »Likedeeler«, wie bereits vermerkt, in der südwestlichen Ostsee auf, angelockt von Handelsschiffen, die von und nach Lübeck, Wismar, Stralsund fuhren. Neben der schwerbeladenen Kogge gab es noch den größeren Hulk, einen Dreimaster. Diese Schiffstypen segelten die Piraten; daneben verwendeten sie aber noch die Schute, die zwar kleiner war, dafür aber wendiger. Wenn sie die Kauffahrteischiffe geentert hatten, wurde die überwältigte Mannschaft ins Meer geworfen, um »nach Hause zu schwimmen«. Die Bürger in den Städten trachteten ihrerseits danach, die Seeräuber aufzuspüren und unschädlich zu machen. Diese hatten wiederum ihre Schlupfwinkel, in denen sie sich verbergen oder nach Beute ausspähen konnten. Mit Recht werden in den Sagen immer wieder Zufluchtsstätten auf Rügen genannt, das mit seinen Buchten, Halbinseln, Inseln, Bodden und Felsen als Piratenversteck besonders geeignet war. Aber auch nach Hiddensee und der Halbinsel Darß mit ihrem dichten Wald zogen sich die Seeräuber zurück.

Der Sage nach sollen Störtebeker und seine Leute auf Rügen in der nach ihm benannten Höhle bei Stubbenkammer, in einer Mühle nahe der Golchaquelle, in einer Piratenschlucht zwischen Hengst und Bläse, im Zickerschen Hövst und am Bullerthürn auf Wittow gehaust haben. Eine Störtebekerhöhle bietet auch Hiddensee bei Kloster an; auf Usedom soll Störtebeker der prominenteste Bewohner der Räuberkuhle am Streckelberg gewesen sein. Sogar ein fest tradiertes Motiv aus den Straßenräubersagen wurde hier auf den Piraten übertragen: Ein Draht, über den Weg gespannt und am Ende mit einem Glöckchen versehen, sollte das Nahen von Reisenden anzeigen. Daneben gab es noch bei Gothen eine Berg- und Räuberschlucht.

Aber auch Wälle und Türme wurden mit Störtebeker in Verbindung gebracht, so der Schloßwall am Herthasee, der Wall zu Ralswiek und der Zudarsche Burgwall: Wieder steht Rügen obenan. Dabei ist es gut möglich, daß die Seeräuber zeitweilig alte Befestigungsanlagen und Hafeneinfahrten nutzten. Bei Damgarten soll Störtebeker einen Turm gebaut und darin gehaust haben.

Wüste, verschwundene oder imaginäre Burgen sollen Störtebekers Sitz gewesen sein. Unterirdische Gänge, die technisch noch gar nicht möglich waren, wie zum Beispiel zwischen Neuwerk und Duhnen (bei Cuxhaven), wurden dem Piratenkapitän zugeschrieben; unterirdische Gänge konnten sein plötzliches Auftauchen und ebenso plötzliches wie rätselhaftes Verschwinden erklären, außerdem konnte die Kunde von einem weitläufigen, geheimnisvollen Gang die Macht, die Einflußsphäre und die Persönlichkeit Störtebekers hochstilisieren.

So interessant wie die Schlupfwinkel der Likedeeler waren auch die Orte, wo ihre Schätze verborgen lagen. Gerade die Armen träumten gern vom Auffinden von Schätzen, aber auch – in Träumen doch wieder mit der Wirklichkeit konfrontiert – vom jähen Versinken und neuem Suchen und Hoffen. Da Störtebeker zu Lebzeiten der verarmten Landbevölkerung geholfen hatte, betrachtete diese Störtebekers Schätze als ihr Eigentum. Überall wurden sie vermutet. Die Schatzsagen sollten sowohl Auskunft geben wie Trost spenden.

Zum einen sollten die Piraten in ihren Schlupfwinkeln nach ihrem Abzug auch reiche Schätze hinterlassen haben, aber auch in Seen wurden – versenkte – Schätze vermutet und ebenso in Großsteingräbern, Dünen und auf kleinen Inseln.

Besonders die Bewohner Rügens, Fischer wie Bauern, sahen in Klaus Störtebeker einen der Ihren. So wie sie ihm dort einen Geburtsort in einem Dorf der Stubnitz zuwiesen, so ließen sie ihn auch auf Rügen, auf einer Lichtung der Stubnitz, sterben. Dort wurde er enthauptet und begraben; noch andere benachbarte Orte, wo Störtebekers Sarg gestanden haben soll, kennen die Sagenerzähler. Von der nachweisbaren Hinrichtung in Hamburg im Jahre 1408 ließen sie sich keineswegs beirren.

Die Stadtbürger sahen freilich den Piratenkapitän in anderem Licht: Da war er einer, der mit dem Teufel segelte und paktierte, der als Wiedergänger mit dem Kopf unter dem Arm umgehen mußte, der in seine Räuberkuhle unschuldige Mädchen verschleppte.

Die Stadtbürger besaßen aber noch weit wirksamere Mittel als eine Dämonisierung des Feindes in der Sage: Die Hanseaten rüsteten Schiffe aus, Fredekoggen, die nicht mit Frachtgut, sondern mit Geschützen beladen waren und neben der Besatzung auch Bewaffnete an Bord hatten. Unter diesen Umständen zogen es die Likedeeler 1395 vor, in die Nordsee »umzusiedeln«. Auch im südöstlichen Teil der Ostsee hatten die Vitalienbrüder ihren Einfluß und ihren gotländischen »Besitz« eingebüßt.

An der Küste der Nordsee, die handelspolitisch immer wichtiger wurde, fanden die Likedeeler gute Aufnahme bei den Anführern der Ostfriesen, denn auch diese waren der Piraterie nicht abhold. Bremen hatte gemäß einem Vertrag den Ostfriesen 10 000 Rheinische Gulden gezahlt, dennoch wurden auch bremische Schiffe gekapert. Die Hamburger dagegen beschlossen, der Seeräuberei, die den wachsenden Handelsverkehr auf der Nordsee bedrohte, mit Waffengewalt ein Ende zu machen. Vorerst aber liefen die Schiffe der Likedeeler die ostfriesische Küste an, und die Likedeeler gewannen um 1396 in Aurich, Emden und Marienhafe neue Stützpunkte. Die Koggen der Kauffahrer wie der Piraten waren nur in den Frühlings-, Sommer- und Herbstmonaten unterwegs. Bei Einbruch des Winters suchten sie die schützenden Häfen auf. Vor allem die Seeräuber mußten sich um feste Unterkünfte und Behausungen und sichere Ankerplätze kümmern, ihre Schiffe überholen, ihre Mannschaft auffüllen und ihre Beute, wenn es nicht bereits geschehen war, verkaufen. Klaus Störtebeker selbst ließ sich mit seinen Leuten in Marienhafe nieder. Der dort herrschende Keno ten Broke gab ihm seine Tochter zur Frau. Nach Überlieferungen aus Marienhafe soll Störtebeker den Turm der Marienkirche erbaut haben; diese Angabe trifft jedoch nicht zu, denn die Kirche entstand weit über hundert Jahre früher. Allerdings hat Störtebeker die Kirche und vor allem den Turm, die nach einer Feuersbrunst schwer beschädigt worden waren, wieder ausbauen lassen. Er hatte sie »herbowed« (wiederhergestellt). Das Kupfer, das teilweise für die Deckung des Kirchendachs genommen wurde, könnte aus Beutegut stammen. Der hohe, mächtige vierkantige Turm war das bevorzugte Refugium der Piraten. Vom Turm aus konnte Störtebeker das Land weithin überblicken; notfalls konnte er sich auch in den Turmgemächern verschanzen. Nur eine schmale, steile Wendeltreppe führte hinauf. Die Kirche bot einen weiteren Vorteil: Ein Tief (Fahrrinne, Kanal, Zufluß), später volkstümlich Störtebekertief genannt, führte bis an den Bau, so daß eine Verbindung zur offenen See bestand.

Mit seiner Hilfe beim Wiederaufbau der Kirche und mit Spenden an die Armen erlangte Störtebeker zusammen mit seinen Gesellen ein gewisses Heimatrecht und erreichte auch, daß sowohl die ostfriesischen Anführer wie die Bevölkerung den Zusammenhalt mit den Seeräubern für gut und nützlich hielten.

Ostfriesland hatte als wirtschaftlich und verkehrspolitisch lange Zeit vernachlässigte Landschaft vom Heiligen Römischen Reich ohnehin nicht viel zu erwarten. Überdies strebten die Ostfriesen eine gewisse Selbständigkeit an, vermochten diese aber nicht durchzusetzen wie die benachbarten Niederländer.

Während die Likedeeler sich in Ostfriesland und vor den Ostfriesischen Inseln etablierten, wurde 1394 auf dem Hansetag in Lübeck beschlossen, daß eine Flotte gegen die Seeräuber auslaufen und sie in ihren Schlupfwinkeln aufspüren sollte. Aber nur Hamburg und Lübeck sandten Schiffe aus, und das Unternehmen verlief nicht sehr erfolgreich. Lediglich eine kleine Schar von Freibeutern mit ihren Unterführern konnte vor der Ems- und Wesermündung ergriffen werden. Die Hamburger, die sich besonders in ihrem Handel bedroht und geschädigt fühlten – und das wohl mit Recht –, gingen im Winter daran, eine regelrechte Flotte an Fredekoggen auszurüsten. Das Flaggschiff war »Die Bunte Kuh«, auch »Bunte Kuh von Flandern« genannt; der Schiffbauer war Simon von Utrecht, der in Hamburg das Bürgerrecht erworben hatte. »Die Bunte Kuh« war ein gut zu segelndes, wohlbestücktes Schiff, die Niederländer waren ja besonders erfahrene Schiffsbauer. Im Frühjahr 1401 lief die Flotte aus und nahm Kurs auf Helgoland. Die Felseninsel war in den Frühlings- und Sommermonaten die Basis für die Operationen der Seeräuber. Sie konnten im Schutz der Felsen die Weser- ebenso wie Elbeeinfahrt beobachten und auslaufen, wenn sie Beute sichteten; bei den Inselbewohnern konnten sie sich frischen Proviant holen.

Die Hamburger Flotte befehligte Hermann Nienkerken, Kapitän der »Bunten Kuh«. Vor Helgoland trafen sie auf die Seeräuberschiffe. Von der Schlacht gibt es keinen genauen Bericht. Jedenfalls gelang es aber den Hamburgern – vielleicht im Nebel, wie es in einer Sage heißt –, sich Störtebekers Schiffen zu nähern, sie kampfunfähig zu machen und zu entern.

Klaus Störtebeker geriet mit mehreren seiner Gefährten in Gefangenschaft. Nach einer Hamburger Chronik sollen 40 Likedeeler im Kampf getötet worden sein. Da kein Bericht vorlag, konnte sich die Sage des Geschehens bemächtigen. Im Nebel konnte sich die Hamburger Flotte, voran »Die Bunte Kuh«, den Seeräuberschiffen nähern. Dem Steuermann des Flaggschiffes gelang es dann in einem Beiboot, unter das Heck des Piratenschiffes zu rudern und das Steuerruder mit glühendem Blei festzumachen, so daß das Schiff nicht mehr manövrieren konnte. Dieses Motiv aber findet sich auch in einer anderen Sage, die im Gegensatz dazu Störtebeker diese List erfolgreich gegenüber hansischen Schiffen anwenden läßt. Von dort wurde es wohl übernommen, um eine Lücke im Erzählen von Störtebekers Gefangennahme zu schließen.

Einige der Piratenschiffe konnten wohl davonsegeln, denn die Hamburger kehrten mit nur dreiundsiebzig Gefangenen – Störtebeker war in Eisen geschlossen – in die Hansestadt zurück. Ein halbes Jahr dauerte der Prozeß, der Klaus Störtebeker und seinen Gefährten gemacht wurde, Störtebeker erhielt sogar – für die damalige Zeit beachtlich – das Wort zu seiner Verteidigung; der Rat der Hansestadt Hamburg konnte sich so als gerechter Richter in aller Öffentlichkeit zeigen. Doch stand letztlich das Todesurteil für Klaus Störtebeker und seine Gefährten fest. Auf dem »Grasbrook« vor der Hamburger Stadtmauer wurden sie enthauptet.

In den Hamburgischen Jahrbüchern für die Jahre 1388–1413 ist die Eintragung zu finden: »Anno 1408 ward Wichmann (ein Unterführer) unde Störtebeker afgehouwen altohand na Feliciani.« In anderen Quellen wird allerdings das Jahr 1401 genannt. Bei dieser Unsicherheit setzte nun wieder die Sage ein, vor allem, da es den Erzählern darum ging, Klaus Störtebekers Andenken als Held und selbstloser Anführer der Likedeeler zu bewahren. In der Sage heißt es, daß Klaus Störtebeker auf der Gerichtsstätte vor seinem Tode eine Bitte ausgesprochen hatte, die ihm auch gewährt wurde. Alle seine Gesellen, an denen er nach der Hinrichtung noch vorbeigehen konnte, sollten begnadigt werden. Und tatsächlich schritt dann der Enthauptete an der Reihe seiner Getreuen entlang – fast wären alle Piraten freigekommen, hätte der Henker nicht den unheimlich Kopflosen zum Stürzen gebracht. Die Köpfe der Enthaupteten wurden auf Pfähle gespießt, ihre Körper verscharrt, der Abdecker, sein Name war Knoker, erhielt dafür drei Mark vom Rat der Stadt ausbezahlt. Nicht weit entfernt von dieser Sage konnte eine gedruckte »Newe Zeytung« vom Treiben der Seeräuber berichten und einem frühen bürgerlichen Lesepublikum das grausige Spektakel auf dem Grasbrook schildern. Den endgültigen Schlußstrich unter die Piraterie konnten die Hamburger aber erst ziehen, als es ihnen im Spätsommer des Jahres 1401 gelang, Gödeke Michel und Wigbold, einen seiner Unterführer, der einmal die Magisterwürde erworben hatte, mit dem zweiten Teil der Seeräuberflotte auf der Unterweser gefangenzunehmen. Die Hamburger Hanseaten konnten sich nun ohne Behinderung, Gefährdung und Verluste an dem sich ausweitenden Welthandel beteiligen. Gefecht, Prozeß und Hinrichtung fanden aber weder in der Sage noch in Chroniken den gleichen Widerhall wie die Festsetzung Klaus Störtebekers.

Schließlich gelangte Klaus Störtebeker sogar auf die Hamburger Bühne. Als 1678 die Oper am Gänsemarkt eröffnet wurde, war man bemüht, Opern aufzuführen, die die Bürger ansprachen. Auch die »lustige Person« wurde in das Spiel eingefügt, selbst bei den gelegentlich übernommenen höfischen Opern. Das Publikum im Parterre des Opernhauses am Gänsemarkt – Brauknechte, Lastträger, Blumenmädchen, Manufakturarbeiter, Handwerker, Händler, Fischverkäuferinnen und Studenten – konnte sich mit dem Denken und der Sprache ebendieser »lustigen Person« weit besser identifizieren als mit dem Auftreten antiker Heroen.

1701 – also weit entfernt von den historischen Ereignissen um Störtebeker – wurde das Singspiel »Störtebeker und Jödge Michaels« am Gänsemarkt aufgeführt und auch im Druck herausgegeben. Die Musik stammte von Reinhard Kaiser, der Text von Anton Ulrich Hotter. Und so sprach der lustige Knecht sozusagen für die Seeräuber:

»Bringet Vögel, bringet Fische,
Bringet, was ihr wollt, zu Tische,
Bringet Bier und holet Wein,
Nichts soll euch verschmähet seyn.

Bringet Obst und holet Trauben,
Hüner, Endten, Gäns und Tauben,
Bringet Braten, bringt Salat,
Was nur Küch und Keller hat.

Hohlet Aepffel, bringet Birnen,
Bringet Weiber, holet Dirnen,
Alt und Junges, Groß und Klein,
Es wird schon zu passe seyn.«

So widersprüchlich das Bild Klaus Störtebekers in Sagen erscheint, so widersprüchlich sind auch seine Gestalt und sein Wirken in der Geschichte. Fraglos zeigte er sich als einer, der den Reichen nahm und den Armen gab. Aber mit seinen Kaperfahrten schadete er ja nicht nur einfach den hanseatischen Kaufleuten, sondern er war auch den Bürgern bei der Durchsetzung ihrer wirtschaftlichen und politischen Forderungen gegenüber den Fürsten und der kaiserlichen Macht hinderlich. Ganz anders konnten die britischen Seeräuber des 16. Jahrhunderts mit breitem nationalem Konsens rechnen, wenn sie ihre Aktivitäten gegen spanische Schiffe richteten. Francis Drake wurde geadelt und zum Vizeadmiral ernannt. Für die britische Nation wurde er zum gefeierten Seehelden.

Doch wer sollte im 14. und 15. Jahrhundert diese Zusammenhänge überblicken? Für die arme Landbevölkerung war und blieb Klaus Störtebeker ein Held, der »edle Räuber« zur See. In Sagen hielt sie die Erinnerung an ihn wach. Aber darüber hinaus versuchten die Fischer, Bauern, Knechte und Mägde immer wieder, Klaus Störtebeker als ihren Helden in ihr Leben und ihre Umwelt einzubeziehen. Überall an Erdhügeln, Türmen, Höhlen wollten sie seinen Spuren begegnen. Als im Jahre 1840 Arbeiter auf Rügen beim Umackern einer wüsten Stelle auf Grundmauern stießen, waren sie fest davon überzeugt, Störtebekers Geburtshaus aufgefunden zu haben. Über die Jahrhunderte hatte er weitergelebt – der Grasbrook bei Hamburg war weit entfernt und war vergessen.

# Der Cid

*»Froh sind die von Zaragoza,*
*daß dem Cid Tribut sie zahlen,*
*brauchen so sich nicht zu fürchten,*
*keinen Angriff, keinen Schaden.«*
*Aus dem Cantar de Mio Cid*

Die Mittelmeerküste beziehungsweise die südliche Atlantikküste der Iberischen Halbinsel waren schon recht früh Treffpunkt phönizischer, griechischer, etruskischer und karthagischer Händler. Ende des dritten Jahrhunderts v. Chr. nahm Rom zum ersten Male diplomatische Beziehungen mit einigen Küstenstädten auf, und 209 v. Chr. entriß Scipio Africanus den Karthagern im Zweiten Punischen Krieg die iberischen Kolonien. Nach und nach gelang es Rom dann, die gesamte Halbinsel zu erobern und zu kolonisieren. Von den Wirren des sich auflösenden Weströmischen Reiches blieb Hispanien, wie die Römer die Halbinsel nannten, weitgehend verschont, doch im Zuge der Völkerwanderung brachen schließlich seit 415 die Westgoten über Hispanien herein. Die westgotischen Könige hatten zeitweise einige Mühe sich zu behaupten, so zum Beispiel gegen das Frankenreich, aber der Übertritt vom Arianismus zum Katholizismus, dem die überwiegende Mehrheit der Bevölkerung anhing, festigte ihre Stellung. Im Verlauf des 7. Jahrhunderts erlangten die Westgoten die Herrschaft über die gesamte Halbinsel. Sie ließen die Rechte und Gebräuche der ansässigen Bevölkerung fast unangetastet und stellten die spanisch-römischen Bürger den Westgoten rechtlich gleich. Somit schien der nationalen Einigung Spaniens auf Dauer nichts im Wege zu stehen, doch die starke Stellung des Adels sowie der Bischöfe verhinderte die Umwandlung des Wahlkönigtums in eine Erbmonarchie. Fast zwangsläufig führte dies am Ende des 7. Jahrhunderts zu Thronstreitigkeiten zwischen den Adelsfamilien, ja zu Bürgerkriegen. Weder in der rasch abnehmenden freien Bauernschaft, die immer mehr zu Hörigen oder Leibeigenen der Großen herabsank, noch in den verfallenden Städten konnte das Königtum mehr einen Halt finden. So nimmt es nicht wunder, daß die Araber nach dem Einfall des Berberfürsten Tarik (nach welchem Gibraltar – Dschebel al-Tarik – seinen Namen führt) im Jahre 711 lediglich sieben Jahre benötigten, um fast die gesamte Halbinsel zu erobern. Nur noch in einigen Bergdörfern im äußersten Norden, in Asturien, konnten sich die Nachkommen der Westgoten halten.

Mit der Eroberung durch die Araber war dem Lande freilich auch keine Ruhe beschieden. Die Berber erhoben sich gegen die Araber, wurden durch ein Söldnerheer geschlagen, doch schon bald waren die Araber untereinander zerstritten und bekriegten sich.

Abd ar-Rahman I., welcher als einziger Umaijade der Rache der Abbasiden entgangen war, konnte nach einer abenteuerlichen Flucht über Nordafrika 755 den Thron des Emirats von Córdoba besteigen und dem bürgerkriegsmüden Land einigermaßen Ruhe und Frieden geben. Eine Blütezeit für das muslimische Spanien brachte die Regierungszeit Abd ar-Rahmans III. (912–961), der das Emirat von Córdoba endgültig in die Selbständigkeit führte. Abd ar-Rahmans III. Politik zielte auf Versöhnung und Toleranz, auf die Förderung von Kunst, Kultur und Wissenschaft. Der Umaijadenkalif war eine beeindrukkende Persönlichkeit und hatte weitreichende Verbindungen, so zum Hofe von Byzanz und zum deutschen Kaiser Otto I. Seine Autorität war so groß, daß ihn selbst die christlichen Herrscher im Norden Spaniens mehrfach als Schiedsrichter in Streitfragen anriefen.

Doch zu Beginn des neuen Jahrhunderts zerfiel langsam die Herrschaft der spanischen Umaijaden. 1031 wurde der letzte von ihnen abgesetzt, und das Emirat von Córdoba löste sich in mehr als 20 Kleinstaaten auf. Gemeinsam aber war diesen Kleinstaaten wie auch den christlichen Königreichen im Norden die religiöse Toleranz, gleich ob sich die jeweiligen Untertanen zur christlichen, muslimischen oder mosaischen Religion bekannten. In dieser freien Atmosphäre entfalteten sich die Wissenschaften, sei es die Medizin, die Mathematik, die Rechtswissenschaft, die Philosophie oder das Unterrichtswesen. Auch waren Lesen, Schreiben und Rechnen im muslimischen Spanien bis in die unteren Volksschichten weit verbreitet.

Aber Pracht und Glanz der maurischen Königshöfe von Córdoba, Granada, Sevilla, Zaragoza (Saragossa) oder Valencia vermochten die Wiedereroberung Spaniens durch die christlichen Herrscher, die Reconquista, nicht aufzuhalten, wenngleich auch im Norden Spaniens zunächst alle Bemühungen, eine staatlich-politische Einheit zu erreichen, durch den Partikularismus der Könige und Granden von Asturien-León, Galicien, Navarra, Kastilien, Aragón, Barcelona und dem von jeher zur Selbständigkeit neigenden Baskenland verhindert wurden.

Einen ganz entscheidenden Anteil an der Reconquista hatte der Ritter Rodrigo Díaz aus dem Flecken Vivar nahe Burgos, der von den Christen El Campeador (der Kämpfer), oder – vorzugsweise von den Mauren – Cid (Herr) genannt wurde.

Rodrigo Díaz, um 1043 geboren, war alles andere als vermögend, und so trat er in die Dienste König Alfons' VI. von León und Kastilien (1072–1109). Dabei muß sich Díaz außerordentlich bewährt haben, denn als er im Streit den Grafen Diego Oviedo erschlug und daraufhin von dessen Tochter Jimena bei König Alfons, ihrem leiblichen Verwandten, verklagt wurde, verzieh der König seinem Ritter nicht nur diesen Totschlag, sondern verheiratete ihn auch noch mit Jimena und übertrug ihm das begehrte Amt des königlichen Bannerträgers, welches zuvor der Graf García Ordóñez kurzzeitig innehatte. Überdies vertraute König Alfons dem Ritter Díaz die Eintreibung des jährlichen Tributs des maurischen Königs von Sevilla an. Dabei kam es zu einem Zusammenstoß zwischen Díaz und dem mächtigen und bei Hofe einflußreichen Grafen García Ordóñez, der sich mit dem maurischen König von Granada gegen den König von Sevilla verbündet hatte. Díaz stand dem König von Sevilla bei. Er blieb bei dem Gefecht Sieger und setzte den Grafen Ordóñez zunächst einmal schmählich gefangen. Nach seiner Freilassung mühte sich Graf Ordóñez nach Kräften, Díaz beim König zu verleumden. Als Díaz das ebenfalls König Alfons tributpflichtige, aber aufsässige Reich von Toledo erheblich ausplünderte, wählte er dafür einen politisch ungünstigen Zeitpunkt. So fanden die Worte des Grafen Gehör: Díaz wurde verbannt und mußte fliehen. Das dringendste Problem war für Díaz, sich und sein Gefolge – zumeist Verwandte und Freunde – zu ernähren. In dem auch heute noch lesenswerten »Cantar de Mio Cid« (Lied vom Cid) wurde daher ganz ungeniert der Raub einer Rinderherde als erste denkwürdige Tat des Verbannten festgehalten. Das gesamte »Cantar de Mio Cid« wird von dieser Zweckmäßigkeit durchzogen, wovon die Worte des Campeadors an sein Gefolge nach der Eroberung des Städtchens Alcocer zeugen:

»Hört mich also, Álvar Fáñez,
alle, die noch mit mir reiten:
Haben wir die Burg genommen,
groß ist mit ihr unsre Beute.
Denn die Mauren sind geschlagen,
nicht mehr viele sind am Leben.
Diese Mauren, Maurenweiber,
können wir hier nicht verkaufen,
wenig nützt auch, sie zu töten.
Sind wir hier doch jetzt die Herren,
sollen sie uns fürder dienen,
leben wir in ihren Häusern.«

Der Cid zeigt sich damit vor allem als ein sehr praktisch denkender Mann. Und nachdem Rodrigo und seine Mannen von den Städten im Umkreis von einigen Tagesritten den Tribut erhoben hatten, verkaufte Díaz ebenjenes Städtchen Alcocer den Mauren für »dreitausend Silberstücke«, wie es im »Cantar de Mio Cid« wörtlich heißt. Die Hauptsache bei den Streifzügen des Cid ist das Beutemachen:

»Froh sind die von Zaragoza,
daß dem Cid Tribut sie zahlen,
brauchen so sich nicht zu fürchten,
keinen Angriff, keinen Schaden.

Die zurück ins Lager kommen,
bringen mit sich reiche Beute,
und alle sind froh, weil diesmal
wieder sie so viel gewonnen.
Froh sind auch der Cid und Fáñez,
und er lächelt, kann's nicht fassen,
der Vortreffliche, Ruy Díaz:
›Ritter, klar will ich Euch sagen:
lebt man stets am selben Orte,
sieht man seine Habe schwinden.
Ich glaub, mit der Morgenröte
ist es Zeit für uns zu reiten.
Dann verlassen wir das Lager.
Weiter ziehn wir, immer weiter!‹«
(Nach: Der Cid, Leipzig 1974.)

Bis zum Jahre 1087 lebten auf der Halbinsel Christen, Juden und Mohammedaner friedlich zusammen. Die militärischen Aktionen und Raubzüge der spanischen christlichen Herrscher gegen die maurischen Kleinstaaten waren vom Streben nach Landbesitz, Städten oder anderen festen Plätzen diktiert, keineswegs aber von Glaubenseifer. So geschah es nicht selten, daß spanische Ritter sich schützend vor die maurische Bevölkerung einer eroberten Stadt stellten, wenn deutsche oder französische Ritter vermeinten, die »Heiden« mit Stumpf und Stil ausrotten zu müssen. Doch im Jahre 1087 wußte der maurische Emir von Sevilla dem weiteren Vordringen der Christen keinen Einhalt mehr zu gebieten und rief daher die kriegerische Sekte der Almoraviden zu Hilfe. Die militärischen Erwartungen erfüllten die Almoraviden zwar, indem sie dem Heer König Alfons' VI. von Kastilien und León eine schwere Niederlage zufügten, letzten Endes aber erlebten die Emire eine Enttäuschung. Prunk und Sinnenfreude der maurischen Königshöfe (ganz zu schweigen von der religiösen Toleranz) waren den durch und durch fanatischen und asketisch lebenden Almoraviden ein Greuel, daher zwangen sie den Emiren ihre Intoleranz und ihre strenge Lebensweise auf. Der Fanatismus der Mohammedaner weckte den der Christen, und so ist es kein Wunder, daß der Cid des »Cantar de Mio Cid«, das um 1140 von einem Spielmann gedichtet wurde, vor allem als christlicher Kämpfer auftritt. Nicht so recht in dieses Bild paßt freilich die Tatsache, daß Rodrigo Díaz (samt Gefolge) nach seiner ersten Verbannung im Jahre 1081 in den Dienst des maurischen Emirs von Zaragoza trat, dabei mehrfach christliche Heere schlug und den Grafen von Barcelona gefangennahm. Zu dieser Zeit (1081–1087), da Rodrigo Díaz also die Schutzherrschaft über Zaragoza ausübte, gaben ihm die Mauren den Ehrennamen Cid (Herr). Diese Jahre im Leben des Cid wurden aus obengenannten Gründen im »Cantar« verständlicherweise übergangen; die Bedeutung des Cid für die Reconquista lag allerdings in erster Linie darin, daß es ihm nicht nur gelang, dem Ansturm der Almoraviden Einhalt zu gebieten, sondern auch fast den gesamten Süden Spaniens und vor allem Andalusien zu erobern. Nach der schweren Niederlage durch die Almoraviden blieb König Alfons nur mehr übrig, sich mit dem besten seiner Ritter, eben dem Cid, auszusöhnen. Doch schon zwei Jahre später, also 1089, fiel der Cid erneut in Ungnade. Seine Frau und seine Töchter wurden gefangengesetzt, sein inzwischen beträchtliches Vermögen eingezogen. So gewiß Verleumdungen dabei eine Rolle spielten, so hatten doch in König Alfons schon längst Mißtrauen und Argwohn gegen seinen mächtigen, für des Königs Geschmack vielleicht bereits zu mächtigen Vasallen Fuß gefaßt, denn nachdem der Cid wiederum zwei Jahre später von sich aus König Alfons bei einem Kriegszug gegen die Almoraviden unterstützt hatte, wurde er nicht wie erhofft in Gnaden aufgenommen, sondern vielmehr erneut verbannt.

Direkt gegen seinen König konnte und wollte der Cid sich nicht wenden, die Schmach der erneuten Verbannung aber auch nicht einfach hinnehmen. In seinem Grimm verwüstete daher der Cid die Ländereien seines alten Widersachers, des Grafen García Ordóñez, der es nicht wagte, sich dem Cid entgegenzustellen. Nach diesem Rachefeldzug wandte sich der Cid wieder gen Süden, dehnte seinen Machtbereich weiter aus, eroberte 1094 Valencia, 1098 Almenara und Murviedro, so daß er schließlich Herr über die gesamte Ostküste und große Teile der Südküste Spaniens war. Denn 1091, nach seiner zweiten Gefangennahme durch den Cid, übertrug Graf Berenguer von Barcelona ihm die Verteidigung der Grafschaft. Besiegelt wurde dieses Bündnis durch die Heirat einer der Töchter des Cid mit Ramon Berenguer, dem Neffen des Grafen, genannt »der Große«.

Mehrfach versuchte Yúcef, der Sultan von Marokko und Anführer der Almoraviden, dem Cid die eroberten Gebiete zu entreißen. Er wurde jedoch geschlagen, so daß sich dem arabischen Historiographen Ben Bassam der Stoßseufzer entrang: »Rodrigo – Allah soll ihn verdammen – sah, wie die unter seinen Fahnen kämpfenden Haufen vom Sieg begünstigt wurden, und mit einer kleinen Zahl von Kriegern vernichtete er zahlreiche Heere.«

Doch nicht nur mit den Almoraviden hatte sich der Cid auseinanderzusetzen – auch König Alfons versuchte, freilich ebenso vergeblich, dem Cid Valencia streitig zu machen.

Ziemlich genau an die tatsächlichen Ereignisse hält sich das bereits mehrfach erwähnte »Cantar de Mio Cid«. Zumindest haben alle dort auftretenden Personen wirklich gelebt. Einige Änderungen gegenüber dem historischen Cid und dessen Taten enthält das »Cantar« aber doch, und dies aus folgenden Gründen: Wenn auch in Spanien die Kunst des Lesens und Schreibens weiter verbreitet war als im übrigen Abendland, so trugen doch die Spielleute ihre Lieder, Romanzen und Epen auswendig vor. Eine historisch getreue Fassung des »Cantar«, die etwa alle drei Verbannungen des Cid enthielt, ohne daß es je zu einer wesentlichen Änderung im Verhältnis zwischen König und Vasall käme, ein solches Epos also wäre nicht nur schwerer zu behalten, weil ohne echte Höhepunkte, es wäre auch für die Zuhörerschaft langweilig. Zweitens war die unbedingte Loyalität der Ritter dem Herrn gegenüber eine selbstverständliche Voraussetzung der Heldenlieder, mochten auch die Chroniken von Verstimmungen und Auseinandersetzungen berichten. Und so wie damit zwangsläufig idealisiert wurde, so geschah dies auch mit dem Herrscher, schon weil die Königs- beziehungsweise Fürstenhöfe die hauptsächlichsten Wirkungsstätten der Spielleute waren.

Das »Cantar de Mio Cid« erzählt also folgerichtig nur von einer Verbannung des Cid, die mit der Eroberung Valencias ihren krönenden Abschluß fand. Der zweite und dritte Teil des »Cantar« berichten dann von der Aussöhnung zwischen König Alfons und dem Cid, der Heirat der Töchter des Cid mit den Infanten von Carrión, der Mißhandlung der jungen Frauen durch ihre Ehemänner, die deswegen vom Cid vor dem König verklagt und in Zweikämpfen von den Gefolgsleuten des Cid besiegt werden. Mit der (historisch erwiesenen) Heirat der Töchter des Cid, Maria und Christina, mit dem Grafen von Barcelona beziehungsweise dem Infanten von Navarra endet das »Cantar«.

Nun, sowenig wie es zu einer endgültigen Aussöhnung zwischen König Alfons und dem Cid gekommen war, sowenig kam es ja zu einer Heirat der Töchter des Cid mit den Infanten von Carrión, die, gleich ihrem Onkel, dem Grafen Ordóñez, im »Cantar« so feige und schurkisch wie nur möglich dargestellt wurden. Der furchtbare Rachefeldzug, den der Cid 1091 in die Grafschaft Carrión unternommen hatte, war vielleicht noch im Bewußtsein der nachfolgenden Generationen lebendig und erfuhr – damit der Cid des Liedes dem Bild des edlen Ritters entspräche – sowohl eine Rechtfertigung wie auch eine Umgestaltung. Als zu weitgehend oder den Charakter des Cid verfälschend darf man sich dessen Idealisierung durch das »Cantar« jedoch nicht denken, der Charakter des sehr selbstbewußten Kämpfers blieb vielmehr durchaus erhalten. So ließ der Cid des Liedes, als er sich mit seinem König traf, um sich mit ihm auszusöhnen, diesen einen ganzen Tag lang warten – und ein vergleichbarer Vorfall hatte die zweite Verbannung des Cid bewirkt. Noch drastischer zeigt eine andere Szene des »Cantar« das erhebliche Selbstbewußtsein des Campeadors: Nach der Mißhandlung seiner Töchter durch die Infanten von Carrión verklagte der Cid diese vor dem König. Es ist nun sehr bezeichnend für den Cid, daß er nicht nur mit großem Gefolge nach Toledo ritt, wo der König Hof hielt, sondern daß der Cid während der Gerichtsverhandlung seinen Bart verschnürt trug. (Eine Zier des freien Mannes war der lange, wallende Bart, der aber unverschnürt beim Kampf hindern beziehungsweise Schaden nehmen konnte.) Und während der eigentliche Heerbann des Cid vor den Toren Toledos lag, zog der Cid mit hundert schwerbewaffneten Männern in den Gerichtssaal ein. Allerdings hatten die Getreuen des Cid ihre Schwerter unter langen Mänteln verborgen – und das nicht grundlos: Denn im »Cantar« sagt König Alfons selbst: »Der es wagte, im Gericht zu stiften Aufruhr, sei aus meinem Reich verstoßen, meine Gnade ihm entzogen.« Um sich vor Gericht in Gegenwart des Königs vor einem Anschlag derer von Carrión zu schützen, hätte es kaum der hundert Ritter bedurft.

Man darf getrost annehmen, daß der Cid bei einem Königswort zugunsten der Infanten von seinen Waffen durchaus Gebrauch gemacht hätte, denn erst, nachdem der König festgestellt hatte, daß das Recht auf seiten des Cid sei, schnürte dieser seinen Bart los, gab mithin seine unmittelbare Kampfbereitschaft auf.

Der Cid des »Cantar« und somit gewiß auch der historische Cid erkannte also seit 1091 König Alfons doch nur recht bedingt als seinen Herrn an, jedenfalls nur, soweit das nicht seinen eigenen Interessen zuwiderlief.

Zu diesem Selbstbewußtsein hatte der Cid freilich auch allen Grund, denn schließlich war es ihm als einzigem Ritter und späterem Herrscher von Valencia gelungen, die Almoraviden zu besiegen. Deutlich wurde das vor allem nach dem Tode des Cid im Jahre 1099. Schon drei Jahre später zogen die Almoraviden in Valencia ein; die Reconquista war zum Stillstand gekommen. Der einzige größere

Erfolg war die Einnahme von Zaragoza im Jahre 1118, da die Stadt auf Dauer nicht dem Druck der Almoraviden einerseits und dem der Aragonier andererseits standhalten konnte.

Als dann 1157 Alfons VII. von León und Kastilien starb, das Reich geteilt wurde und die alten Streitigkeiten zwischen Kastilien und Aragonien um die Vorherrschaft in Spanien erneut ausbrachen, war an die Wiedereroberung des Südens vorerst nicht zu denken.

Doch es gelang, die Streitereien über den jeweiligen Machtbereich beizulegen, ja sogar ein Bündnis aller christlichen Reiche auf der Halbinsel zustandezubringen. So wurde 1212 ein großer Sieg über die Almohaden, eine ebenfalls aus Nordafrika stammende kriegerische Sekte, errungen. 1238 wurde Valencia von Aragonien erobert, es folgten die Eroberungen von Córdoba (1236) und Sevilla (1248) durch Kastilien.

Die eigentliche Reconquista war damit abgeschlossen, nur das von Bergen umgebene Granada hielt sich auf Grund seiner geschützten Lage und der permanenten Rivalität zwischen Kastilien und Aragonien bis zum Jahre 1492.

Der mittelalterliche Kämpfer Don Rodrigo Díaz aus Vivar war über 800 Jahre lang der spanische Nationalheld, er galt schlechthin als die Symbolfigur der Reconquista. So oft wie der Cid dürfte kaum ein anderer Fürst Spaniens besungen worden sein, gibt es doch rund 200 Romanzen über den Cid und seine Taten. Diese zeigen uns freilich einen anderen Cid, sie zeigen den jungen Ritter Rodrigo, der den Tod König Sanchos des Großen bei der Belagerung Zamoras erlebt, oder wie der Cid den Grafen Lozano erschlägt und daraufhin von dessen Tochter Jimena beim König verklagt wird, der die beiden dann verheiratet. Diese dramatischen Szenen waren mehr nach dem Geschmack des Renaissance- und Barockpublikums als das noch recht realistische frühere Heldenlied, das »Cantar de Mio Cid«.

Folgerichtig nahmen sich dann die Dramatiker vor allem dieser Romanzen an, so 1619 Lope de Vega in seinem »Las almenas de Toro«, Juan de la Cueva in »La muerte del rey don Sancho«, Guillén de Castro in »La mocedades del Cid« und »Las hazanas del Cid«. Das Cid-Drama des Franzosen Pierre Corneille hat in der französischen Nationalliteratur seinen Platz. Es entfernt sich weit vom Leben des historischen Cid – schon deshalb, weil Corneille die Handlung nach Sevilla (das der Cid zeit seines Lebens nie gesehen hat) verlegte, um so das ästhetische Prinzip der Einheit von Handlung, Ort und Zeit zu gewährleisten, denn in Sevilla – so Corneille – standen die Mauren ja jederzeit als Gegenspieler zur Verfügung. Corneille kannte zwar die Stücke der Spanier, aber nicht mehr das ursprüngliche Lied vom Cid, denn darin erschien doch der maurische König von Sevilla als Freund des Cid. Der historische Cid hatte dem Mauren ja einst gegen den ebenfalls maurischen König von Granada sowie gegen den Grafen Ordóñez und andere beigestanden.

Corneille konnte sich aber nicht nur mit diesen rein äußerlichen Änderungen begnügen, er mußte vor allem den Charakter des Cid ändern. Keinesfalls konnte der Dichter seinem Herrscher, dem »Sonnenkönig« Ludwig XIV., einen so selbstbewußten, ja aufsässigen Helden als Untertanen präsentieren. Daher wandelte er den Cid zum Prototyp des seinem König ergebenen Edelmannes um. So entfernte sich die literarische Gestalt des Cid von ihrem historischen Vorbild, um sich den veränderten gesellschaftlichen Bedingungen, der Zeit des Absolutismus und barockem Stilempfinden anzupassen.

In den volkstümlichen Romanzen aber und in der spanischen Tradition blieb der Cid der selbstbewußte erfolgreiche Kämpfer, der Initiator der Reconquista.

# Vineta

*»Ein Unwetter brach los, die Wellen brandeten gegen die Mauern, begruben alles unter sich. So versank Vineta in der Flut. Wer über die Tiefe fährt, vermag das Läuten der Glocken zu hören.«*

*Aus einer Volkssage*

Viele Städte sind im Laufe der Geschichte untergegangen. Sie sind nicht nur in Schutt und Asche gesunken, weil Kriege, Feuersbrünste oder Naturkatastrophen sie heimsuchten, sondern sie sind völlig verschwunden, versunken in den Fluten des Meeres. Sagen und spärliche lokale Überlieferungen künden von der einstigen Existenz dieser Städte. Oft wurden die Nachrichten angezweifelt, galten eben als Sage wenig glaubwürdig, aber die Unterwasserarchäologie, die immer mehr Beachtung findet, hat bereits viele dieser sagenhaften Städte wieder aufgefunden – auf dem Boden des Meeres, nahe der Küste und dem Lande, zu dem sie einst gehörten.

Auch kleine Ortschaften konnten versinken, aber ihr Verschwinden wirkte sich nicht im Wirtschafts- und Kulturleben aus. Überdies wurden Dörfer eher aufgegeben, verlassen, wurden wüst, weil zum Beispiel die Felder ringsum nicht mehr ertragreich waren. Dörfer wurden auch kaum, abgesehen von Fischerdörfern, in exponierter Lage an der Küste angelegt. Für die Bodenbebauer bildete das Meer, ja oft bereits der Fluß, eine Grenze, für die Stadtbürger dagegen öffnete das Meer Handelswege, förderte die Schiffahrt und die Entdeckungen.

Das antike Tyrus wurde vor der phönizischen Küste aufgefunden, ebenso der Hafen von Sidon. In Buchten der französischen Mittelmeerküste und am Südufer Siziliens liegen Reste alter Siedlungen auf dem Meeresboden. Die Molen des antiken Korinth sind vom Meer überflutet, in der Nähe des Hafens von Piräus wurden im Wasser Grüfte und Gräber aus der griechischen Frühzeit entdeckt ... Die Liste der Fundstellen ist lang. Aber nicht nur im Altertum, auch im Mittelalter versanken Städte. Im 18. Jahrhundert war das englische Brighton, das in der Elisabethanischen Zeit seine Blüte erlebte, in den Fluten verschwunden. Und noch heute versinkt langsam Venedig, wenn es den Menschen mit Hilfe der Wissenschaft nicht gelingt, diesen zerstörerischen Prozeß aufzuhalten.

Der Untergang einer Stadt wie Vineta, die durch ihren Handel und ihr Handwerk ebenso berühmt war wie durch ihren Reichtum, mußte das Bedürfnis nach einer Erklärung wachrufen.

Wenn wir bedenken, daß noch heute unter den Wissenschaftlern, insbesondere unter den Geologen, ein heftiger Streit herrscht um die Ursachen des Absinkens beziehungsweise Versinkens von Städten und Landschaften, so kann es uns nicht wundern, daß in der Vergangenheit immer wieder die Sage herangezogen wurde, die ja eine vorwissenschaftliche Deutung anbot. Überdies bemühten sich die Erzähler und Traditionsträger der Sage einen ursächlichen Zusammenhang zwischen Schuld und Strafe herzustellen. Das Versinken einer Stadt in den Fluten, ihr dramatisches, spurloses Verschwinden aus dem Bild der Landschaft, dem heimischen und sozialen Umfeld mußte bestürzend und bedrückend wirken. Wurde es als unberechenbarer Schicksalsschlag empfunden, so mußte das Geschehen folgerichtig Ausdruck einer fatalistischen Welthaltung bedeuten. Aber die Sage stellte sich ja gerade gegen eine solche Haltung, indem sie die eingetretene Katastrophe als Ergebnis einer früheren Schuld, oft auch eines nicht aufgedeckten Frevels sah. So war das Versinken, der Untergang einer Stadt dem Fehlverhalten ihrer Bewohner anzulasten. Eine solche Wendung wurde auch sicher gern von denen genutzt und ausgemalt, die bisher im Schatten der einst reichen Stadt gelebt hatten; mit Hilfe der Sage konnte sogar ein spätes Verdammungsurteil gefällt werden.

Ein Beispiel, wie die Bewohner einer versunkenen Stadt in der Sage ihr Gesicht verändern, zeigt die weithin bekannte, auch in der Literatur nachgestaltete Vinetasage.

»Vineta war die größte Stadt an der Küste, ja in Europa, schöner noch und größer als Konstantinopel. Ihre Bewohner trieben mit allen Völkern Handel, und ihre Schiffe brachten aus allen Teilen der Welt die kostbarsten Waren. Die Tore der Stadt waren aus Erz, ihre Glocken aus Silber, die Häuser aus schimmerndem Marmor. Der Reichtum aber hatte die Bürger hochmütig, hartherzig und verschwenderisch gemacht. Sie tranken den Wein nur noch aus goldenen Bechern, sie ließen ihre Pferde nur mit Gold und Silber beschlagen und ließen selbst die Schweine aus goldenen Trögen fressen. Löcher in den Hauswänden verstopften die Hochmütigen mit Brot. So lebten die Einwohner der Stadt in Saus und Braus und gaben nichts auf die Warnungen bedächtiger Leute. Da kam in einer stürmischen Novembernacht das Verderben über die Stadt. Ein Unwetter brach los, die Wellen brandeten gegen die Mauern, begruben alles unter sich. So versank Vineta in der Flut. Wer über die Tiefe fährt, vermag das Läuten der Glocken zu hören.«

Forschen wir nach dem historischen Vineta, so stoßen wir auf den Bericht des Domscholasticus Adam von Bremen. In seiner »Hamburgischen Kirchengeschichte« (1075–1080) beschrieb er eine blühende Handelsstadt an der Ostküste: »Es ist wahrscheinlich die größte von allen Städten, die Europa birgt; in ihr wohnen Slawen und andere Stämme, Griechen und Barbaren. Auch die Fremden aus Sachsen haben gleiches Niederlassungsrecht erhalten, wenn sie auch während ihres Aufenthaltes ihr Christentum dort nicht öffentlich bekennen dürfen. Denn noch sind alle in heidnischem Irrglauben befangen; abgesehen davon wird man allerdings kaum ein Volk finden, das in Lebensart und Gastfreiheit ehrenhafter und freundlicher ist. Die Stadt ist angefüllt mit Waren aller Völker des Nordens, nichts Begehrenswertes oder Seltenes fehlt. Hier steht ein Vulkanstopf (= Leuchtfeuer), die Einwohner sprechen von griechischem Feuer ...«

Leider hatte Adam von Bremen die Stadt nicht selbst besichtigt, sondern stützte sich auf mündliche Berichte, vor allem waren die Ortsangaben nicht eindeutig.

Bei Adam heißt diese reiche Hafenstadt noch Jumne, und er siedelt sie – eben den Berichten folgend – an der Mündung der Oder an. Aber die Oder hat drei Nebenarme: die Peene, die Swine, die Dievenow. Wahrscheinlich war dieser Umstand Adam unbekannt. Weitere Einzelheiten zur Lage gab er an, wenn er schrieb: »Das Meer erscheint dort in dreifacher Gestalt, denn die Insel hat drei Gestade. Das eine soll ganz grau sein, das andere weißlich, das andere liegt unter tosenden Fluten bei ständigem Sturme.« Damit sollten offensichtlich Haff, Mündungsarm (Oder) und Ostsee charakterisiert werden, allerdings in übertrieben hochgespielter Form, wie sie Reiseberichten oft zu eigen ist.

Lobend klingt auch der Bericht, den Ibrahim Ibn Jakub gab. Der arabische Jude, der 973 die Küstengegend bereiste, sprach von einer »großen Stadt am umringenden Weltmeer, die zwölf Tore und einen Hafen hat«.

Wenn wir nicht die Existenz zweier benachbarter vorhansischer Metropolen annehmen, dürfte die »große Stadt am Weltmeer« mit Adams Jumne identisch sein.

Eindeutig bezog sich Helmold von Bosau, Pfarrer eines schleswig-holsteinischen Dorfes, in seiner Slawenchronik (1163–1172 verfaßt) auf Adams Jumne, er widmete ihr, hier Jumneta genannt, das zweite Kapitel seines Buches und folgte in seinen Schilderungen Adam fast wörtlich. Aber Helmold sprach von Jumneta als einer untergegangenen Stadt. Abschließend fügte er hinzu: »Ein König der Dänen soll diesen höchst wohlhabenden Platz mit einer sehr großen Flotte angegriffen und völlig zerstört haben. Die Überreste sind jetzt noch vorhanden.« Jahreszahlen gab Helmold nicht an, doch seit dem Untergang der Stadt mußte immerhin eine geraume Zeit verstrichen sein, denn Helmold ergänzte, »daß zum Preise der Stadt viele, oft kaum glaubliche Geschichten umgehen«.

Durch einen Schreib- oder Lesefehler – verständlich bei den verschnörkelten Schriftzügen – wurde aus Jumneta später Winneta oder Wineta, so auch bei der Drucklegung der Helmoldschen Chronik durch Sigmund Schnorkelius 1556 zu Frankfurt am Main. Vielleicht wurde aber Jumneta auch bewußt durch die Veränderung der schriftlichen und sprachlichen Form in die Nähe der berühmten Handelsstadt Venedig gerückt, um so den Glanz der historischen Dogenstadt auf das Bild vergangener Machtfülle projizieren zu können. Berichte und Erzählungen von sagenhaften Reichtümern konnten so Vorstellungen sagenhaften Geschehens stützen. Sie konnten in die Überlieferungen, die bereits Helmold erwähnte, einfließen. Aber eines müssen wir feststellen: Nach Helmolds Bericht war Jumneta erobert und zerstört, aber, da Ruinen noch 1163–1172 sichtbar waren, nicht im Meer versunken. Freilich konnte eine Küstenstadt, deren Hafenanlagen und Wälle zerstört waren, von den Häusern der Bürger ganz abgesehen, in einer großen Sturmflut untergehen, wie zum Beispiel in der Allerheiligenflut von 1304 oder in der Marcellusflut von 1362.

Nahe bei Jumne lag – vor allem dänische Quellen, aber auch Sagen erzählen davon – die Jomsburg. Ursprünglich als dänischer Stützpunkt auf dem Festland gedacht, wurde sie jedoch von den Dänen selbst vernichtet, da die Jomswikinger begannen, sich politisch selbständig zu machen, und sich der einträglichen Piraterie zuwandten, wobei auch dänische Schiffe geplündert wurden.

Über das alte Jumne, von Adam noch als blühende Stadt bezeichnet, von Helmold hingegen als untergegangene und zerstörte Stadt, muß in der Zeit zwischen 1080 und 1172 die Katastrophe hereingebrochen sein. Wahrscheinlich wurde die Stadt bald nach 1100 vernichtet, als die Dänen wiederholt Kriegszüge gegen das Festland unternahmen. Wenngleich die Bewohner Jumnes wohl nur gelegentlich ein Schiff kaperten – Piraterie und Handel waren früher eng miteinander verbunden – mußte bei der Ausweitung des Ostseehandels, der sich bis über Nowgorod hinaus erstreckte, Jumne eine unliebsame Konkurrentin gewesen sein.

Jumne wurde also bald nach 1100 zerstört – aber wo lag dieses Jumne, und wo wurde es über die Jahrhunderte hinweg gesucht? Helmold berichtet ja nur von der Zerstörung und von einer frühen Sagenbildung. Und der Sage nach wurde Jumne/Jumneta, zu Vineta geworden, auf dem Meeresboden vor der Küste gesucht. Dabei müssen wir bedenken, daß die Küstenlinie im Mittelalter anders verlief, denn Sturmfluten hatten weite Landstriche verschlungen. Riffe und gefährliche Untiefen schienen für Fischer und Schiffer die Stelle der untergegangenen Stadt zu markieren. In Sebastian Münsters »Cosmographia« (1544) ist Vineta in der Nähe eines Riffs vor der Küste von Koserow und Damerow eingetragen. Dorthin verlegte es auch Gerhard Mercator, der ebenfalls ein berühmter Kartograph des 16. Jahrhunderts war.

In einer 1633 von Palbitzke und in einer 1649 von J. Jansonius gezeichneten Karte ist vor dem Peenemünder Haken im sogenannten Veritasgrund die verschwundene Stadt eingetragen mit dem Zusatz »Vineta emporium olim celeberimum aquarum absorptum«. Ähnliches findet sich bei anderen Kartographen bis zur Mitte des 18. Jahrhunderts. Auch in preußischen Generalstabskarten des 19. Jahrhunderts ist die versunkene Stadt noch verzeichnet. Schiffsunglücke, die sich an diesen Untiefen und Riffen zutrugen, stärkten den Glauben an die Sage. Der Fluch, der über einer verwünschten Stätte lag, hatte weitergewirkt. Diese Vorkommnisse regten aber bereits früh dazu an, dem Geheimnis der versunkenen Stadt nachzuforschen.

1538 brach der Magister Thomas Kantzow aus dem Schloß zu Wolgast auf, um Vineta zu entdecken. In Steinablagerungen und Riffen vor Damerow sah er die Grundmauern der alten Häuser. »Darunter seint so große Steine an drei oder vier Orten, daß sie wohl allenhoch über Wasser scheinen, als man achtet, es werden ihre Kirchen oder Rathäuser gestanden sein ... Auch sei zu sehen, wie die Gassen noch in der Ordnung und quer in der Stadt seint gelegen.« Kantzow sah im Wasser, was er im zeitgenössischen Alltag auch sah: eine mittelalterliche Stadt der Renaissance.

1771 scheiterten auf dem Damerower Riff zwei holländische Segelschiffe, viele Seeleute ertranken. Darauf erhielt der Herr Landschaftspräsident von Keffenbrink vom preußischen Hofe die Order, im »Casus« Vineta gründlich zu recherchieren. Der Landschaftspräsident begab sich an Ort und Stelle, mit einem Segelboot gelangte er zu dem Riff und noch weiter hinaus in die See. Dabei entdeckte er das, was ein preußischer Beamter von einer Stadt erwartete, nämlich Schiffs- und Artilleriearsenale.

Die aus der Meerestiefe dringenden Glockentöne geben ein schönes poetisches Bild, das sich gut in den Rahmen der Sage fügt, die ja neben ihrer Funktion zu deuten und zu erklären auch dichterischen Gesetzen zu folgen hat. Es ist ein Motiv, das die Sage häufig verwendet: Glockenläuten, meist zur Abendstunde aus dem Grunde von Mooren, Sümpfen oder verlandenden Seen. Damit wurde landschaftliche Stimmung eingefangen, aber gleichzeitig auch eine natürliche Erklärung für das »Läuten« gegeben: Es war, wie die Wissenschaftler herausfanden, den Unken und Fröschen zuzuschreiben.

Dieses schöne poetische Bild paßt aber gar nicht zu Adams Jumne und zu Helmolds Jumneta, denn beide Chronisten vermerkten ausdrücklich, daß die Bewohner der reichen Handelsstadt Heiden waren – erst der Bischof Otto von Bamberg begann 1124 im pommerschen Gebiet zu missionieren.

Trotzdem priesen Adam wie Helmold die Einwohner, und beide stimmten überein: »... in Sitte und Gastfreundschaft gibt es kein ehrlicheres und gütigeres Volk.«

Doch wenn sich die Sagenerzähler und Traditionsträger des Schicksals von Jumne/Jumneta bemächtigt hatten, so mußten sie sich hüten, dabei gegen den Kausalzwang der Sage zu verstoßen. Das bedeutet, die Einwohner Jumnetas durften nicht wegen ihrer Gastfreundschaft, die Helmold so hervorgehoben hatte, gestraft werden. Sie mußten zu Frevlern werden, um zu begründen, daß die Vernichtung die Stadt zu Recht getroffen hatte.

Als wohl härtester Frevel wurde in den Sagen der Brotfrevel angesehen, wenn das Brot nicht gegessen, sondern zu anderen Zwecken mißbraucht wurde. Dahinter spüren wir eine Wertung, die gerade von der armen, oft hungernden Bevölkerung vorgenommen wurde. Und wenn der Brotfrevel hart bestraft wurde, erfüllte sich, jedenfalls in der Sage, die immer wache Hoffnung auf Gerechtigkeit.

Ein weiterer historischer Faktor wies bei der Akzentsetzung der sich herausbildenden Sage in die gleiche Richtung: der »Wendenkreuzzug«. 1147 rief der deutsche Adel zu diesem Kreuzzug auf, um Land für sich zu gewinnen, das an die slawischen Stämme und Fürsten verlorengegangen war. Der Kampf spielte sich dabei auf allen Ebenen ab, auf der politischen, der militärischen und auf der ideologischen. »Heidentum« war etwas allenthalben zu Bekämpfendes, zu Ächtendes, »Heidentum« wurde gleichgesetzt mit Sünde und Frevel. Die Bewohner des alten – ohne Zweifel slawischen – Jumne/Jumneta waren also nicht mehr gastfreundlich, sondern frevlerisch, hochmütig und verschwenderisch. Dennoch wurde in der Sage die alte vorhansische Stadt mit Kirchen ausgestattet, einmal, um das poetische Motiv der aus der Tiefe läutenden Glokken einbringen zu können, und zum andern, weil die aufragenden Kirchen ja das Bild der mittelalterlichen Städte prägten und einfach nicht mehr wegzudenken waren – gerade nicht in der Sage, die sich um Wahrheitsanspruch bemühte.

Im 19. Jahrhundert entbrannte dann der Streit um die Lokalisierung des alten Jumne, der Sagenstadt Vineta. Das Riff vor der Küste von Damerow schied dabei aus, hier handelte es sich um von der Natur geschaffene Steinablagerungen. Bei der Suche nach der alten Seestadt war und ist zu berücksichtigen, daß im frühen Mittelalter die Küstenschiffahrt vorherrschte; nachts und bei Unwetter wurde ein schützender Hafen, notfalls eine schützende Bucht aufgesucht. Verkehrsgeographische und -historische Überlegungen sind also mit einzubeziehen. Schließlich standen sich zwei Theorien gegenüber. Die Vertreter der einen vermuteten und vermuten Jumne/Jumneta auf dem Meeresboden vor dem Peenemünder Haken, die Vertreter der anderen identifizieren Jumne mit Wollin, ehemals Julin, und verlegen es somit an die Dievenow und die Haffküste.

Während für die erste Hypothese vor allem Argumente aus der Verkehrsgeographie herangezogen wurden, wurde die zweite Hypothese durch Grabungen gestützt.

Erstmalig setzten Archäologen 1871 den Spaten in und bei Wollin an. Auch der bekannte Berliner Mediziner Rudolf Virchow war an dem Unternehmen interessiert. 1934 wurden die Arbeiten wieder aufgenommen, und es wurde die erste systematische Grabung durchgeführt. Das Ergebnis lautete: Wollin baute sich auf einer alten frühslawischen Hafen- und Handelsstadt auf. Diese Entdeckung paßte jedoch in den Jahren der Hitlerdiktatur nicht in das proklamierte Geschichtsbild, das den Slawen eine derartige Kulturleistung absprach. Die Grabungsergebnisse wurden daher nur auszugsweise oder entstellt veröffentlicht. Erst 1953 wurde der vollständige Bericht publiziert. Ein Jahr später leiteten polnische Archäologen weitere umfangreiche Untersuchungen ein. So präsentiert sich heute das alte Wollin (poln. Wolin): Im Stadtkern kreuzten sich enge, bohlenbelegte Gassen, an den Ufern des Oderarms zogen sich über vier Kilometer Häuser und Speicher hin, eine Brücke führte über den Fluß und verband Wollin mit dem Festland. Unterwasserarchäologen erschlossen auch den alten Hafen, zahlreiche Funde von Fischnetzen wiesen darauf hin, daß auch Fischerboote dort festmachten. Hohe Erdwälle schützten die Stadt und ihre Bewohner: Händler, Bernsteinschneider, Edelmetallschmiede, Bootsbauer, Glasmacher, Schmiede, Töpfer und Kammacher. Am Südende befand sich der Tempel einer slawischen Stammesgottheit. Noch weiter nach Süden dehnte sich eine Vorstadt aus, wo in Hütten, deren Wände aus Zweigen geflochten waren, die ärmere Bevölkerung lebte. Händler und Handwerker dagegen bewohnten feste Blockhäuser.

Schätzungsweise mochte die Stadt während ihrer Blütezeit eine Fläche von 40 Hektar bedeckt und eine Einwohnerzahl von 6000–9000 gehabt haben. Der Aufschwung von Handel und Gewerbe löste allerdings kriegerische Unternehmungen der Dänen aus. Um 1100 wurde die

Stadt gründlich zerstört, und obwohl die übriggebliebenen Einwohner an den Wiederaufbau gingen, blieben die Ruinen der Wallbefestigungen und der Hafenanlagen noch längere Zeit stehen – vielleicht waren dies die Ruinen, von denen Helmold von Bosau als Zeichen des zerstörten Jumneta schrieb. Im Jahre 1124 gelangte dann Otto von Bamberg auf seiner Missionsreise auch nach Wollin, taufte dort eine größere Zahl von Bürgern und auch von Bewohnern umliegender Ortschaften.

Die Katastrophe, die über die Stadt hereingebrochen war und die offensichtlich die alten slawischen Stammesgötter nicht hatten abwenden können, mochte der Bereitschaft, zum Christentum überzutreten, nur förderlich sein.

Das Ergebnis der Grabungen bei Wollin sprach für die Annahme, hier die von Adam von Bremen beschriebene berühmte alte Handelsstadt Jumne gefunden zu haben. Wollin war jedoch nicht untergegangen und im Meere versunken, wie es die Sage schilderte. Wollin war allerdings aus der Reihe der bedeutenden Handels- und Hafenstädte verschwunden, wenngleich es später noch in die Hanse aufgenommen wurde. Aber es war nicht im Meer versunken oder von den Wellen überflutet. Oder sollte die Sage von der versunkenen Stadt nur poetisch ausdrücken, was in der historischen Realität geschehen war: der wirtschaftliche Niedergang eines einst blühenden Platzes? Das aber würde die Sage zur Allegorie machen. Die Sage dagegen umschließt einen historischen Kern. Es gibt freilich weniger historisch geprägte Details und Ausschmükkungen, sie sind aus dem Erlebnisbereich der Sagenerzähler und Traditionsträger geholt, sie sind umgrenzt von deren Glaubenshorizont.

Diejenigen, die die Sage von der versunkenen Stadt erzählten und tradierten, bauten eben nicht allein auf historische Reminiszenzen, sondern paßten das Sagengeschehen in die eigene Erlebnissphäre ein. Mit der unvermeidlichen Katastrophe am Ausklang der Sage konnte zugleich wieder der Kausalzusammenhang zwischen Schuld und Strafe hergestellt werden. Auch der Untergang des friesischen Fischerdorfes Rungholt in der Marcellusflut von 1362 wurde überhöht und derart dramatisiert. In der Sage hieß es, daß eine reiche Handelsstadt in der Nordsee versunken sei. Man erinnere sich an Detlev von Liliencrons Gedicht: »Heut bin ich über Rungholt gefahren, die Stadt ging unter vor fünfhundert Jahren ...«

Bei aller Härte, die die Bewohner Vinetas in der Sage traf, klang zum Schluß doch Mitleid mit den so gestraften Menschen an. In einer Sturmnacht ließ die Sage Vineta untergehen, ein langer historischer Prozeß wurde damit dramatisiert, wie es den poetischen Gesetzen der Sage entspricht. Die Sage kann aber auch historische Eindrücke von verschiedenen nicht allzuweit voneinander gelegenen Orten zusammengefaßt haben: den Eindruck vom wirtschaftlichen Niedergang Wollins und von den Landverlusten vor dem Peenemünder Haken. Diese schweren Landverluste verbanden sich auch mit den Verlusten von Menschen, ihrer Wirtschaft und Kultur.

Der alte, auf die Brüder Grimm zurückgehende Begriff der Ortssage mag in solchen Fällen noch etwas desorientierend wirken. Die Sage heftete sich ja nicht nur an einen Ort – vielfach sogar als Wandersage auf ihn nur übertragen –, sondern bildete sich vor dem Erlebnis- und Erfahrungsbereich einer Region heraus. In der Vinetasage wurden diese Erlebnisse, Erfahrungen und auch Wertungen von den Traditionsträgern so glücklich miteinander verknüpft, so gut in das poetische Bild der Sage gefügt, daß die Vinetasage zum poetischen Ausdruck der drohenden und durchlittenen und überstandenen Gefahren wurde, unter denen die Menschen an der Ostseeküste in der Vergangenheit zu leiden hatten. Gemeinsames Erleben schuf eine gemeinsame Aussage.

# Ilja Muromez

*»Fürst Wladimir zu Kiew, der Fürstenstadt,*
*zürnte dem alten Kosaken Ilja Muromez,*
*warf ihn ins kalte Kellerloch,*
*schloß ihn auf drei Jahre im Keller ein.*
*Doch Fürst Wladimir, der Mächtige,*
*hatte ein einziges Töchterlein;*
*die sah: es ist keine Kleinigkeit,*
*daß Wladimir zu Kiew, der Fürstenstadt,*
*den alten Kosaken Ilja Muromez*
*in den kalten Keller geworfen hat.*
*Er allein den Glauben, das Vaterland schützen könnt,*
*er allein die Stadt Kiew schützen könnt,*
*er allein die Kathedralen schützen könnt,*
*er allein den Fürsten Wladimir schirmen könnt,*
*er allein die Prinzessin Opraxa schirmen könnt.«*
*Aus der Byline »Ilja und der Zar Kalin«*
*(Übersetzung von W. E. Groeger)*

Epische Märchenlieder aus dem alten Rußland, Bylinen genannt, erzählen von Fürsten, Recken und schönen Mädchen.

In der Byline von Ilja und dem Zaren Kalin läßt die Prinzessin Nachschlüssel anfertigen, besticht die Wächter und läßt Ilja mit Speise und Trank und warmer Kleidung versorgen. Wie klug sie damit handelte, sollte sich bald herausstellen, denn der mächtige Zar Kalin sendet Wladimir einen Brief, in dem es heißt:

»Und in ganz Kiew, der Fürstenstadt,
auf allen Straßen so weit und breit,
auf allen Gäßchen der Fürstenstadt,
stellt Getränke hin, berauschend und süß,
daß Faß an Faß nebeneinander steht.«

Käme Wladimir dieser Aufforderung nach, so hieße das Plünderung und Raub und Mord! So bittet Wladimir um Aufschub. Der wird gewährt, aber eines Tages stehen die Heere des Zaren Kalin doch vor Kiews Mauern. Wladimir ist verzweifelt, da tröstet ihn seine Tochter, die Prinzessin Opraxa, daß der Recke Ilja Muromez noch lebe.

Da wird der Held sofort vom Fürsten selbst befreit, an die Tafel geführt, gleich neben den Fürsten gesetzt und beschworen, Kiew, den Fürsten und sein Töchterlein zu retten. Ohne viel Worte zu verlieren, bricht Ilja auf, besieht sich die feindliche Heeresmacht und trifft bei seinem Erkundungsritt auf zwölf russische Recken. Ilja ißt und trinkt mit ihnen und bittet sie sodann, ihm bei der Verteidigung Kiews zu helfen. Die Recken aber weigern sich:

»Wir satteln nicht unsere braven Ross',
wir springen nicht auf unsere braven Ross',
wir reiten nicht in das flache Feld,
wir schützen nicht Glauben und Vaterland,
wir schützen nicht Kiew, die Fürstenstadt,
wir schützen nicht die Kirchen, die Mütterlein,
wir schirmen den Fürsten Wladimir nicht:
er hat genug Fürsten, Bojaren,
die er speist und tränkt, denen er Huld erweist,
wir aber erhalten vom Fürsten Wladimir nichts.«
(Ilja und der Räuber Nachtigall. Bylinen, Leipzig 1986.)

Dreimal bittet Ilja die Recken um Hilfe, dreimal lehnen sie jede Hilfe ab, so daß Ilja allein den Kampf mit den Heeren Kalins aufnehmen muß. Zunächst gefangengenommen, kann Ilja sich befreien, um dann doch noch mit Hilfe jener zwölf Recken Kalin zu besiegen und gefangen nach Kiew zu führen.

Bevor wir näher auf die Byline »Ilja und der Zar Kalin« eingehen, seien noch einige Worte zur Gattung der Byline erlaubt. Die Bylinen sind Heldenlieder, ähnlich den germanischen Heldensagen und Epen. Ihre Entstehungszeit reicht ins 10. Jahrhundert zurück, in die Zeit der Kiewer Rus. Dort bildete sich ein ganzer Zyklus von Bylinen um den Fürsten Wladimir und seine Recken heraus. Ähnliche Zyklen entstanden, wenn auch später, in Nowgorod, Wladimir, Susdal und anderen Städten.

Zu den vielbesungenen Helden des Kiewer Zyklus gehören der Adlige Dobrynia Nikititsch, der Popensohn Aljoscha Popowitsch und auch der Bauernsohn Ilja Muromez. Diesen Recken obliegt es, die Fürstenstadt Kiew und das russische Land gegen andrängende Feinde zu verteidigen. Eine wenig rühmliche Rolle spielt in den Bylinen der Fürst Wladimir: Oft wird er undankbar gegen seine Recken, jedoch verzagt angesichts des Feindes dargestellt.

Genau diese Züge des Fürsten finden wir auch in der Byline von »Ilja und dem Zaren Kalin«, und der Ilja Muromez dieser Byline entspricht dem Bild des selbstlos für seine Heimat und seinen Fürsten kämpfenden Recken. Aus dem Rahmen des Gewohnten aber fallen die zwölf Recken, die Ilja zunächst vergeblich bittet, ihm bei seinem Kampf gegen Kalins Heere beizustehen. Zwar kamen die Recken dann doch noch dem hart bedrängten Ilja zu Hilfe und besiegten mit ihm gemeinsam Kalins Heere, doch nur, um Ilja zu retten. Kiew aber samt seinem Fürsten war ihnen ganz gleichgültig.

Daß die Recken dem Großfürsten Wladimir grollten, mochte hingehen, aber daß das Schicksal Kiews, der Mutter der russischen Städte, die Recken so kalt ließ, ist schon erstaunlich. Wir wollen sehen, wie es dazu kommen konnte.

Im 7. und 8. Jahrhundert wurde das russische Land von den aus dem Karpatenraum kommenden Ostslawen besiedelt, die sich sowohl in dem von riesigen Wäldern und Sümpfen durchzogenen Norden wie auch in dem an die Steppe grenzenden Süden niederließen. Eine dieser Niederlassungen, der Sage nach um das Jahr 420 gegründet, war Kiew, das etwa seit der Mitte des 9. Jahrhunderts die Hauptstadt der Kiewer Rus war.

Der Name »Rus« bedeutet »Ruderer«. So hatten die Finnen die Normannen (Schweden) genannt, welche im 9. Jahrhundert ins spätere Rußland eingewandert waren und sich an den Handelsplätzen an Don und Dnepr niederließen. Sich selbst bezeichneten die Rus oder Normannen als Waräger, das heißt »Gefolge« ihrer Fürsten. Im Russischen bedeutet das Wort »Waräger« Händler, und die Waräger waren tatsächlich wehrhafte Kaufleute, so daß sie von der alteingesessenen Bevölkerung mit gemischten Gefühlen betrachtet wurden. Einerseits fürchtete man diese kampfstarken Händler, andererseits sah man sie gern als Beschützer gegen die schwarzen Bolgaren und andere wilde Nomadenstämme, die nicht selten die Handelsplätze der Slawen überfielen.

Es konnte kaum ausbleiben, daß sich die Waräger zu den eigentlichen Herren über die Städte aufschwangen – als erster Rurik, der sich Nowgorod unterwarf. Zwei von Ruriks Gefolgsleuten, Askold und Dir, errichteten die Warägerherrschaft in Kiew, wurden aber von Ruriks Nachfolger Oleg ermordet, der sich nun seinerseits der Stadt Kiew bemächtigte.

Allmählich bürgerte sich die Bezeichnung »Rus« für das Gefolge der Kiewer Fürsten ein. Er wurde dann auf die ganze Kiewer Gegend und später auf das – erst noch im Entstehen begriffene – Volk der Russen übertragen.

Kiew war für lange Zeit der Ausgangspunkt für den Handel mit Byzanz und den Arabern. Freilich war dieser Handel nicht ganz ungefährlich, denn südlich von Kiew, am Unterlauf des Dnepr, lauerten die Petschenegen, ein räuberisches Reitervolk, den Kaufleuten auf, so daß diese den weiten und gefährlichen Weg nur in größerer Anzahl unternahmen.

Mit der Friedfertigkeit der »Rus« war es indes auch nicht weit her, hatten sie doch im Jahre 860 von Kiew aus einen Raubzug mit 14000 Mann in 360 Booten nach Byzanz hin unternommen. Die Byzantiner beobachteten daher auch späterhin die »Rus« mit verständlichem Mißtrauen und bereiteten den Kiewer Kaufleuten Schwierigkeiten, zum Beispiel dadurch, daß die Anzahl der in der Stadt weilenden »Rus« begrenzt wurde.

Die Kampfkraft der Russen kam aber dem byzantinischen Kaiserhaus sehr zustatten, als Wladimir der Heilige, Kiewer Fürst von 980 bis 1015, den Byzantinern gegen Aufständische zu Hilfe eilte. Wladimir verehelichte sich mit der griechischen Prinzessin Anna und trat 980 zum Christentum über; auf Wladimirs Befehl hin wurde alles Volk im Kiewer Land getauft.

Die Kiewer Rus stand zu Wladimirs Zeiten in der Blüte ihrer Macht und ihres Ansehens – davon künden nicht zuletzt auch die Bylinen. Die Christianisierung war ein wichtiger Schritt auf dem Wege zur religiösen, kulturellen und politischen Einheit des Landes. Doch unter Wladimirs acht Söhnen entbrannte ein furchtbarer, fast zwanzig Jahre dauernder Bruderkrieg um die Alleinherrschaft, in dem sich schließlich Jaroslaw der Weise durchsetzte. Damit nun nicht auch unter seinen Söhnen ein Bruderkrieg ausbräche, verfügte Jaroslaw die Teilung des Reiches. Von nun an hatte der jeweils Älteste des Geschlechts seinen Sitz in Kiew, die ihm nachgeordneten Brüder und andere Verwandte residierten in den anderen Städten: in Tschernigow, Nowgorod oder Susdal.

Die von Jaroslaw eingeführte Erbteilung sollte sich aber schon bald als verhängnisvoll erweisen, denn zum einen war es schon nach wenigen Generationen kaum mehr möglich, einen eindeutigen Geschlechtsältesten – der nicht unbedingt auch der Älteste an Jahren war! – zu ermitteln, so daß es erneut zu Erbstreitigkeiten kam. Andererseits wurde das Reich durch die ständigen Teilungen immer mehr zersplittert. Die ständigen Fehden der Fürsten untereinander schwächten ihre ohnehin schon schwachen Kräfte noch mehr, so daß die Fürsten ihrer eigentlichen Aufgabe, dem Lande Sicherheit nach innen und vor allem nach außen gegen die Steppenvölker zu geben, nicht mehr gerecht werden konnten.

Die Fürstenfehden hatten aber nicht nur politische Gründe (Erbstreitigkeiten), sondern auch wirtschaftliche Ursachen: Die ökonomische Basis der Rus war die Sklaverei. Solange die Kiewer Rus stark und mächtig war und sich ausdehnte, war an Sklaven, zumeist Kriegsgefangenen, kein Mangel. Doch angesichts der Schwäche der vielen Teilfürsten des Landes war an Eroberungen und Kriegsgefangene nicht mehr zu denken, vielmehr häuften sich ab Mitte des 11. Jahrhunderts die Überfälle des vom Osten her vordringenden Reitervolkes der Polowzer, die ihrerseits viele Russen in die Gefangenschaft führten.

Zu schwach, den Polowzern ernsthaften Widerstand bieten zu können, hielten sich die Fürsten an den angrenzenden Landesteilen schadlos, indem sie von dort Gefangene und Vieh raubten, was dann Rachefeldzüge der Beraubten zur Folge hatte.

An ein Zusammengehen der Teilfürsten gegen die Polowzer war unter diesen Umständen nicht zu denken, allen bittenden und mahnenden Beschwörungen der Geistlichkeit zum Trotz. Die Lage für die Bevölkerung an den Steppengrenzen wurde schier unerträglich, und so flüchteten viele in den Norden Rußlands, zumal nach Nowgorod und Susdal.

Die Polowzer waren durch keinerlei Mittel, weder durch Geld noch durch gute Worte, von ihren Raubzügen abzubringen. Die Russen mochten mit ihnen verhandeln und Verträge abschließen, wobei jeweils ansehnliche Mengen Vieh und Kleidung den Besitzer wechselten, die Fürsten mochten sich mit den Töchtern der Khane ehelich verbinden – es half alles nichts, die Polowzer kamen, sahen und plünderten.

Nicht weniger als die Dörfer und kleineren Städte an den Steppengrenzen war auch Kiews Handelsweg entlang des Dnepr von den Polowzern bedroht. Langsam, aber sicher ging Kiews wirtschaftliche Bedeutung zurück. Sein politisches Gewicht hatte es auf Grund der Teilung des Landes – die eine förmliche Hauptstadt ja überflüssig machte – bereits eingebüßt. Da der wirtschaftliche und politische Schwerpunkt der Rus sich nach Wladimir, Susdal und Nowgorod verlagert hatte, änderten sich folglich auch die Beziehungen zwischen den anderen Städten und Kiew, die dessen Vorzugsstellung nicht mehr anerkennen wollten. 1169 wurde Kiew von einer Allianz anderer Teilfürsten im Sturm genommen und entsetzlich verwüstet. Kiew war nun nur mehr ein Teilfürstentum wie andere auch. Die Byline, die wir eingangs vorstellten, gibt ebendieses Gefühl der Gleichgültigkeit der alten, einst so verehrten Hauptstadt gegenüber sehr gut wieder.

Durch die Überfälle der Polowzer kamen die Gefolgsleute der Fürsten an den Steppengrenzen nie zur Ruhe. Aus ihnen ging der Typ des russischen Recken hervor, wie ihn Ilja Muromez verkörpert.

Historisch belegt ist die Existenz des Ilja Muromez jedoch nicht. Was wir von ihm wissen, geht vor allem auf die Bylinen zurück. In ihnen stammte Ilja, wie sein Name schon sagt, aus einem Dorfe nahe der Stadt Murom. (Murom liegt etwa 250 Kilometer östlich von Moskau.) Ilja, ein Bauernsohn, war bis zu seinem dreißigsten Lebensjahr bewegungsunfähig. Da erschienen drei Pilger, heilten ihn und verliehen ihm durch einen Becher Met Riesenkräfte.

Diese Geschichte erinnert sehr stark an die Heiligenlegenden des Mittelalters, in denen die Macht und die Kraft des Christentums anhand der Wunder eines Heiligen demonstriert wurde. Es ist daher wahrscheinlich, daß die Byline, in der von Iljas wunderbarer Genesung berichtet wird, aus einer Heiligenlegende hervorging.

Die Bylinen berichten nun weiter von Ilja, daß er sogleich nach Kiew zog, unterwegs die Stadt Tschernigow vor einem großen Heer Ungläubiger errettete und auf dem geraden Weg nach Kiew in den Brjansker Sümpfen den Räuber Ssolowej (Nachtigall) überwältigte. In Kiew angekommen, begab sich Ilja sogleich zum Fürsten Wladimir und berichtete von seinen Abenteuern. Doch der Fürst und seine Recken lachten Ilja zunächst aus: Auf dem geraden Weg zwischen Tschernigow und Kiew liege ja der schreckliche Räuber Ssolowej auf der Lauer. Angesichts des gefesselten Ssolowej mußten sich aber der Fürst und seine Recken überzeugen, daß Ilja die Wahrheit sprach, und so wurde er freudig in den Kreis der Helden an Wladimirs Tafel aufgenommen.

Wahr ist daran zumindest so viel, daß die Brjansker

Sümpfe über Jahrhunderte hin wegen der in ihnen hausenden Räuber als überaus gefährlich verrufen waren.

Der Mut Iljas erschöpfte sich aber nicht in Kämpfen gegen die Räuber, vielmehr hatte er mehr als einmal Kiew vor den Polowzern und vor allem vor den Mongolen zu retten. Schließlich wurde er im Alter von 350 Jahren durch Engel von seinem Pferd gehoben und ins Kiewer Höhlenkloster gebracht, wo er dann seinen Geist aufgab. Das Grab wurde in den dreißiger Jahren unseres Jahrhunderts, in der Stalin-Ära, geschleift.

Wir wissen aber noch aus einer zweiten Quelle, außer den Bylinen, von Ilja: In der deutschen Heldensage von König Ortnit steht diesem sein Oheim Ilja von Reußenland, als großer Heidenvertilger gerühmt, tatkräftig zur Seite.

Nun berührt es freilich merkwürdig, daß Ilja in der Heldensage als König auftritt, in den Bylinen dagegen als schlichter Bauernsohn. Doch die Sage von König Ortnit ist verhältnismäßig jungen Datums; sie entstand erst im 13. Jahrhundert und zeigt Einflüsse der Kreuzzüge. Vermutlich haben deutsche Spielleute in Byzanz die Lieder von Ilja vernommen und Teile davon in ihre Lieder und Epen eingefügt. In einem ebenfalls aus dem 13. Jahrhundert stammenden Teil der Dietrichsage (Dietrich von Bern) ist sogar ein ganzes Kapitel dem Kampf zwischen Dietrich von Bern und Etzel auf der einen Seite und dem Reußenkönig Waldemar andererseits gewidmet. In den Heldensagen – soweit sie aufgeschrieben wurden – sind es fast immer Könige, Herzöge oder zumindest Grafen, die namentlich genannt sind und von deren Heldentaten berichtet wird. Das verwundert nicht weiter, denn nur an größeren Höfen fanden die Sänger und Dichter der Heldenlieder Verhältnisse vor, die es ihnen erlaubten, ihre Lieder aufzuschreiben. Zudem wäre es im Deutschland des 13. Jahrhunderts keinem Spielmann eingefallen, einen Bauernsohn seinem adligen Publikum als Helden zu präsentieren.

Ob der Ilja der erhaltenen Bylinen von Anfang an ein Bauernsohn war, ist freilich auch noch fraglich. Denn diese Bylinen wurden zum großen Teil erst im 18. und 19. Jahrhundert aufgeschrieben und hatten bis dahin als Volkslieder eine kaum beachtete Rolle gespielt. Nun wissen wir aber zuverlässig, daß aus Dobrynia Nikititsch, der ein Oheim des Fürsten Wladimir war, in der Byline der

Sohn einer armen Witwe wurde. Dem Recken Ilja Muromez geschah möglicherweise ähnliches. So bedeutet »Recke« wohl soviel wie »umherziehender Krieger«, was nichts über die soziale Herkunft des Betreffenden aussagt – dieser konnte ein entlaufener Leibeigener so gut wie ein Adliger sein.

Die Bylinen machten im Laufe der Jahrhunderte nicht nur manche Wandlung durch, sie wanderten auch. Wir hatten bereits gesagt, daß im 12. Jahrhundert viele Bauern, Halbfreie und Sklaven sowohl vor den Polowzern wie auch vor den Fürstenfehden nach Nordrußland geflüchtet waren. Durch den andauernden Zuzug gerade der untersten, ärmsten Volksschichten erlangten diese – in Umkehrung der bis dahin bestehenden Verhältnisse – ein politisches Übergewicht über die Bojaren in den Städten. Die Bojaren waren ursprünglich Adlige aus dem Gefolge des Fürsten und zumeist sehr wohlhabende Kaufleute, die jedoch kaum über Grundbesitz verfügten. Die neue soziale und politische Kräfteverteilung machte sich in der sogenannten Susdalschen Fehde von 1174–76 bemerkbar, bei der sich eben nicht wie sonst zwei Fürsten samt ihrem Gefolge gegenüberstanden, sondern die einfachen Leute der Städte Rostow, Susdal und Wladimir und die wohlhabenden Händler samt dem Fürstengefolge jener Städte, wobei erstere den Sieg errangen. Das Selbstbewußtsein der »kleinen Leute« wurde durch diesen Sieg erheblich gestärkt. Was Wunder, daß Charakter und Herkunft der Bylinenhelden – die ursprünglich in Südrußland beheimatet waren – eine Wandlung, ein scheinbares soziales Absinken erfuhren. Zu den politischen Spannungen zwischen Nord- und Südrußland kamen soziale: Voller Verachtung sahen die Grundbesitzer des Südens auf die »Waldkerle« des Nordens herab, die ihrerseits die Bojaren nicht minder verachteten.

Der in den Bylinen teils schwächlich, teils grausam erscheinende Charakter Wladimirs, der dem historischen Wladimir nicht gerecht wird, fände so auch seine Erklärung, denn nur zu oft wird Wladimir inmitten prahlender und prassender Bojaren gezeigt, die sich gleich ihrem Herrn beim Herannahen des Feindes ängstlich verkriechen.

Ganz anders freilich tritt uns Ilja entgegen: Um sein Leben nicht fürchtend, nimmt er allein den Kampf mit Kalins Heeren auf. Oder er begibt sich, als Pilger verkleidet, in das Heerlager des Mongolenkhans Mamai, erschlägt diesen und vernichtet mit Hilfe weniger Getreuer das gesamte mongolische Heer.

Desgleichen mutet uns freilich recht phantastisch an, doch eine Chronik des 12. Jahrhunderts berichtet von dem Recken Demjan Kundenewitsch, der es samt seinem Knecht und fünf tapferen Haudegen mit einem ganzen Heer (hier sollte man vielleicht wirklich besser sagen: Haufen) der Polowzer aufnahm und einmal bei einem plötzlichen Überfall der Polowzer ganz allein, ohne Hemd und Panzer, »in gewöhnlicher Hauskleidung gegen die Feinde losgeritten sei, viele Feinde niedergestreckt habe, dann aber verwundet worden sei und sich nur mit Mühe in die Stadt (Perejaslawlj Russkij) habe retten können«.

Ebendas Gebiet zwischen dem Städtchen Perejaslawlj Russkij und Kiew wurde in einer späteren geographischen Beschreibung als »Heldenfriedhof« bezeichnet. – Es ist für uns recht gleichgültig, ob der Bericht der Chronik direkt in die Bylinen einging oder, was wahrscheinlicher ist, ob diese und ähnliche Heldentaten, die gewiß in aller Munde waren, nach und nach in die Heldenlieder aufgenommen wurden.

Im Vergleich mit dem, was von Ilja Muromez und anderen Recken der Bylinen berichtet wird, nehmen sich die Taten des Demjan Kudenewitsch doch recht bescheiden aus. Aber die Recken der Heldenlieder waren nun einmal keine gewöhnlichen Menschen, ihre Kräfte waren übernatürlicher Art.

Und die Recken hatten auch dem Verlangen des Volkes nach Wundern zu entsprechen, hatten es vor übermächtigen Feinden zu schützen: Die Taten eines Recken, die eben noch menschenmöglich waren, wären für die Byline zu gering, sie wären keine Heldentaten mehr gewesen.

Auffallend ist jedoch, daß es in den Bylinen fast immer die Mongolen (Tataren) sind, die Kiew bedrohen, von den Polowzern oder gar den Petschenegen hingegen ist kaum die Rede. Das liegt nun daran, daß die rund zweieinhalb Jahrhunderte währende Mongolenherrschaft über Rußland die zeitlich davorliegenden Bedrohungen fast völlig vergessen ließ.

1223 erlitt ein Heer einiger (nicht aller!) russischer Städte und der Polowzer an der Kalka eine schwere Niederlage durch die Mongolen. Der Name des Zaren Kalin in der Byline spielt darauf an. 1237 fielen Moskau, Rjasan und Wladimir, drei Jahre später Kiew. Wie die Mongolen in Kiew gehaust hatten, geht unter anderem aus dem Bericht des Missionars Plano Karpini hervor: Überall in Rußland hatte er unzählige Gebeine und Schädel in den Feldern verstreut liegen sehen, Kiew selbst zählte kaum noch 200 Häuser.

Dschingis Khan hatte seine Worte wahr gemacht: »Das größte Vergnügen des Menschen liegt darin, seine Feinde zu besiegen, sie vor sich her zu treiben, ihnen alles zu nehmen, was sie besitzen, die Gesichter der ihnen teuren Menschen in Tränen zu sehen, auf ihren Pferden zu reiten, ihre Töchter und Frauen zu umarmen.«

Die Khane der »Goldenen Horde« – nach dem Tod des Dschingis Khan war das Mongolenreich geteilt worden, wobei der »Goldenen Horde« das Gebiet zwischen Karpaten und Pamir zufiel – übernahmen allerdings nicht selbst die direkte Herrschaft über Rußland. Sie beließen die russischen Fürsten in ihrer Herrschaft, doch mußten die Fürsten sich jedesmal ihre Würde von den Mongolen bestätigen lassen. Erst durch den Jarlyk genannten Gnadenbrief des Khans war die Herrschaft eines russischen Fürsten anerkannt.

Die Bevölkerung hatte unter dieser doppelten Herrschaft der eigenen Fürsten und der Mongolen furchtbar zu leiden. Besonders verhaßt waren die Steuerpächter; es waren dies vor allem Mongolen, aber auch Chinesen und selbst Russen.

Die Moskauer Fürsten hatten es noch am besten verstanden, mit den Mongolen zurechtzukommen und ihr eigenes Gebiet Schritt für Schritt zu erweitern. Im 14. Jahrhundert schließlich übertrugen die Mongolen dem Großfürsten von Moskau, Iwan Kalita (zu deutsch: Geldbeutel), das Recht, mit seinen Beamten den Tribut für die Mongolen einzuziehen. Dies unterstrich und förderte die Vormachtstellung der Moskauer Fürsten, und so nimmt es nicht wunder, daß gerade sie es waren, die gegen die »Goldene Horde« zu Felde zogen, als sie deren innere Zerrissenheit bemerkten. Unterstützt wurden sie dabei von fast allen nordrussischen Städten. 1380 schlugen die Russen Mamais Heer vernichtend auf dem Kulikowo Polje (Schnepfenfeld, etwa 250 Kilometer südlich von Moskau). Mamai selbst wurde auf der Flucht erschlagen. Zwar zwangen die Mongolen schon zwei Jahre später Moskau erneut unter ihre Botmäßigkeit, aber die einmal gemachte Erfahrung, daß die so sehr gefürchteten Mongolen eben doch zu schlagen waren, wollte nicht aus der Erinnerung des Volkes schwinden. Es verging noch ein knappes Jahrhundert, bis die Russen – sieht man einmal vom Einfall der Krimtataren 1671 in Moskau ab – 1480 das mongolische Joch endgültig abschütteln und die Großfürsten von Moskau sich stolz Selbstherrscher von ganz Rußland nennen konnten. In den Bylinen ist freilich von der jahrhundertelangen Fremdherrschaft der Mongolen nicht die Rede; diese Herrschaft wird nur als mögliche Bedrohung sichtbar, so, als beginne und ende der Mongoleneinfall mit der Niederlage und dem Tode Mamais – vor allem durch den Mut und die Tapferkeit des Ilja Muromez. Daß Ilja Muromez, wäre er tatsächlich ein Zeitgenosse des Großfürsten Wladimir gewesen, über 400 Jahre alt hätte werden müssen, um mit Mamai zu kämpfen, spielte in den Bylinen keine Rolle mehr. »Das Bewußtsein des Volkes«, schreibt A. J. Gurjewitsch in seiner »Mittelalterlichen Volkskultur«, »verhielt sich gleichgültig gegenüber der zeitlichen und räumlichen Anordnung, indem es ohne Zaudern die Begebenheiten von einem Zeitalter ins andere und von diesem Ort an jenen versetzte. In so beschaffenen Werken herrscht das Gefühl über den Verstand.«

Mochte nun ein Recke namens Ilja Muromez am Hofe des Großfürsten Wladimir zu Kiew gelebt haben oder nicht, das Volk liebte und liebt seinen Ilja und läßt ihn bis in die heutige Zeit in seinen Liedern, Sagen und Märchen leben.

# Tannhäuser und der Kaiser im Berg

*»Und sie glauben fest, daß Kaiser Friedrich noch lebe ... und daß er noch umherwandere zu Kyffhausen in Thüringen in dem verfallenen Schlosse, mit den Leuten rede und sich zu Zeiten sehen lasse.«*
*Aus der »Duringischen Chronik« des Johannes Rothe*

Jahrelang zog der Ritter Tannhäuser durch die Welt. Da gelangte er zu Frau Venus, die im Hörselberg Hof hielt. Dort genoß der Tannhäuser die Liebe der schönen Frau, bis er Übersättigung und Reue spürte. So verließ er den Berg und pilgerte gen Rom, um dort die Vergebung seiner Sünden zu erlangen. Doch Papst Urban IV. wollte dem Ritter keine Verzeihung gewähren. Urban nahm einen dürren Stecken in die Hand und sagte: »Sowenig als der Stecken Grün treiben kann, sowenig kann der Tannhäuser die Vergebung seiner Sünden erfahren.« Da zog der Unglückliche wieder von dannen. Doch der Stecken begann zu grünen. Der Papst schickte Boten aus und ließ den Tannhäuser in allen Landen suchen. Der aber war für immer in den Berg zu Frau Venus zurückgekehrt.

In Italien gab es eine Vorform dieser Sage, gespeist aus antiken und dorthin verbrachten keltischen Überlieferungen: Sie berichtete von einem Berge, in dem die schöne Dämonin, die Sibylle, mit ihren Frauen und Rittern ein paradiesisches und lustvolles Leben führte. Eine andere Tradition gesellte dieser sinnesfreudigen Schar noch einen deutschen Ritter hinzu, den dann aber Reue über seine Sünden erfaßte, der nach Rom zog, um dort vom Papst Vergebung zu erlangen. Als dieser aber zögerte, den bußfertigen Ritter freizusprechen, verließ der Ritter Rom wieder und kehrte in den Sibyllenberg und in die Fänge sündiger Liebe zurück. Vaganten, Spielleute und Fahrende brachten diese recht farbige Sage über die Alpen nach Deutschland, wo ein relativ unbekannter Minnesänger als Held eingesetzt wurde. Er entstammte dem oberpfälzischen Geschlecht der Tanhusen. Diese historische, die Sage verifizierende Gestalt hatte allerdings eines mit dem der Liebe verfallenen Ritter gemeinsam: Tanhusen, bald nach 1200 geboren, hatte sein Geld und Gut in Liebesabenteuern vertan. Doch als er nach dem Tode seiner Freunde und Gönner ohne Mittel dastand, soll er seinen unsteten Lebenswandel bitter bereut haben. Als ein reuiger Sünder ist er dann um 1287 irgendwo gestorben.

Als Sagengestalt fügte sich der Tanhusen in die politischen Wirren und Kämpfe des 13. Jahrhunderts ein. Das Geschlecht der Hohenstaufen und das der Welfen stritten sich um die Vormachtstellung und die Königswürde im Heiligen Römischen Reich deutscher Nation. Beide, Staufen wie Welfen, trachteten danach, ihre Hausmacht zu vergrößern und Anhänger zu gewinnen. Hie Welf – hie Waibling (die Staufer) war der Kampfruf diesseits der Alpen, jenseits der Alpen hießen die beiden feindlichen Parteien Guelfen und Ghibellinen. Auch der Papst in Rom ergriff Partei, er fühlte sich durch die Politik der nunmehr erfolgreichen staufischen Kaiser in seiner Machtposition bedroht. Diese Politik richtete sich unter Friedrich I., genannt Barbarossa, gegen die politisch und wirtschaftlich an Bedeutung gewinnenden, ihre Selbständigkeit behauptenden oberitalienischen Städte wie etwa Mailand. Durch Erbansprüche der Staufer auf Neapel und Sizilien fühlten sich Papst und Kurie in Rom zumindest in ihrem politischen Wirkungskreis eingeengt. Verschärfend kam hinzu, daß Friedrich II., der Enkel Barbarossas, in Unteritalien und Sizilien, die ihm als Erbe zugefallen waren, erstmalig einen Staat geschaffen hatte, der sich auf eine Beamtenschaft stützte. Was wohl in den Augen der päpstlichen Kurie schwerer wog, waren ketzerische Ideen, denen der Kaiser anhängen sollte. Tatsächlich förderte er die Wissenschaften, vor allem arabische Wissenschaftler. Folgerichtig wurde Friedrich II. mit der Exkommunikation belegt, und als er plötzlich im Jahre 1250 im Kastell Fiorentino in Unteritalien verstarb, bildeten sich Gerüchte um seinen Tod. Auch Friedrich II. erhielt seinen Platz in der Sage. Beide, Friedrich wie Tanhusen, fügten sich als Sagengestalten in das Weltbild des mittelalterlichen Menschen; der Glaubenshorizont und der Horizont der Volkssage deckten sich weitgehend. Beide wurden, wenn auch mit unterschiedlicher Motivierung, in einen Berg gebannt, in dessen Innerem eine Gegenwelt, auch eine Welt voller Hoffnungen auf die Zukunft, gestaltet war.

Für die Ghibellinen, für die Staufer, hatte der Tanhusen Partei ergriffen, so geriet er in die Verfolgung durch Anhänger der Kurie und der Guelfen, und mit Hilfe der Sage konnte der sehr weltoffene, aber unbequeme Ritter in alle Ewigkeit verdammt werden. Aber auch die Gegenpartei der Staufer bemächtigte sich der Sage. Sie setzte am Schluß das aus der Folklore bekannte Motiv vom grünenden Zweig als Zeichen der Unschuld und eines Gottesurteils ein und nahm damit in Lied und Sage eine Umwertung vor, denn dem Tanhusen wurde nun verziehen, und der Papst wurde verdammt. Ein Einfluß auf die Ausbildung der Tannhäusersage ging wohl auch von der schottischen, letztlich keltischen Thomas-Rymer-Ballade aus. Beide, Tanhusen wie Thomas von Erceldoune, sind historische Gestalten, Sänger des 13. Jahrhunderts, die auf der politischen Bühne mitspielten, die in der Sage von feenhaften Wesen verlockt und entführt wurden. Die schottische Überlieferung gelangte wahrscheinlich durch die Vermittlung schottischer Mönche nach Deutschland. Nürnberg, nahe der Heimat des Tanhusen gelegen, besaß ein solches Schottenkloster, in dem mit der christlichen Lehre auch schottisches Erzählgut verbreitet wurde.

Am Vorabend der Reformation erhielten die Sage wie die ihr folgende Ballade in ihrer endgültigen Prägung eine antikuriale Tendenz. Das Lied, gedruckt auf einem Flugblatt des Jahres 1515, fällte mit der Zeichnung des verzweifelten Tanhusen den Schuldspruch über die Härte und Erbarmungslosigkeit des römischen Papstes.

»Der Papst schicket uos in alle Land,
Wo der Danheuser war hin kumen,
Da was er wider in den Berg
Und het sein Lieb erkoren,
Des mußt der vierte Babst Urban
Auch ewiklich sein verloren.«

Urban IV. war weder Gegenspieler Friedrichs II. noch des Tanhusen. Die Sage wie insgesamt die mündliche Überlieferung konnte zwar Details über weite Zeiträume bewahren, vor allem, wenn Namen oder Daten zum Beispiel durch Reime gestützt werden, aber mangelnde Einsicht und Kenntnisse konnten ebenso zu Verwischungen, Verwechslungen und zum Vergessen führen.

Diese Parteinahme, die in der Volksdichtung spürbar ist, wurde bereits von den Gelehrten des Barockzeitalters beachtet. In den erbitterten Kämpfen zwischen Ghibellinen, Guelfen und der Kurie in Italien geformt, war die Sage nach Süddeutschland eingedrungen, und die Gestalt des oberpfälzischen Minnesängers Tanhusen hatte ihr bald Heimatrecht verschafft, doch im Verlaufe der Gegenreformation mußte das Verbreitungsgebiet der Sage immer mehr einschrumpfen. Die antikuriale und zugleich das Diesseits und die Liebe bejahende Sage fand eine neue Heimat im Kernland der Reformation, sie siedelte sich nahe der Wartburg an den Hängen des Hörselberges an und gewann dabei ein neues Lokalkolorit.

Das thüringisch-sächsische Gebiet vom Thüringer Wald bis in das Thüringer Becken, die Goldene Aue und die Harzer Berge gehörten seit dem späten Mittelalter zu den in politischer und kultureller Sicht interessanten Landschaften.

Zahlreiche Sagen hatten sich bereits um die Wartburg und ihre Bewohner angesiedelt. Mitunter spielten sie in die Geschlechtersage hinüber oder in die Legende, wie etwa der Sagenkranz um die heilige Elisabeth. Landgraf Hermann hatte zahlreiche Minnesänger und Ritter, wie Wolfram von Eschenbach, Walter von der Vogelweide, Heinrich von Veldeke, zu sich auf die Wartburg geladen. Die Wartburg wurde zwar zu dieser Zeit, um 1200, zum Mittelpunkt des geistig-kulturellen Lebens im Thüringer Raum, doch ein Wettstreit der Sänger und Dichter, ein Sängerkrieg, fand in der Realität nicht statt. Ihn erdachte die idealisierende Sage.

Drei Generationen später entstand das Lied vom Sängerkrieg – vielleicht ein poetischer Nachruf auf die langsam verblassende Macht der Landgrafen. In der Manessischen Handschrift erschienen dann die Sänger in buntfarbigen Miniaturen, wie sie das Bürgertum rückblikkend sah, und am Anfang des 15. Jahrhunderts nahm der Stadtschreiber Johannes Rothe die Mär vom Sängerkrieg in seine »Duringische Chronik« (1421) auf.

Fügte sich der Minnesänger Tannhäuser in diesen Sagenverbund, so mußte er für seinen Verbleib im Reich des Zaubers und der Liebe noch einen geeigneten Berg suchen. Der Berg mit der Wartburg war bereits vom Landgrafen und seiner Familie besetzt, aber unweit der Burg und der Stadt Eisenach lag der Hörselberg, seltsam geformt mit einem Felsloch, das in der Umgebung gefürchtet wurde. Dumpfes Sausen und Brausen drang aus diesem Loche hervor. Viel später erst ergaben wissenschaftliche Nachforschungen, daß dieses Getön durch den Wind und unzählige kleine Mücken und Fliegen verursacht wurde.

Das Felsloch und die Klufthöhlen wurden im Volksglauben zum Eingang in die Unterwelt. Die Wilde Jagd zog danach auch über die Lande, und dem Gespenstergefolge wurde die mythische Frau Holle beigesellt. Das Felsloch galt im Glauben der Mönche als Tor der Hölle, und sie hörten auch die Teufel aus der dunklen Tiefe heulen. Eine Teufelsgesellschaft sollte im Hörselberg in wüster und sündhafter Wonne hausen. Hexen sollten dorthin wallfahren, der Berg wurde zur Werkstatt des Fegefeuers. Von dieser fabulierträchtigen Vorliebe der Mönche für den Hörselberg berichtete 1685 die »Merkwürdige und auserlesene Geschichte von der berühmten Markgrafschaft Thüringen«. Die Humanisten des 16. Jahrhunderts freilich entmythisierten den Berg und tauschten die aufbewahrten Reste der germanischen Mythologie durch die ihrer Gelehrsamkeit würdigere griechische aus, und so zog Frau Venus in den Hörselberg ein. Damit war für den Tannhäuser eine lokalisierte und passende Stätte der Verlockung und Liebe gefunden.

Im 19. Jahrhundert erfuhr die Sage um den Sängerkrieg und den Tannhäuser eine erneute Belebung und Verbreitung. Die Dichter und Künstler der Romantik griffen bewußt auf mittelalterliche Stoffe zurück, die sie den immer stärker aufklaffenden Widersprüchen ihrer Zeit entgegensetzten. So stellte Ludwig Tieck den Tannhäuser in den Mittelpunkt einer Novelle. Anregend wirkte hier das Wartburgfest der deutschen Studenten 1817, das der Burg, ihrer Geschichte und ihren kulturellen Traditionen politische Bedeutung zuerkannte. Diese Aufwertung hatte eine umfangreiche Restaurierung zur Folge, bei der die romantischen Konzeptionen bestimmend waren. Damit war die thematische Anknüpfung an die Zeit der Thüringer Landgrafen bereits vorgegeben. Moritz von Schwind, einer der bedeutendsten Maler der deutschen Romantik, stellte neben dem Elisabeth-Zyklus im so benannten Sängersaal der Wartburg den sagenhaften Sängerkrieg in Fresken dar. Über die zahlreichen Besucher der Burg gewann die Sage an Popularität. Sie weitete sich aus, als sich 1845 der

Vorhang für Richard Wagners Musikdrama »Tannhäuser« hob und der unglückliche Ritter zum Hauptakteur des »Sängerkriegs« wurde, ehe er sich in das unterirdische Reich der Frau Venus verlor. Er wurde Symbolgestalt des Anspruchs auf Lebens- und Liebesgenuß.

Es ist seltsam und wohl nur in der Welt der Sage möglich, daß die diesseitige und der Sünde verdächtige Liebe in einer jenseitigen Welt, einer Unterwelt, Erfüllung – oder Bestrafung – finden konnte.

Der kaiserliche Zeitgenosse des Ritters Tanhusen, der Staufer Friedrich II., der wie dieser zur Gestalt einer Sage geworden war, hatte nach seinem Tode im Jahre 1250 auch ein unterirdisches Domizil in dem Gebiet zwischen Thüringer Wald und Harz gefunden: Er war in den Kyffhäuser eingezogen, in das Bergesinnere, jedoch nicht gebannt und verdammt, sondern in Erwartung zukünftigen Geschehens und zukünftiger Aufgaben. Die deutsche Volkssage hatte bereits Karl den Großen nach seinem Tode in einen Berg versetzt, später auch Otto I., aber dann heftete sich die Sage von dem Kaiser im Berg, der Herrscher einer besseren Zukunft sein sollte, an Friedrich II. von Hohenstaufen. Er hatte mit Reformen, mit Gesetzen und mit dem Aufbau einer neuen Verwaltung seiner Zeit weit vorgegriffen, wobei er gerade die Leistungen arabischer Wissenschaftler vorurteilslos würdigte. Damit und mit seiner Einstellung zu Wissenschaft, Kunst und kirchenpolitischen Fragen hatte er sich die Gegnerschaft der römischen Kurie, vor allem des Papstes Gregor IX., zugezogen. Als »Ketzer« mit dem Kirchenbann belegt, versuchte Friedrich dennoch unbeirrt seine Politik durchzusetzen. Als er plötzlich, für manche Zeitgenossen zu plötzlich, auf dem Kastell Fiorentino in Unteritalien starb, entstanden bald Gerüchte, daß der Kaiser in Wahrheit nicht tot sei, sondern bald wiederkehren werde. Diese Gerüchte verbanden sich mit Prophetien und mythischen Vorstellungen und verdichteten sich zur Sage. Im staufischen Unteritalien, vor allem in der Umgebung des Ätna, hieß es, der Kaiser hielte sich eine Zeitlang im Berge verborgen, um dann zu gegebener Zeit auf die Erde zurückzukommen. Seinen Gegnern konnte es nur lieb sein, wenn der Staufer mit seiner Hinwendung zu den Wissenschaften, insbesondere den orientalischen, durch den Aufenthalt in einem Vulkan, sicher einem verwünschten höllenartigen Platz, weiterhin dämonisiert wurde.

Auch jenseits der Alpen, im Heiligen Römischen Reich deutscher Nation, wurde der Tod Friedrichs bezweifelt. Mit dem Glauben an seine Wiederkehr verbanden sich immer stärker werdende Erlösungshoffnungen des Volkes. Die Sächsische Weltchronik (um 1260) berichtete zum Jahre 1251: »Zu dieser Zeit sagte man, daß Kaiser Friedrich gestorben sei, ein Teil des Volkes behauptete jedoch, daß er noch lebe, der Zweifel währte lange Zeit.«

Bald nach dem Tode des Staufers tauchten »falsche Friedriche« auf und gewannen starken Zulauf. Der bedeutendste unter ihnen war jener rätselvolle Tile Kolup, der 1285 als Ketzer auf dem Scheiterhaufen endete. Nach der Darstellung klerikaler Chronisten waren es der »powel« (die Armen) und die »Gemeinde«, die sich auf die Seite Tile Kolups gestellt hatten, weil sie die Rückkehr Friedrichs II. ersehnten. Da Kritik an den bestehenden sozialen Verhältnissen gleichbedeutend mit einer Kritik an der »Weltordnung« war, vermengten sich religiöse – dabei auch häretische – und soziale Probleme, es verbanden sich progressive Gedanken mit sozialutopischen. Dazu kamen auch bedrückende Vorstellungen vom Weltende.

Friedrich, der sich der Utopie hingab, das Heilige Römische Reich erneuern und doch bewahren zu können, wurde selbst zum Mittelpunkt einer zur Utopie neigenden Sage.

Noch ein Jahrhundert nach dem Tode des Staufers hofften viele auf seine Wiederkehr. Manchem gab dieser Glaube Trost in einer Zeit wirtschaftlicher Krisen, politischer Wirren und verheerender Pestepidemien. Geißlerscharen, die Vergebung ihrer Sünden anstrebten, durchzogen das Land, Teufelsglauben und Hexenwahn lasteten auf den Menschen.

Nach 1400 ist die Sage vom Kaiser im Berg, der da Friedrich heißt, im Heiligen Römischen Reich zum ersten Male literarisch belegt. Wieder war es Johannes Rothe, der in seiner »Duringischen Chronik« von 1421, wohl mündlicher Tradition folgend, den Staufer in den Kyffhäuser versetzte: »... und sie glauben fest, daß Kaiser Friedrich noch lebe ... und daß er noch umherwandere zu Kyffhausen in Thüringen in dem verfallenen Schlosse, mit den Leuten rede und sich zu Zeiten sehen lasse.«

Johannes Rothe, der spätere Domherr und landgräfliche Kaplan, fügte, sich distanzierend, noch hinzu: »Diese Büberei ist des Teufels Werk. Damit verführt er die Ketzer und einfältigen Christen.« So wertete Rothe im Gegensatz zu der in Umrissen skizzierten Volkssage Friedrich und seine Anhänger als Ketzer ab.

Der Kyffhäuser war bereits seit der jüngeren Eisenzeit besiedelt und befestigt. Auf den urgeschichtlichen Anlagen wurde die mittelalterliche Reichsburg Kyffhausen erbaut. Im Jahre 1407 war sie noch bewohnt, und Johannes Rothe versetzte seinen Ketzerkaiser in ein Burggemäuer, das den Menschen der umliegenden Dörfer noch nicht durch langjähriges Wüstliegen unheimlich geworden war. Möglicherweise haben auch mythische Relikte um die Gestalt des Wilden Jägers, der vom Kyffhäuser herab seinen Zug nehmen sollte, die Sage von einem im Berge verborgenen Kaiser begünstigt. Auch andere Chronisten bekundeten, daß Kaiser Friedrich in »Doringen« im »slosse Keufhussen« sich aufhielt.

1519 wurde auf Messen und Märkten ein Büchlein angeboten, betitelt »Eine wahrhaftige Historie von dem Kaiser Friedrich, der Erste seines Namens, mit einem langen roten Barte, den die Welschen Barbarossa nannten«. Im Gegensatz zu den gewichtigen und teuren Folianten war dieses Volksbuch leichter zu erwerben und davonzutragen. Uns interessiert dieses Büchlein aber, weil als Sagenheld Friedrich I., der Rotbart, eingesetzt war; diese Umbesetzung war vielleicht veranlaßt worden durch alte Überlieferungen, die den ebenfalls rothaarigen Otto I. im Berge hausen ließen. Die im Text des Buches geschilderten Episoden bezogen sich jedoch auf Friedrich II. So hieß es auch am Schluß: »... und ging zuletzt verloren und niemand weiß, wo er hingekommen ist, noch wo er begraben liegt. Die Bauern und Schwarzkünstler aber sagen, er sei noch am Leben, in einem hohlen Berg verborgen.«

Der Leipziger Magister Johannes Praetorius, der alles, was er an sagenhaften Vorstellungen, Kuriositäten, Zeugnissen des Volksglaubens sammelte und in dickleibige Kompendien und Skripten eintrug, erzählte in seiner »Neuen Weltbeschreibung von allerlei wunderbarlichen Menschen« (1666) auch vom Kaiser Friedrich: »Er selber wandele in Thüringen in einem alten verfallenen Schlosse, Kyfhausen genannt, und rede mit den Leuten, ja er lasse sich auch bisweilen sehen. Weiter wird auch von vielen geglaubt, daß selbiger Kaiser noch vor dem Jüngsten Tage wiederkommen und der Christenheit den vollständigen Frieden wiederbringen werde ...«

Dann fügte der Magister hinzu: »Sonsten habe ich von alten thüringischen Leuten sagen gehört, daß dieser Kaiser Friedrich tief unter der Erde in einem Berge auf der Bank an einem runden Tische sitze und schlafe und einen greulich grauen Bart habe, der ihm bis zur Erde gewachsen sei. In dieser Gestalt will ihn einer getroffen haben.«

Jahre später ließ Praetorius dann Friedrich Barbarossa im Kyffhäuser residieren und mit seinem Hofgesinde tafeln. Möglich, daß dem Magister das Volksbuch in die Hände gekommen war und ihn, der ja nach Volkstümlichkeit trachtete, zu dieser Änderung veranlaßte.

In seiner »Hercynia curiosa« (Curiöser Harzwald) brachte 1703 der Nordhäuser Stadtarzt Behrens die Sage vom Kaiser im Berge, und zwar in Verbindung zu den im Harz umlaufenden Sagen von der Suche nach Schätzen und Gesteinen. Als Wissenschaftler über die im Volke umlaufenden Erzählungen erhaben, stellte Behrens gleich zwei Sagenkaiser und Varianten vor: Friedrich II. und Friedrich Barbarossa, »das ist Roth-Bart«. Der Medicus erinnerte sich vielleicht an den roten Bart, mit dem Praetorius zuletzt den Kaiser ausgestattet hatte. Es war sicherlich beeindruckender und »curiöser«, einen roten Bart als einen grauen durch die Tischplatte wachsen zu lassen.

Behrens trug Überlieferungen vor, hatte dabei aber ganz feste Vorstellungen vom Tode der beiden Staufer: Friedrich Barbarossa war auf einem Kreuzzug umgekommen, und Friedrich II. war in Apulien durch Gift und Ersticken gewaltsam zu Tode gebracht worden. Dieses Gerücht hielt sich über Jahrhunderte, und noch zu Anfang des 18. Jahrhunderts war ihm der Nordhäuser Medicus offensichtlich zugetan, obwohl er die Volkssage mit ihrem vorwissenschaftlichen Weltbild unter die »Curiositäten« einordnete.

Der Austausch der beiden historischen Persönlichkeiten war deshalb relativ leicht zu vollziehen, da beide den Namen Friedrich trugen, beide dem Geschlecht der Staufer angehörten, weil Einzelheiten des historischen Umfeldes in einem langen Überlieferungsprozeß verwischt waren und vor allem, weil der Machtkampf zwischen den Ghibellinen und den Guelfen längst beendet war. Es hatten sich andere politische Gruppierungen gebildet, und das Geschlecht der Staufer war erloschen. So blieben beide Gestalten, der Ritter wie der Kaiser, im Berg verborgen, damit in der Sagentradition bewahrt, wobei gerade die

Gestalt Friedrichs mit chiliastischen Erwartungen verbunden wurde.

Erst in der ersten Hälfte des 19. Jahrhunderts, als die Romantiker, enttäuscht von der politischen Entwicklung, eine markante, fast als Leitfigur zu betrachtende Gestalt aus dem Mittelalter suchten, rückte der auf seinem Höhepunkt kaiserlicher Macht und ritterlichen Glanzes stehende Friedrich Barbarossa endgültig in die Kyffhäusersage ein.

Nach 1871 wurde die so gestaltete Kyffhäusersage popularisiert als Ausdruck der von Bismarck konzipierten Reichseinheit. Dabei hatte ein Großteil der Ruine der alten Burg Kyffhausen einem Kaiser-Wilhelm-Denkmal zu weichen.

Die um den Kyffhäuser gelagerten Volkssagen aber ließen vor allem Hirten den König, der meist nur Friedrich genannt wurde, in seinem unterirdischen Reich aufsuchen. Sie befragten ihn, und sie antworteten ihm auf seine Fragen. Die Hirten gehörten zu den Hintangesetzten, die, solange sie in das mittelalterliche Weltbild gefügt waren, wohl die größten utopischen Hoffnungen auf eine bessere Welt und einen kommenden oder auch wiederkommenden Herrscher setzten.

### *Die große Herde*

Einmal trieb ein Schäfer seine Herde weit hinauf bis an die Mauern der alten Kyffhäuserburg und spielte dabei fröhlich auf seiner Schalmei. Plötzlich stand ein kleines Männlein neben ihm, grüßte und sprach: »Möchtest du wohl den alten Kaiser Friedrich sehen und ihm ein Lied aufspielen?« »Warum nicht«, erwiderte der Schäfer und folgte dem Männlein in einen Felsengang, der sich vor ihnen aufgetan hatte. Nach langer Wanderung kamen sie in eine hohe Halle, wo der Kaiser mit geneigtem Haupt zu schlummern schien. Beherzt ergriff der Schäfer seine Schalmei und blies. Da hob der Kaiser sein Haupt mit dem roten Barte, der durch den Tisch gewachsen war, empor und fragte: »Fliegen die Raben noch um die Burg?« »Sie fliegen noch«, erwiderte der Schäfer. Da seufzte der Kaiser schwer und sagte: »So muß ich wieder hundert Jahre schlafen.«

Der Zwerg führte darauf den Schäfer wieder an das Tageslicht und verschwand, ohne dem Armen eine Belohnung zu geben. Als aber der Schäfer nach seiner Herde sah, erstaunte er. Es weideten da hundert Schafe mehr, die nun sein eigen waren.

Die Vielfalt und Variationsbreite der Sage spiegelt die Tiefenwirkung und die Anziehungskraft des Themas wider. Deutlicher noch als in der Sage um den Tannhäuser wurde bei der Sage vom Kaiser im Berg die Thematik vom vorwiegend politischen Bereich in den sozialen verschoben. Das, was bei der historischen politischen Auseinandersetzung an sozialen Momenten mitschwang, wurde in der Volkssage zentrales Anliegen.

# Wilhelm Tell

*»Wilhelm bin ich der Thelle,*
*von Heldesmuth und blut,*
*mit meinem geschoss und pfeile*
*hab ich die Freyheit gut*
*dem Vatterland erworben,*
*vertriben tyranney,*
*ein vesten bundt geschworen*
*handverker g'sellen drey.«*

Das Lied, »gedruckt im Jahre 1633«, hat ältere Vorgänger. In einer Handschrift von 1501 beginnt das Lied nicht mit den Taten Tells, sondern greift weiter aus – es geht um das Zustandekommen des Bundes der Eidgenossen.

Aber die geschichtliche Betrachtung führt uns noch weiter zurück bis in das 13. Jahrhundert.

Der staufische Kaiser Friedrich II. (1194–1250) lag zeit seines Lebens mit den lombardischen Städten und dem Papsttum in Fehde. An einer raschen Verkehrsverbindung zwischen Deutschland und Italien war ihm darum sehr gelegen. Es ist zwar nicht gewiß, aber durchaus möglich, daß die Paßstraße über den St. Gotthard, die wohl in den ersten beiden Jahrzehnten des 13. Jahrhunderts gebaut wurde, auf Friedrichs Betreiben hin zustande kam.

Dieser Weg nun lag im Urner Land, in dem die Grafen von Habsburg bedeutenden Grundbesitz und die Vogtsherrschaft innehatten. Da Friedrich verständlicherweise den Paß ganz in seiner Hand haben wollte, kaufte sein Sohn Heinrich im Jahre 1231 den Habsburgern die Reichsvogtei über Uri ab und stellte den Urnern einen Freibrief aus, kraft dessen sie von nun an reichsunmittelbar waren und keinen anderen Herrn als den Kaiser über sich hatten. De facto war Uri damit selbständig.

Ein Jahr später starb Landgraf Rudolf von Habsburg. Sein Erbe wurde geteilt: Albrecht, der Ältere, erhielt den Aargau und das Elsaß, der jüngere Sohn, genannt Rudolf der Schweigsame, die Landgrafschaft im Zürichgau und damit auch die Vogteien in Schwyz und Unterwalden.

Als nun Papst Gregor IX. den Bannfluch gegen Kaiser

Friedrich schleuderte, während dieser gegen die oberitalienischen Städte kämpfte, verließen viele Große Friedrich, unter ihnen auch Graf Rudolf von Habsburg, der Schweigsame. Die Schwyzer hingegen, die schon lange mit der Reichsfreiheit, wie sie die Urner besaßen, geliebäugelt hatten, nahmen die Gelegenheit wahr und sandten Kaiser Friedrich etliche Mannschaften. Tatsächlich stellte Friedrich ihnen im Jahre 1240 einen Brief aus, der ihnen die Reichsfreiheit – damit also die Unabhängigkeit vom Hause Habsburg – zusicherte. Friedrich errang einige Erfolge in Italien, Papst Gregor IX. starb und blieb zwei Jahre ohne Nachfolger, so daß Graf Rudolf von Habsburg seinen Frieden mit dem Kaiser machte und ihn 1242 in Capua aufsuchte. Diese Aussöhnung hielt freilich nur bis zum Konzil von 1245 in Lyon an, dorthin war Papst Innozenz IV. vor den Anhängern der kaiserlichen Partei geflohen. Auf diesem Konzil wurde Friedrich II. erneut in den Bann getan und ihm die Kaiserwürde abgesprochen. Das hatte einen allgemeinen Abfall von Friedrich zur Folge, an dem übrigens sowohl Rudolf von Habsburg wie auch die Schwyzer beteiligt gewesen waren. Und ganz offenbar leitete Graf Rudolf aus der Ächtung des Kaisers seine neuerliche Herrschaft über Schwyz her, der die Schwyzer zunächst wohl zugestimmt hatten, denn sie hatten ihm gelobt, weder Friedrich II. noch einem anderen Gegner des Grafen jemals beizustehen. Von langer Dauer freilich war diese Unterwerfung nicht, denn ein Brief des Papstes vom August 1247 an den Propst von Oelenberg im Elsaß beauftragt diesen, gegen die Schwyzer und Unterwaldener (Sarner) mit geistlichen Strafen vorzugehen, falls sie ihren Widerstand gegen Graf Rudolf nicht aufgeben sollten. Doch erst nachdem Friedrich II. im Jahre 1250 gestorben, sein Sohn Konrad 1251 nach Italien gezogen und die Lage für die Schwyzer und Unterwaldener aussichtslos geworden war, schlossen sie mit dem Grafen Gottfried von Habsburg, dem Sohn des 1249 gestorbenen Grafen Rudolf, Frieden.

Die Herrschaft Gottfrieds von Habsburg dürfte wohl recht milde gewesen sein, denn es sind weder Zwistigkeiten noch gar Aufstände aus dieser Zeit vermeldet; dahingegen hatten viele Leibeigene der Habsburger die Möglichkeit, sich freizukaufen, wodurch die Zahl der freien Bauern in Schwyz erheblich zunahm.

Anders aber wurde die Lage für die Bewohner der

Waldstätten, nachdem Rudolf von Habsburg (der Neffe Rudolfs des Schweigsamen aus der elsässischen Linie) teils durch Kauf, teils durch Erbschaft sämtlicher habsburgischen Rechte und Güter in Schwyz und Unterwalden und durch seine 1273 erfolgte Wahl zum König auch die Herrschaft über Uri an sich gebracht hatte. König Rudolf unternahm alles zur Stärkung der Königsmacht und zur Vergrößerung der Hausmacht der Habsburger, vor allem durch den Krieg gegen Ottokar von Böhmen, der das verwaiste Erbe der Babenberger, nämlich Österreich, Steiermark, Kärnten, Krain, in seinen Besitz gebracht hatte. Zwar genügten Rudolf zwei Feldzüge zur Gewinnung dieser Länder, doch standen ihm ja nur die reichsfreien Städte und die verhältnismäßig bescheidenen habsburgischen Kernlande samt den Waldstätten als Geldquellen zur Verfügung, so daß dort die Steuern eine kaum noch erträgliche Höhe erreichten. Als nun Rudolf im Juli 1291 starb, setzten schon im August 1291 Vertreter der Waldstätten den Bundesbrief (das älteste überlieferte Dokument des Zusammenschlusses der Schweizer) auf, in dem sich Uri, Schwyz und Nidwalden verpflichteten, sich gegen jeden äußeren Feind beizustehen, im Inneren Recht und Frieden zu wahren, wobei ausdrücklich festgestellt wurde, daß jedermann seinem Herrn gehorsam sein sollte, daß man niemanden als Ammann oder Richter über sich dulden wolle, der dieses Amt durch Kauf oder Schenkung erhalten habe oder kein Einheimischer sei.

Der Bundesbrief von 1291 war also eindeutig gegen die Habsburger gerichtet. Sie waren der seinerzeit einzige ernsthafte Feind der Eidgenossen, denn sie allein hatten das Recht und die Macht, Vögte und Richter nach Belieben einzusetzen. Dem wollten die Schweizer nunmehr einen Riegel vorschieben. Aus dem Jahre 1291 ist noch ein zweites Dokument bekannt: der Bund zwischen Uri, Schwyz und Zürich. Hier heißt es ausdrücklich, daß alles »in der Gewohnheit wie vor des Königs Zeiten« sein solle, was vor allem die erheblich lastenden Steuern betraf. Es schloß sich diesem Bund übrigens auch die Freie Reichsstadt Bern an. Jedoch wurde Albrecht von Habsburg, Rudolfs Sohn, 1298 zum König gewählt und brachte die Waldstätten wieder unter seine Botmäßigkeit. Als Albrecht 1308 ermordet und Graf Heinrich von Luxemburg sein Nachfolger wurde, bestätigte dieser die Freibriefe der Urner wie auch der Schwyzer und stellte einen solchen auch für Unterwalden aus. Der Luxemburger, der die Habsburger als Mitbewerber auf den Thron fürchtete, tat noch ein übriges, indem er den mit Österreich verfeindeten Grafen Werner von Homburg als Reichsvogt über die Waldstätten einsetzte. Die drei Länder hatten damit ihre Unabhängigkeit erreicht, denn der Reichsvogt war kein Landesherr, sondern lediglich ein Beamter und die Vogtschaft kein erbliches Lehen. Die Habsburger waren somit nur noch private Grundeigentümer an ihren in den Waldstätten gelegenen Gütern.

1313 aber starb König Heinrich VII., und da sich die Kurfürsten nicht auf einen Nachfolger einigen konnten, wurden 1314 zwei Gegenkönige gewählt, nämlich der Bayernherzog Ludwig und Friedrich von Österreich. Selbstverständlich erkannten die Waldstätten nur den Bayernherzog als ihren König an. Der Krieg mit Österreich war damit unvermeidlich und führte 1315 zur Schlacht bei Morgarten, in der das österreichische Heer eine Niederlage erlitt.

Wir wollen nun zunächst die Tellsage im »Weißen Buch« von Sarnen (1470), auf das sich, soweit es Tell betrifft, die späteren Chroniken beziehen, nacherzählen:

»Es fügte sich, daß der Landvogt Geßler nach Uri fuhr, und unter der Linde zu Uri (Altdorf) legte er einen Hut auf den Stecken und erließ ein Gebot: Wer dort vorbeiginge, der sollte sich vor dem Hut verneigen, so als wäre es der Herr, und wer das nicht täte, den wollte er strafen und schwer büßen lassen, und der Knecht sollte darauf acht geben.

Nun war dort ein redlicher Mann, der hieß Tall, der hatte auch zum Stauffacher geschworen und seinem Bund. Der Tall ging nun öfter vor dem Stecken auf und ab und wollte sich vor ihm nicht verneigen. Der Knecht, der bei dem Hute Wache hielt, verklagte ihn bei dem Herrn. Der fuhr zu und schickte nach dem Tall und fragte ihn, warum er dem Gebot nicht gehorsam wäre. Der Tall sprach: ›Es ist ohne böse Absicht geschehen, denn ich habe nicht gewußt, daß es Euer Gnaden so hoch berühren würde, denn wäre ich klug und weise, so hieße ich nicht der Tall.‹

Nun war der Tall ein guter Schütze und hatte auch hübsche Kinder, nach diesen sandte der Herr aus und zwang mit seinen Knechten den Tall, daß der Tall einem seiner

Kinder einen Apfel vom Haupte schießen sollte, denn der Herr legte dem Kind einen Apfel auf das Haupt. Da nahm der Tall einen Pfeil und legte ihn unter den Göller (Mantelkragen), den anderen in die Armbrust, bat Gott, daß er sein Kind behüte und schoß dem Kind den Apfel vom Haupt. Da fragte der Herr ihn, was er mit dem zweiten Pfeil im Sinne hatte. Der Tall antwortete mit einer Ausrede, doch ließ der Herr nicht locker. Der Tall aber hatte Sorge, daß der Herr ihn töten würde. Der merkte seine Besorgnis und sprach: ›Sag mir die Wahrheit, ich will dir das Leben zusichern und dich nicht töten.‹ Da sprach der Tall: ›Weil Ihr mir das Leben zugesichert habt, will ich Euch die Wahrheit sagen: Hätte mein Schuß gefehlt und ich mein Kind erschossen, so würde ich den zweiten Pfeil auf Euch oder einen der Euren geschossen haben.‹ Da sprach der Herr: ›Nun gut, ich habe dir zugesichert, dich nicht töten zu lassen.‹ Und der Herr befahl, den Tall zu binden, und sprach, er wolle ihn an einen Ort bringen, wo er weder Sonne noch Mond je wieder sähe. Und die Knechte legten den gebundenen und gefangenen Tall und seine Armbrust in ein Schiff und fuhren den See hinab bis an den Axen. Da erhob sich ein so gewaltiger Wind, daß der Herr und die anderen fürchteten zu ertrinken. Da sprach einer der Knechte: ›Herr! Ihr seht, wie es gehen will! Seid so gut und bindet den Tallen los, er ist ein starker Mann und kann auch gut fahren.‹ Da sprach der Herr: ›Willst du dein Bestes tun, so will ich dich losbinden, damit du uns allen hilfst.‹ Da sprach der Tall: ›Ja, Herr, gerne.‹ Er trat an das Steuerruder und fuhr dahin und hatte dabei acht auf seine Armbrust, denn er war ungebunden. Und als er an die Tallenplatte kam, da rief er ihnen allen zu, sie sollten nur fest zurudern, kämen sie über die Platte hinaus, so hätten sie das Schlimmste überstanden. Also ruderten sie alle fest, und als er meinte, zu der Platte kommen zu können, drehte er das Schiff, nahm seine Armbrust und sprang vom Schiff auf die Platte und lief über die Berge fort, so schnell er konnte, über Schwyz hin und auf der Schattenseite der Berge entlang bis nach Küßnacht in die Hohle Gasse. Dort war er vor dem Herrn und wartete. Und als der Herr mit den Knechten geritten kam, stand er hinter einem Busch, spannte seine Armbrust und schoß einen Pfeil auf den Herrn, und lief wieder zurück über die Berge nach Uri.«

Wie weit entspricht diese Sage nun der historischen Wirklichkeit? Sind Tell und Geßler, der Apfelschuß und der Hut auf der Stange Fiktionen, oder umschließen sie einen historischen Kern? In der Einleitung des »Weißen Buches« zu Sarnen heißt es: »Das war ein gesler, der ward vogt zu Uri und zu Schwyz.« Ein Habsburger Vogt über Schwyz und vor allem das reichsfreie Uri kommt nur für die Regierungszeit des letzten Rudolf beziehungsweise seines Sohnes Albrecht in Frage. Nun ist in den Bundesbrief von 1291 gewiß nicht zufällig der Passus aufgenommen worden, wonach niemand Amman oder Richter sein soll, der dieses Amt durch Kauf oder Schenkung erlangt habe oder nicht aus den Waldstätten komme. Wir dürfen also annehmen, daß König Rudolf zumindest versucht hat, in Schwyz und Uri eigene Richter einzusetzen. Diese Richter oder Vögte hatten sicherlich kein leichtes Amtieren und mußten ihre Autorität gewiß erst durchsetzen. Und ein Zeichen der richterlichen Autorität war es noch im 14. Jahrhundert, wenn der Richter seinen Stab vor sich in die Erde steckte und seinen Hut daraufsetzte. Dem Verfasser des »Weißen Buches« zu Sarnen war von diesem Brauch und davon, daß unter der Linde zu Altdorf seit jeher Gericht gehalten wurde, ganz offensichtlich nichts mehr bewußt, so daß bei ihm daraus ein reiner Willkürakt wurde. Möglicherweise ist mit dem aufragenden Stab aber auch das überlange Gerichtsschwert gemeint, das den Ort, wo Recht gesprochen wurde, kennzeichnen sollte. Das »Weiße Buch« von Sarnen bringt neben der Tellsage aber auch, locker angefügt, fast unabhängig, die Überlieferung von der Gründung der Eidgenossenschaft durch einen geheimen Bund, den Rütlibund.

Unhaltbar ist der Apfelschuß als historische Tatsache. Er wird zwar in der Chronik des Melchior Russ (um 1482) wie auch in dem alten Tellenlied erzählt, wenn auch ohne die Verquickung mit dem Motiv vom Hut auf der Stange zu Altdorf. Es spricht viel dafür, daß die Tellsage, soweit sie den Apfelschuß betrifft, eine alpenländische Abwandlung der nordischen Tokosage ist. Die Tokosage wurde um 1180 vom dänischen Propst Saxo Grammatikus aufgeschrieben: Toko, bekannt als guter Schütze, wird vom Dänenkönig Harald Blauzahn (940–986) gezwungen, seinem Kind einen Apfel vom Kopf zu schießen, später muß er noch eine sehr gefährliche Schneeschuhfahrt absolvieren und erschießt dann den König. Aber ähnliche Motive wie in der Tell- oder Tokosage finden sich in den Sagen und Mythen vieler Völker, vor allem dort, wo neben Ackerbau und Viehzucht die Jagd eine große Rolle spielt. Das Ziel kann ein Apfel sein oder eine Nuß, eine Schachfigur oder eine Münze.

Jacob Grimm erkannte bereits den mythischen Hintergrund des Apfelschußmotivs. Gleichzeitig besitzt dieses einen symbolischen Wert: Das Äußerste an Treffsicherheit und Kaltblütigkeit wird dem Schützen abverlangt, eine Leistung, die eben möglich und dabei nicht mehr zu übertreffen ist. Es ist insofern also müßig zu erörtern, ob etwa die Alemannen die Tokosage in die Schweizer Berge trugen und sie dort ihre Umgestaltung zur Tellsage erfuhr oder ob die Tellsage ganz unabhängig von der Tokosage oder anderen verwandten Sagen entstand.

Wie aber steht es nun mit Tell selbst und Geßler? Für den Zeitraum von 1273 bis 1291 ist für Uri und Schwyz ein Tell oder Tall nicht nachweisbar, ebensowenig ein Vogt namens Geßler. Für die Rolle des letzteren kämen immerhin Konrad von Tillendorf, der 1291 starb, oder ein Graf von Seedorf oder der Ritter Johannes Geßler von Meienberg, der allerdings erst in der Schlacht von Morgarten 1315 fiel, in Frage.

Beim Tell oder Tall ist nicht einmal sicher, ob dies nun wirklich sein Familienname war. Tall oder Tell bedeutet soviel wie Dummkopf oder Tölpel. Im »Weißen Buch« von Sarnen heißt es ja ausdrücklich: »Wäre ich witzig, so hieße ich anders und nicht der Tall.« Tell oder Tall wäre also ein Beiname, den der Betreffende von Verwandten oder Nachbarn erhalten hatte; sein wirklicher Name mochte ganz anders lauten. Solcherart charakterisierende Beinamen waren ja zu dieser Zeit gang und gäbe, man denke etwa an Rudolf den Schweigsamen, Friedrich mit der leeren Tasche oder Albrecht den Entarteten.

Nicht viel anders steht es vielleicht mit Geßler; dieser Name leitet sich möglicherweise von der Gasse her. Es hat daher einiges für sich, wenn wir annehmen, daß ein habsburgischer Vogt, dessen Name den meisten Schweizern kaum bekannt war, in der Hohlen Gasse ermordet worden war und seinen Namen nun vom Ort des Geschehens her erhielt.

Um die Historizität Wilhelm Tells entstand ein langer, heftiger Streit. Sicher ist Tell keine rein mythische Gestalt, dazu fügt er sich, obwohl nur mit knappen Strichen charakterisiert, doch unverwechselbar in das lokale und historische Kolorit ein. Es mag durchaus auch einen Urner Landmann und Schützen Tell um 1300 gegeben haben, der gegen die Rechtswillkür der Vögte aufbegehrte – wie wohl andere auch. Aber er war nicht der Initiator des Bundes der Eidgenossen und des Aufstandes gegen die Vögte und das Haus Habsburg. Urkunden, die Tells Geschichtlichkeit beglaubigen sollten, erwiesen sich als Fälschungen, und die zahlreichen auf Tell bezogenen Flurnamen, auch die Tellskapellen, ihm zum Andenken errichtet, stammen erst aus dem 16. Jahrhundert. Aber das Leben eines einfachen Landmannes wurde im Mittelalter – und auch noch viel später – gar nicht beurkundet. Eine Conclusio ex silentio, eine Schlußfolgerung aus dem Schweigen der Urkunden, darf also nicht gezogen werden.

Viel interessanter und wichtiger erscheint uns jedoch die Frage, warum gerade dieser – vielleicht in der geschichtlichen Vergangenheit der Schweizer, auf alle Fälle aber in der Sage beheimatete – Schütze Tell zum Nationalhelden geworden ist. Wir erinnern uns, daß neben der ersten literarischen Bezeugung der Tellsage im »Weißen Buch« von Sarnen auch die damit nicht fest verbundene Sage von der Befreiung der Waldstätten durch den Rütlibund steht. Vertreter dieses geheimen Bundes hatten sich auf der von Felsen und Gebüschen umgebenen Wiese am Vierwaldstätter (Urner) See zusammengefunden, um den Aufstand vorzubereiten.

Aber für die große Masse der Eidgenossen, vor allem der bäuerlichen Bevölkerung, bot sich Tell, der Landmann und Schütze, als Identifikationsgestalt an, er konnte dies besser sein als ein Freiherr von Attinghausen oder ein begüterter Bauer wie der Stauffacher, die auch in der Sage ihren Platz fanden. Überdies repräsentierte Tell den Typ des »Richtigen Schweizers« (Max Frisch, Wilhelm Tell in der Schule) mit Redlichkeit, Beharrlichkeit, mit Bindung an Heimat und Familie.

Auch ist die Tellsage mit dem Apfelschuß, der Festnahme Tells, der Flucht, dem Tode des tyrannischen Vogts weit mehr dramatisch und emotional geladen als die anderen vergleichbaren Sagen. Die vom Rütlibund war bereits genannt. Doch da gibt es noch die Sage von den weggeführten Ochsen und der Blendung eines alten Bauern, des Melchthal, die Sage von Stauffacher, dessen steinernes Haus die Mißgunst des Vogtes weckte, die Sage vom Vogt, der im Bade eine Bauersfrau mißbrauchen wollte – ein Motiv, bei dem Anklänge an die Bibel spürbar sind.

Die dem Tellstoff innewohnende Dramatik führte vor 1545 dann dazu, daß »Eyn hübsch spyl gehalten zu Ury in der eyd genoßschafft von dem Wilhelm Thellen ihrem landtmann unnd ersten eydtgenossen« eine dramatische Bearbeitung erfuhr. Es war einfach komponiert, noch ohne Akteinteilung, aber es war der Vorläufer zahlreicher Telldramen.

Das Volksschauspiel, wichtig in der Zeit dominierenden Analphabetentums, festigte die Gestalt Wilhelm Tells als Nationalheld, als Begründer der Eidgenossenschaft und des Kampfes gegen die Herrschaft Habsburgs.

Mit einem Aufstand gegen das Haus Habsburg und die von ihm eingesetzten Vögte war aber das Streben der jungen Eidgenossenschaft nach Unabhängigkeit noch nicht entschieden. Ihre Forderungen mußten immer wieder erfochten werden, so in der Schlacht bei Morgarten, in der selbstverständlich auch der zum Volkshelden bestimmte Tell mitzukämpfen hatte.

1386 hatten sich die Eidgenossen bei Sempach und 1388 bei Näfels gegen ein österreichisches Ritterheer zur Wehr zu setzen. Die Ritterheere der Habsburger waren allerdings an Zahl und Bewaffnung den Schweizern überlegen, doch diese Überlegenheit nützte ihnen nichts im gebirgigen Terrain, das ihnen weitgehend unbekannt war, und auch nichts gegenüber den eidgenössischen Schützen, die jeden Handbreit des Bodens kannten.

Die Schlacht von Sempach (1386) schenkte der Schweizer Sage und Geschichte einen neuen Helden: Arnold Winkelried, der unter Aufopferung des eigenen Lebens eine Gasse in das Ritterheer brach; doch Winkelrieds Opfer und Leistung blieben eben mit der Schlacht von Sempach verbunden und nicht mit der frühen Schweizer Geschichte. Urkunden bezeugen auch, daß ein Winkelried beim Sempach mitgefochten hatte.

In den Jahren 1474–76 hatten sich die Schweizer Karls des Kühnen von Burgund zu erwehren: »... vor Murten liegt Burgund ...«, so heißt es in einem historischen Liede. Und bei Murten erlitt Karl eine Niederlage, und ein Jahr später verlor er bei Nancy Schlacht und Leben.

Diese Kämpfe um Unabhängigkeit und Erweiterung

des Bundes belebten die Tellsage von neuem und verhinderten, daß sie langsam der Vergessenheit anheimfiel. Mutige Verteidiger der Heimat und der Freiheit blieben weiterhin Leitbilder.

Die militärischen Erfolge der Eidgenossen führten dazu, daß ausländische Staaten sich um Schweizer Söldner bemühten; durch das sogenannte Reislaufen kam Geld in das Land, wodurch auch der Handel gefördert wurde. Die Anlage und der Ausbau von Handelsstraßen in dem durch seine geographische Lage verkehrsgünstigen Gebiet (Nord-Süd-Verbindungen über die Pässe) fanden aber auch Gegner. Es kehrten allerdings gediente Söldner wieder zurück, reich an Erfahrungen auf militärischem Gebiet. Die Sage vom Tell, der in der Heimat blieb und sich opferte, bot auch da ein gutes Gegengewicht. Im Verband der Eidgenossen ging der Demokratisierungsprozeß immer weiter voran, in das Heilige Römische Reich deutscher Nation paßte dieses demokratische Staatswesen nicht mehr hinein. Es mußte auf allen Gebieten, keineswegs nur im militärischen Bereich, zu Differenzen kommen, vor allem, da die Kaiser aus dem Hause Habsburg stammten. Schließlich fügte sich Maximilian und verzichtete im Frieden von Basel auf die Steuer-, Kriegs- und Gerichtshoheit über die Schweiz. Das bedeutete die praktische, aber noch nicht die juristische Unabhängigkeit.

Der wirtschaftliche, politische und militärische Aufstieg der kleinen Bergrepublik, die sich im Laufe der Zeit als europäische Macht etabliert hatte, mußte nicht nur das Selbstbewußtsein der Eidgenossen stärken, sondern auch ein wachsendes Nationalbewußtsein formen.

In den Kämpfen war viel Blut geflossen, in den Friedensschlüssen viel Tinte. Zu unterschiedlichen Zeiten und mit unterschiedlicher Motivation waren die Kantone und Städte der Eidgenossenschaft beigetreten. Es war für die Chronisten und ebenso für die Bürger schwer zu sagen, wann denn nun der Bund entstanden war, nach welcher Schlacht, nach welchem Frieden. Auf diese Frage nationalen Selbstverständnisses gab die Tellsage eine Antwort, sie war gültig, wenn das Sagengeschehen als historisches Faktum anerkannt wurde. Überdies hatte die junge Nation an Wilhelm Tell einen Nationalhelden gewonnen. Auf dieser Basis entwarf Ägidius Tschudi, ein angesehener Schweizer Staatsmann (1502–1572), seine Schweizer

Chronik. Dabei stützte sich Tschudi auf sehr heterogene Quellen des 15. Jahrhunderts und dabei auch auf die Chronik des Melchior Russ (um 1482). Diese Chroniken gingen vielleicht auf ältere – nicht mehr nachweisbare und verlorengegangene – Chronistenberichte zurück oder griffen mündliche Überlieferungen auf. Die bei einem Vergleich und einem Ineinanderarbeiten der Berichte sichtbar werdenden Differenzen, vor allem Namen, Motive und Daten betreffend, glich der gewandte Staatsmann aus, um ein seiner Meinung nach historisches Bild von der Befreiung der Waldstätten zu geben. Dabei maß er dem Meisterschützen Tell die tragende Rolle zu, andere Gestalten der Überlieferungen bekamen eher eine Statistenrolle zugewiesen, hatten zusätzliche Motivationen in die Handlung einzufügen.

Die umgearbeitete Schweizer Chronik des Ägidius Tschudi erschien jedoch erst 1734 im Druck. Auf Tschudi fußte weitgehend auch der Schweizer Historiker Johannes von Müller mit seiner »Geschichte schweizerischer Eidgenossenschaft« (1786).

Friedrich Schiller entdeckte die Dramatik des Tellstoffes in diesen Darstellungen, als er historischen Vorwürfen nachspürte. Zuvor hatte Johann Wolfgang von Goethe in der Schweiz die Überlieferung kennengelernt und den Plan gefaßt, daraus ein Epos zu gestalten. Doch dann hatte er dem Freunde den Stoff abgetreten. 1804 erschien Schillers Drama »Wilhelm Tell«, in das neben der Geschichte um den heldenhaften Schützen Tell noch andere Handlungsstränge eingeflochten wurden. So fand die in der Sage aufbewahrte Tradition vom Rütlibund ihren Ausdruck in dem eindrucksvollen »Rütlischwur«:

»Wir wollen sein ein einig Volk von Brüdern,
In keiner Not uns trennen und Gefahr.«

Das Drama festigte die Gestalt Tells als Freiheitshelden weit über die Grenzen der Eidgenossenschaft hinaus, sprengte neben räumlichen auch zeitliche Grenzen, indem es Tells Kampf um nationale Eigenständigkeit aktualisierte.

Aber gerade mit Blick auf Tschudis Bemühungen um eine Geschichte der Schweiz könnte sich die Frage stellen: Warum erhob Tschudi den historisch doch fernen, ja sagenhaften Tell zum Schweizer Nationalhelden?

Gab es nicht im unmittelbaren Vorfeld Tschudis eine geeignetere und greifbare historische Persönlichkeit? Da war doch der Züricher Reformator Ulrich Zwingli, der die reformierte Kirche der Schweiz begründete und sich dem Luthertum gegenüber behauptet hatte. Damit bereitete er auch den Weg für Johannes Calvin und den Calvinismus vor. Aber gerade diese Verdienste konnten ihn nie zum Nationalhelden, zum Helden der Gesamtschweiz machen, obwohl er versuchte, religiöse Zielsetzungen mit politischen zu verbinden. 1522 veröffentlichte Zwingli seine erste reformatorische Schrift und setzte in Zürich nach seinen Vorstellungen die Reformation durch. Aber nicht alle Kantone und Städte schlossen sich der reformatorischen Bewegung an. Es kam zu Auseinandersetzungen und Kriegshändeln innerhalb der Eidgenossenschaft.

An der Spitze der Züricher fiel Zwingli in der Schlacht bei Kappel, und der Haß seiner Gegner war so groß, daß sie sich des Leichnams bemächtigten, ihn auf einen Scheiterhaufen warfen und die Asche in alle Winde zerstreuten. Sie wollten ihn über den Tod hinaus verfolgen.

Gemeinsame innen- und außenpolitische Interessen verhinderten ein Auseinanderbrechen der Eidgenossenschaft, doch ein schweizerischer Nationalheld durfte weder auf katholischem noch auf reformiertem Boden stehen.

Die Tellsage war frei von kirchlichen und religiösen Problemen. Warum aber legten die Schweizer noch im 16. Jahrhundert so großen Wert auf einen National- und Freiheitshelden, warum ist die Befreiung der Eidgenossen auf ein Jahrhunderte zurückliegendes, bereits eine Historie gewordenes Ereignis konzentriert? Als die Eidgenossenschaft im Frieden von Basel faktisch die Souveränität erlangt hatte, gehörte sie dennoch de jure zum Heiligen Römischen Reich deutscher Nation – ein republikanischer Verband inmitten von Territorialfürsten. Das Streben der Schweizer richtete sich also auf die Erlangung der vollen Selbständigkeit. Erst 1648 erreichten sie diese.

Im Jahre 1648 beendete der Westfälische Frieden den Dreißigjährigen Krieg. Die beteiligten Mächte, allen voran die deutschen Territorialfürsten, versuchten ihre Interessen durchzusetzen. Die Eidgenossenschaft war bei den Verhandlungen durch Johann Jakob Wetstein, den Bürgermeister von Basel, vertreten. Er brachte die Anerkennung der vollen Souveränität in die Schweizer Heimat mit. Gleichzeitig mit den Eidgenossen schied auch die Republik der Niederlande aus dem brüchig gewordenen

Heiligen Römischen Reich deutscher Nation aus. Aber am Verhandlungstisch ließen sich keine bewegenden Heldentaten vollbringen. 1648 hatte die Eidgenossenschaft ihre Selbständigkeit erlangt – rund vier Generationen nach Tschudi. Der Streit mit dem Hause Habsburg hatte am Ende des 13. Jahrhunderts begonnen, die Befreiung der Waldstätten in der Sage wird um 1300 datiert. Das Erreichen von Freiheit und Selbständigkeit war also ein langwieriger, oft widersprüchlicher, schwer einsichtiger Prozeß, der sich über dreieinhalb Jahrhunderte hinzog. Und es wurde nicht nur die Waffe gehandhabt, sondern auch der Gänsekiel. Ein so gearteter Prozeß mußte nach Verdichtung, Dramatisierung und Überhöhung verlangen, um im National- und Geschichtsbewußtsein wirken zu können. Die Sage konnte Verdichtung und Poetisierung bieten und dabei das Profil eines Helden zeichnen, mit dem sich alle zu identifizieren wußten.

# Ritter Blaubart

*»Und Gille de Lavals Bart, der rot*
*war, nahm eine*
*dunkle Farbe an.«*
*Aus einer bretonischen Sage*

In der Bretagne mit ihren keltischen Traditionen, die sich noch verstärkten, als im 5. Jahrhundert die Kymrier hinzukamen, die vor den Angeln und Sachsen von der Britischen Insel geflohen waren, bildete sich eine eigenständige, sehr phantasievolle, mitunter auch düstere Folklore heraus. In diesem Umfeld reizte die Ausgestaltung der weitverbreiteten Überlieferung von einem Totenführer, einem todbringenden Dämon, der Unschuldige ermordete. Im 6. Jahrhundert zeichnete der Geschichtsschreiber Père Albert Le Grand eine Sage auf, die sich Heiligenlegenden annäherte: Count Conomor tötete nacheinander alle seine Frauen, wenn sie schwanger waren und er ihrer überdrüssig wurde. Schließlich hielt der mehrfache Witwer um Triphina an, die Tochter des Count Guerech von Vannes, die vom heiligen Gildas erzogen worden war. Der Heilige stimmte der Ehe zu, jedoch nur unter der Bedingung, daß Count Conomor die junge Frau zu ihrem Vater zurückschicken sollte, wenn er ihrer überdrüssig sei. Als sie sich schwanger fühlte und ein verändertes Verhalten ihres Gatten bemerkte, floh sie aus dem Schloß. Aber Conomor verfolgte sie, holte sie ein und schlug ihr den Kopf ab. Der heilige Gildas aber erweckte die Tote wieder zum Leben, und sie gebar einen Sohn, den der Heilige taufte.

Während in dieser Legende die Untat des Conomor vor allem dazu dient, die Wunderkraft des Heiligen hervorzuheben, stehen in einer vermutlich dem 15. Jahrhundert entstammenden bretonischen Sage der Teufel selbst und sein Opfer Gilles de Laval im Mittelpunkt: Müde vom Krieg gegen die Engländer, hatte sich Messire Gilles de Laval in sein Schloß Rais zwischen Elven und Questembert zurückgezogen. All seine Zeit verfloß in Schwelgerei, Festen und Vergnügungen. Eines Abends kam auf dem Wege nach Morlaix ein Ritter, der Comte Odon de Tréméac, Herr von Krevent und anderen Orten, am Schloß vorbei; neben ihm ritt ein schönes junges Mädchen, seine Verlobte Blanche de L'Herminière. Gilles de Rais lud die beiden zur Rast ein und leerte mit ihnen ein Glas Würzwein. Dabei zeigte Gilles de Rais sich so unwiderstehlich und liebenswert, daß der Abend kam, ohne daß man an Aufbruch dachte. Plötzlich bemächtigten sich auf ein Zeichen des Burgherrn hin Bogenschützen des Comte Odon de Tréméac und warfen ihn in einen tiefen Keller; dann sprach Gilles zu dem jungen Mädchen, daß er sie heiraten wolle. Blanche vergoß Ströme von Tränen, derweil man die Kapelle mit tausend Kerzen erhellte, die Glocke fröhlich läutete und alles zur Hochzeit vorbereitet wurde. Blanche wurde zum Altar geführt; sie war bleich wie eine schöne Lilie und zitterte am ganzen Körper. Köstlich gekleidet und mit seinem Bart von schönstem Rot, stellte Monseigneur de Laval sich neben sie: »Rasch, Messire Kaplan, verheiratet uns.« »Ich will den Herrn nicht zum Gemahl!« schrie Blanche de Herminière. – »Ich will aber, daß man uns traut!« »Tut es nicht, Herr Priester«, wiederholte das Mädchen schluchzend. – »Gehorcht, ich befehle es Euch!« Als nun Blanche zu fliehen versuchte, nahm Gilles de Rais sie fest in die Arme. »Ich werde dir«, sagte er, »den schönsten Schmuck geben.« – »Lassen Sie mich!« – »Ich gebe dir meine Schlösser, meine Wälder, meine Felder, meine Wiesen!« – »Lassen Sie mich!« »Mein Leib und meine Seele sei dein!« – »Ich nehme an! Ich nehme an! Hörst du es wohl, Gilles de Rais? Ich nehme an, und von Stund an gehörst du mir.« – Blanche hatte sich augenblicklich in einen azurblauen Teufel verwandelt, der nun neben dem Baron stand. – »Verflucht!« schrie dieser. – »Gilles de Laval«, sagte der Dämon mit finsterem Gelächter, »Gott ist deiner Missetaten überdrüssig; du gehörst jetzt der Hölle, und von diesem Tag an wirst du ihre Livree tragen.« Gleichzeitig machte er ein Zeichen, und Gilles de Lavals Bart, der rot war, nahm eine dunkle Farbe an. Das war nicht alles; der Dämon fuhr fort: »In Zukunft bist du nicht mehr Gilles de Laval, du wirst Blaubart sein, der schrecklichste der Menschen, ein Schreckbild für die kleinen Kinder. Dein Name wird in alle Ewigkeit verflucht und deine Asche nach deinem Tode in alle vier Winde gestreut werden, während deine garstige Seele in die Schlünde der Hölle hinabsteigen muß.« Gilles schrie, daß er bereue. Der Teufel zählte ihm seine vielen Opfer auf, darunter sieben Frauen, deren Leichname in den Grüften des Schlosses lagen. Er fügte hinzu: »Sire Odon de Tréméac, den ich in Gestalt von Blanche de L'Herminière begleitete, reitet in diesem Augenblick auf der Straße von Elven in Begleitung aller Edelmänner aus Redon.« – »Und was wollen sie tun?« – »Den Tod derer rächen, die du getötet hast.« – »Also bin ich verloren?« »Noch nicht, denn deine Stunde hat noch nicht geschlagen.« – »Wer wird die Edelleute aufhalten?« – »Ich, der ich deine Hilfe brauche, mein werter Ritter.« »Du willst das tun?« – »Ja, ich werde das tun, denn lebendig wirst du mir tausendmal besser dienen als tot. Und jetzt auf Wiedersehen, Gilles de Rais; und denke immer daran, daß du mir mit Leib und Seele gehörst.«

Der Teufel hielt sein Wort, indem er das Einschreiten der Edelmänner aus Redon verhinderte; aber von diesem Augenblick an war Gilles nur noch unter dem Namen des Mannes mit dem blauen Bart bekannt.

Der hinterhältige, dämonische Verführer wurde zum Ritter Blaubart. Gleichzeitig wurde er identifiziert mit Sire Gilles de Rais, einem französischen Adligen, Zeitgenossen von Jeanne d'Arc.

Das Märchen vom Ritter Blaubart nahm Charles Perrault 1697 in seine Sammlung »Contes de ma mère l'Oye« (Geschichte meiner Mutter Gans) auf.

In Perraults Märchen hatte sich die Spur des Gilles de Rais verloren, aber in den Dörfern, die in der Nachbarschaft der Burgen und Schlösser lagen, welche ehemals im Besitz von Gilles de Rais waren, hatten sich Erinnerungen an ihn erhalten. So wurden noch im 19. Jahrhundert die Ruinen von Machecoul, Champtocé, La Verriere, Tiffauges, Saint-Etienne-de-Mermorte und Pouzages Blaubartschlösser genannt.

Wer aber war dieser Gilles de Rais? Er war der Mitkämpfer der Jeanne d'Arc, und er war der Mörder vieler unschuldiger Kinder! Woher kam dieser Widerspruch?

Als Gilles de Rais Ende des Jahres 1404 geboren wurde, waren seit Beginn des Hundertjährigen Krieges zwischen England und Frankreich bereits 65 Jahre vergangen. Um »Blaubart« zu verstehen, müssen wir den Auswirkungen dieses Krieges nachgehen. In erster Linie war es in diesem Krieg um fast den gesamten Südwesten Frankreichs gegangen, der durch die Ehe der Eleonore von Poitou mit Henry, Herzog der Normandie – der seit 1154 englischer

König war –, als Mitgift an England gefallen war. Frankreich machte zwar ebenfalls Ansprüche auf Poitou geltend, konnte diese aber nicht durchsetzen und mußte obendrein erhebliche Gebietsverluste im Süden und Südwesten des Landes hinnehmen.

Ein zweiter Streitfall war die Grafschaft Flandern. Nominell gehörte Flandern zwar zum Heiligen Römischen Reich deutscher Nation, doch war dies nur mehr ein rein formaler Sachverhalt. Politisch war Flandern zerrissen: Die Städte neigten schon wegen des bedeutenden Handels zu England hin, der Adel dagegen zu Frankreich. Noch mehr verschärfte sich dieser Gegensatz, als die Bürger von Brügge und Ypern den Grafen Ludwig von Flandern vertrieben hatten und der französische König Philipp VI. von Valois mit einem Ritterheer gegen diese Städte zog und sie unterwarf. Einer französischen Besetzung Flanderns aber konnte England, das wegen des Wollhandels an der Unabhängigkeit der Grafschaft interessiert war, nicht tatenlos zusehen.

1339 brach der Krieg dann offen aus, schleppte sich zunächst über Jahre hin, ohne der einen oder anderen Seite einen wesentlichen Vorteil zu bringen, bis 1346 ein französisches Heer von insgesamt 60000 Mann, davon 8000 schwergepanzerte Ritter, bei Crécy an der Somme ein viel kleineres englisches Heer stellte – und eine katastrophale Niederlage erlitt. Das gleiche Schicksal widerfuhr 10 Jahre später einem zweiten französischen Ritterheer, als sich 1356 bei Maupertuis die englischen Bogenschützen und Fußsoldaten der schwergepanzerten Reiterei weit überlegen zeigten. Die Zeit der Ritterheere war damit endgültig vorüber.

1415 – Gilles de Rais lebte bereits – mußte erneut ein französisches Ritterheer eine Niederlage hinnehmen: Am 25. Oktober wurde bei Azincourt (auf halbem Wege zwischen der Somme und Calais) das insgesamt 50000 Mann zählende französische Heer von nur 10000 Engländern, wiederum einem Großteil Bogenschützen, besiegt. Die Flucht war den schwergepanzerten französischen Rittern kaum möglich, und so wurde, wer sich nicht rechtzeitig ergab, niedergemetzelt. Freilich zogen die Herren die Gefangennahme und den späteren Loskauf durch Lösegeld dem Tode vor. Diese Niederlage war um so verhängnisvoller, als die Ritterschaft das Angebot der Bürger, sie gegen den Feind zu unterstützen, hochmütig zurückgewiesen hatte, die eben noch verachteten Krämer aber letzten Endes das Lösegeld für die hohen Herren zahlen mußten. Nun brach auch der bis dahin versteckte und wegen des Feldzuges der Engländer kurzfristig ruhende Bürgerkrieg offen aus. Auf der einen Seite standen der Herzog von Burgund und die Städte des Nordens, auf der anderen der Herzog von Orléans und die Ritterschaft. Henry V. von England nutzte diese Situation aus und eroberte die Normandie samt ihrer Hauptstadt Rouen. Der Herzog von Burgund ging nun offen zu England über und erkannte Englands Anspruch auf den französischen Thron an, denn Henry V. hatte 1420 die Tochter des französischen Königs Charles VI. geheiratet und sollte nach dessen Tod den französischen Thron besteigen. So schien Frankreichs Lage hoffnungslos: Sein Heer war geschlagen, das Land im Bürgerkrieg zerstritten, König Charles VI. zudem wahnsinnig, der Dauphin (der Kronprinz) schwach und ohnmächtig, und so würde wohl bald ganz Frankreich dem Hause Lancaster, dem englischen Königshaus, anheimfallen.

Doch schon 1422 starb Henry V. im Alter von nur 35 Jahren; ihm folgte noch im gleichen Jahr Charles VI. von Frankreich. Thronerbe Englands wie auch Frankreichs war damit nominell Henry VI., das nur wenige Monate alte Kind aus der Ehe Henry's V. mit Katharina, der Tochter Charles' VI. Doch die überwiegende Mehrheit des französischen Volkes mochte davon nichts wissen, war doch des jungen Königs Vater ein Engländer und seine Mutter Katharina nach französischer Auffassung nicht erbberechtigt. (In Frankreich hatten – im Gegensatz zu England – nur männliche Nachkommen ein Anrecht auf den Thron, somit also weder Katharina noch ihr Sohn.) So wurde denn auch bald der Sohn Charles' VI., der bisherige Dauphin, von seinen Anhängern zum König gekrönt. Charles VII. hatte zwar Mittel- und Südfrankreich hinter sich, gegen sich aber die Städte des Nordens, zu denen auch Paris gehörte. Kleine, vereinzelte militärische Erfolge der Franzosen vermochten jedoch das weitere Vordringen der Engländer und ihrer Verbündeten nicht aufzuhalten. Charles VII. schien dem resignierend zuzusehen, tatenlos hielt er Hof in Bourges; weiter reichte sein Einfluß freilich nicht. Doch von dort, so sah es aus, würde er ebenfalls bald weichen müssen, denn der Herzog von Bedford begann im Herbst 1428 Orléans zu belagern; fiele Orléans, so wäre der Weg nach Süden für die Engländer frei gewesen und ganz Frankreich ihrem Zugriff preisgegeben. So schien es auch zu kommen, denn trotz tapferen Widerstandes sahen sich die Bürger von Orléans, deren Lebensmittelvorräte sich dem Ende zuneigten, genötigt, mit den Engländern zu verhandeln. Die Verhandlungen blieben jedoch erfolglos, und es war absehbar, daß die Stadt sich des bitteren Hungers wegen würde ergeben müssen.

Gerade zu diesem Zeitpunkt aber, im Frühjahr 1429, erschien die junge Jeanne d'Arc in Chinon (wo Charles VII. nunmehr Hof hielt), fand ihn, den sie noch nie gesehen hatte und der sich in einfacher Kleidung inmitten seines Hofstaates versteckt hatte, sofort heraus, und es gelang Jeanne d'Arc, den König aus seiner Lethargie zu reißen und Truppen von ihm zu erhalten, um dem bedrohten Orléans zu Hilfe zu eilen.

Jeanne d'Arc wurde am 6. Januar 1412 in Domremy/Lothringen als Tochter unfreier Bauern geboren. Als Jeanne 15 Jahre alt war, hatte sie die Vision, der Erzengel Michael fordere sie auf, Charles VII. beizustehen und Frankreich zu retten. Die eigene Familie hatte für das phantasievolle Mädchen nur Hohn und Spott übrig, nicht so aber das Volk in Lothringen, das mittlerweile auch vom Kriege heimgesucht worden war; auch klammerten sich viele als letzte Hoffnung an angeblich alte Weissagungen, die die Rettung Frankreichs durch eine Jungfrau prophezeiten. So ist es vor allem dem Druck der öffentlichen Meinung zuzuschreiben, daß der Ritter Baudricourt im Frühjahr 1429 Jeanne nach Chinon geleiten ließ.

Einer der Anführer der Truppen, mit denen Jeanne d'Arc dann auch tatsächlich Orléans befreite, war Gilles de Rais, damals 24 Jahre alt. Diesem Gilles de Rais gebrach es zwar an Erfahrung, doch glich er diesen Mangel durch seine Tapferkeit und Unerschrockenheit aus. Allzuoft freilich sollte der Ritter de Rais seinen Mut an der Seite der Jeanne d'Arc nicht beweisen können. Denn daß das Volk Jeanne d'Arc als Retterin Frankreichs begrüßte, rief beim Hof großes Mißtrauen gegenüber dem einfachen Bauernmädchen hervor. Schon bald mangelte es ihr an der notwendigen militärischen Unterstützung. Mit einem viel zu kleinen Heer gelang es ihr zwar, sich im Frühjahr 1430 zu der von den Engländern belagerten Stadt Compiègne durchzuschlagen, doch wurde sie von den Engländern gefangengenommen, als die Besatzung nach einem mißglückten Ausfall viel zu früh die Tore schloß. Hocherfreut, ihre Hauptfeindin gefangen zu haben, ließen die Engländer ihr von französischen Geistlichen den Prozeß wegen Hexerei machen, und am 30. Mai 1431 wurde Jeanne d'Arc in Rouen verbrannt.

Auf die Dauer half das den Engländern jedoch wenig, die Siege der Jeanne d'Arc zeitigten ihre moralische Wirkung: Nach und nach mußten die Engländer zurückweichen. Burgund wandte sich von ihnen ab, bald darauf auch Paris, und 1454 war – bis auf Calais – ganz Frankreich befreit.

Nun jedoch zurück zu Gilles de Rais. Er wurde Ende des Jahres 1404 in der Festung Champtocé geboren. Bis zum Tode seiner Eltern im Jahre 1415 lag Gilles' Erziehung in den Händen zweier Patres, die ihn – damals selbst für einen jungen Baron keine Selbstverständlichkeit – unter anderem auch Latein lesen und schreiben lehrten. Entgegen dem letzten Willen des Vaters übernahm dann Gilles' Großvater, Jean de Craon, die Erziehung des Knaben. Sie bestand darin, daß dieser sich selbst überlassen blieb. Jean de Craon war geizig, habsüchtig und wenig wählerisch in seinen Methoden, wenn er einen Vorteil witterte. Fühlte er sich als der Stärkere, so ging er über jedes Gesetz hinweg. So ließ er eine junge Verwandte entführen und einsperren; er drohte sogar, sie wie eine Katze in der Loire zu ersäufen. Doch beging Jean de Craon diese Grausamkeiten nicht – wie später Gilles – um ihrer selbst willen, sondern es handelte sich in diesem Fall schlichtweg um Erpressung.

Das schlechte Vorbild des Großvaters blieb nicht ohne Wirkung. 1427 konnte der dreiundzwanzigjährige Gilles zum ersten Mal sein Draufgängertum unter Beweis stellen: Yolande d'Aragon, die Schwiegermutter Charles' VII., sah das Herzogtum Anjou von den Engländern bedroht. Sie machte Jean de Craon zu ihrem Generalstatthalter im Anjou. De Craon wiederum stellte seinen Enkel Gilles an die Spitze des kleinen Heeres, welches die Engländer aufhalten sollte. Am 19. Juni 1427 besiegte Gilles tatsächlich mit seiner Truppe die Engländer bei Le Mans und nahm ihnen einige Festungen ab. Gilles' außergewöhnliche Tapferkeit und sein Draufgängertum trugen zum großen Teil zum Sieg der Franzosen bei. Ein Vetter von Gilles, George de La Trémoille, war zu dieser Zeit Großkämmerer und bevorzugter Günstling Charles' VII., und er erkannte Gilles' militärische Brauchbarkeit wie auch dessen Unvermögen zu Intrigen und Berechnungen. So erschien ihm Gilles als das geeignete, ungefährliche Werkzeug zur Vergrößerung der eigenen Macht.

So also kam es, daß der Vierundzwanzigjährige gemeinsam mit Jeanne d'Arc die Engländer vor Orléans schlug. Aber sosehr Gilles auch im Kampf mitzureißen vermochte, so furchterregend und darum höchst brauchbar sein Furor war, das Haupt der Befreiungsbewegung war und blieb Jeanne d'Arc: Sie war es, die das Volk verehrte und der es folgte, vor allem nachdem am 17. Juli des Jahres 1429 Charles VII. in Reims zum König gekrönt worden war. Am gleichen Tag wurde Gilles Marschall von Frankreich. Doch gerade das Ansehen, das Jeanne d'Arc genoß, war dem Hof und damit auch de La Trémoille zuwider. Der Hof hintertrieb ihre Aktionen und verurteilte sie zur Untätigkeit, die sie auf die Dauer freilich nicht auszuhalten vermochte. Im Frühjahr 1430 wurde sie dann – wie bereits erwähnt – vor den Toren der Stadt Compiègne von den Engländern gefangengenommen. Gilles de Rais war bei diesem Unternehmen nicht an ihrer Seite. Es ist schwer vorstellbar, daß zwischen Gilles de Rais und Jeanne d'Arc tiefere Bindungen bestanden; sie mögen einer im anderen lediglich den unerschrockenen Kämpfer geschätzt haben, mehr aber auch nicht. Einen Handstreich zur Befreiung der Jeanne d'Arc hatte de Rais nie unternommen, obgleich eine solche Aktion durchaus seinem Naturell entsprochen hätte. Auch nach der Verbrennung von Jeanne d'Arc kämpfte Gilles erfolgreich gegen die Engländer, zuletzt am 10. August 1432 bei Lagny. 1434 fiel de La Trémoille in Ungnade und wurde vom Hof Charles' VII. verbannt. Damit war es auch um den Aufstieg von Gilles de Rais geschehen. Der nunmehr zur Untätigkeit verurteilte Gilles begann sein Vermögen zu verschleudern, das nach dem Tod des Großvaters Jean de Craon gegen Ende des Jahres 1432 nochmals eine beträchtliche Aufstockung erfahren hatte. Zu jener Zeit hatte er aber auch schon eine verhängnisvolle Veranlagung begonnen auszuleben: Er lockte Kinder aus der Umgebung seiner Schlösser zu sich, um sie zu Tode zu bringen und sich an ihren Qualen zu ergötzen. Fast immer mißbrauchte er die sterbenden Körper sexuell, danach trank und weinte er hemmungslos. Die Leichen der Geschändeten wurden im

Kamin verbrannt oder in den Gewölben der Schlösser versteckt. Ganz offensichtlich war Gilles de Rais ein Triebtäter, ein maßloser und kranker Mann.

Allerdings war Gilles auch kein einfach zu begreifender Schlagetot, sondern anders als viele seiner Standesgenossen auch geistig interessiert. So liebte und schätzte er den jungen Italiener Prelati, weil er sich mit ihm lateinisch unterhalten konnte und dieser viele Verse auswendig vorzutragen wußte.

Die Verbrechen wurden geheimgehalten, nur ein paar Diener – rohe, plumpe Gesellen – waren eingeweiht. Diese Diener führten ihm auch immer neue Opfer zu. In den acht Jahren von 1432 bis 1440 waren es 140 Kinder! Die Diener, zu denen sich später noch ein junger Italiener gesellte, waren so ziemlich sein einziger Umgang, denn ihm war ungefähr vom Jahre 1435 ab fast nichts mehr von seinem einstmals riesigen Besitz geblieben. Gilles führte schon als Zwanzigjähriger, da er sein Erbe selbst zu verwalten begann, ein überaus aufwendiges Leben. Er hatte Freude an seinen besonders herausgeputzten Truppen und wurde ständig von einer 20 bis 25 Köpfe zählenden Gruppe von Kirchensängern nebst Bediensteten und Pferden begleitet; nach Laune und Gutdünken machte er kleine oder große Geschenke und liebte prunkvolle Theateraufführungen. 1434 mußte er fast seine gesamten Besitzungen im Anjou und im Poitou verkaufen. Seine entsetzten Verwandten erbaten vom König erfolgreich ein Interdikt, nach dem Gilles nicht mehr das Recht hatte, seinen Besitz zu veräußern. Leichtgläubig und abergläubisch wie er war, ließ Gilles sich von angeblichen Zauberern, von Alchimisten und Teufelsbeschwörern ein um das andere Mal prellen.

Derartige Beschwörungen und Zaubereien wurden zwar von der Kirche als Häresie verfolgt, mußten also im geheimen stattfinden. Doch selbst wenn davon Gerüchte der Geistlichkeit zu Ohren gekommen wären – gegen Sire de Rais, einen Angehörigen des hohen Adels, der mit dem Herzog der Bretagne befreundet war, hätte so schnell kein Verfahren eröffnet werden können. Noch weniger konnte ihn etwaiges Gemunkel über verschwundene Kinder treffen, waren es doch Kinder von Armen, von Bauern, Dienstboten und kleinen Handwerkern.

Aber 1440 vergaß sich Sire de Rais. Er hatte, unbekümmert um das Interdikt des Königs, unter anderem auch die Schloßherrschaft Saint-Etienne-de-Mermorte verkauft, und zwar an den Schatzmeister des Herzogs der Bretagne. Offenbar reute Gilles dieser Verkauf, denn er überfiel mit sechzig Bewaffneten den Bruder des Schatzmeisters, den Geistlichen Jean Le Ferron, der mit der Beaufsichtigung des Schlosses beauftragt war. Hatte Gilles nicht begriffen, daß er damit seinen letzten Gönner, den Herzog der Bretagne, vor den Kopf gestoßen hatte? Denn der Schatzmeister hatte das Schloß, genauer die Festung, im Auftrag seines Herrn gekauft. Zudem hatte de Rais noch den Bischof von Nantes gegen sich aufgebracht, denn einen Priester während des Hochamtes in der Kirche zu überfallen, das war schlicht und einfach Ketzerei. Am 15. September 1440 wurde Gilles verhaftet, ein paar Tage später begann der Prozeß vor einem geistlichen Gericht, das der Bischof von Nantes leitete. Am 25. Oktober 1440 wurde Gilles der Häresie und des Mordes für schuldig befunden und einen Tag später gehängt, sein Leichnam sodann den Flammen übergeben, bevor er aber gänzlich verbrannte, wieder aus dem Feuer gezogen. Seine ruchlosen Diener dagegen ließ man vollständig verbrennen. Ungeachtet des schmählichen Endes wurde der Sarg in einer feierlichen Prozession und unter der Anteilnahme der Damen vom Adel in die Karmeliterkirche zu Nantes überführt und dort bestattet.

Der Ruhm des Gilles de Rais gründete sich nicht auf sein Mitstreiten an der Seite der Jeanne d'Arc, sondern auf seine Verbrechen. Im Verlauf der Jahrzehnte und Jahrhunderte verschmolz nun die Figur des Frauenmörders der alten bretonischen Sagen und Legenden mit der des Kindermörders Gilles de Rais zum Ritter Blaubart, wie ihn Perrault im Märchen vorstellt. In einem sicher komplizierten Prozeß wurden Schauermärchen wirksam, die sich an den englischen König Heinrich VIII. hefteten.

Dieser hatte sechs Frauen geehelicht, von denen er zwei enthaupten ließ. Die Fama erhöhte später noch die Zahl der Hingerichteten. Die grausige Kunde kam auch über den Kanal nach Frankreich, wo sie sich mit den Erinnerungen an die Schreckenstaten des Gilles de Rais vermengte und diese aktualisierte.

Maßgebend für die weitere Überlieferung wurde die Version von Perrault, und diese französische Überlieferung war so dominierend, daß der Blaubartstoff in erster

Linie von französischen Künstlern gestaltet wurde. Das wurde sichtbar in André Erneste Modeste Grétrys Oper »Blaubart«, die in charakteristischer Parallele zum Zeitgeschehen 1789 aufgeführt wurde, und reichte bis zu Jacques Offenbachs Operette »Ritter Blaubart« (1866). Eine Ausnahme bildete Béla Bartoks »Herzog Blaubarts Burg« (1911). Der Ahnherr des Blaubart trat dagegen in das Dunkel der Geschichte zurück, die Verbindung zwischen Gilles de Rais und Blaubart war abgerissen. Gilles de Rais führte ein literarisches Eigenleben. Er wurde beispielsweise von Michel Tournier in der 1983 erschienenen Novelle »Gilles et Jeanne« dargestellt.

# Doktor Faust

*»HISTORIA Von D. Johann Fausten*
*dem weitbeschreyten Zauberer und Schwartzkünstler*
*Wie er sich gegen den Teuffel auff eine benandte zeit*
*verschrieben*
*Was er hierzwischen für seltsame Abentheuwer gesehen*
*selbs angerichtet und getrieben*
*biß er endtlich seinen wol verdienten Lohn empfangen.*
*Mehrertheils auß' seinen eygenen hinterlassenen*
*allen hochtragenden [Schrifften*
*fürwitzigen und Gottlosen Menschen zum schreck-*
*abscheuwlichen Exempel [lichen Beyspiel*
*und treuwhertziger Warnung zusammen gezogen*
*und in den Druck verfertigt.«*

Der Drucker des Volksbuches war Johann Spieß, der es Anno 1587 in Frankfurt am Main herausgab. Der Autor selbst blieb unbekannt; zu seiner Person gibt es bis heute nur Vermutungen. Möglicherweise stammte er aus Speyer. Der Text läßt ebenfalls einen Niederschlag oberrheinischer Mundart erkennen. Hat der »Weitbeschreyte Zauberer und Schwartzkünstler« gelebt?

Das Volksbuch, das einen Teil der umlaufenden Sagen und schriftlichen Überlieferungen in einer Art Biographie zusammenfaßt – von Geburt, Studien, Wirken, Abenteuern bis zum »grewlichen und erschrecklichen Ende« reichend – kann leider kaum glaubhafte Fakten erschließen. Der Handlungsspielraum des Volksbuch-Faust liegt vor allem in und um Wittenberg. Tatsächlich hat Georg Faust sich dort aufgehalten, jedoch nur für kurze Zeit, denn den Wittenberger Reformatoren und Professoren war er ein unliebsamer Gast. Verständlich ist es deshalb wohl, daß Philipp Melanchthon in Geringschätzung des herumziehenden »Doctors« seinen Vornamen verwechselte. So wurde Georg Faust zu Johann Faust. Dieser Georg Faust wurde um 1480 in Knittlingen im Württembergischen geboren. Der Ort, auch heute noch ein kleines Ackerstädtchen, wird im Ausgang des 15. Jahrhunderts ausgesprochen dörflichen Charakter gehabt haben. Wenn das Spießsche Volksbuch vermerkt, daß Faust »eines Bawren Sohn gewest«, dürfen wir in diesem einen Punkt wohl zustimmen. Ob er später studiert hat – genannt werden in verschiedenen Überlieferungen Heidelberg, Krakau und Ingolstadt –, ist nicht mit Sicherheit erwiesen. Faust selbst setzte sich gern in Beziehung zur Heidelberger Universität, bewiesen ist jedoch nichts, und nirgends findet sich in den Universitätsakten ein Beleg dafür, daß Georg Faust den Doktorhut erwarb. Den setzte er sich wohl selbst auf. Damit schied »Faustus« aber bereits aus der Gruppe bestallter und honoriger Schulmediziner aus.

Es blieb ihm nichts anderes übrig, als durch die Lande zu reisen, das eigene Können und die selbstgefertigten Tränke und Tinkturen anzupreisen, wie es auch andere taten, die sich in der Praxis oder an Universitäten einige medizinische Kenntnisse erworben hatten. Er mußte seine Künste und Fertigkeiten regelrecht zur Schau stellen, denn die Konkurrenz war groß. Viele versuchten, durch Zahnziehen, Steineschneiden und andere Eingriffe ihr Leben zu fristen. Einige waren wohl auch von dem Drang beseelt, in unerforschte Bereiche vorzudringen.

Die Schulmedizin hatte sich unter der Herrschaft der Scholastik an den Universitäten auf das Gebiet der »inneren Medizin« beschränkt, operative Eingriffe wurden Handwerkerchirurgen, Badern, Barbieren, aber auch Quacksalbern überlassen. Die Beschäftigung mit naturwissenschaftlichen Problemen, als solche oft noch gar nicht erkannt, war der Kirche verdächtig. Sie konnte leicht als Ketzerei abgestempelt werden, falls das auf die wortwörtliche Auslegung der Bibel und das kirchliche Dogma gegründete Weltbild in Zweifel gezogen wurde.

In vielen Fällen gelangten die in einem unbekannten und nicht eingegrenzten Feld Suchenden zu Beobachtungen von Erscheinungen und Kräften der Natur, ohne jedoch die Naturgesetze, die hinter diesen Phänomenen standen, zu erkennen und zu bestimmen. Dennoch häufte sich so Erfahrungswissen an. Von der Mehrzahl der Bevölkerung und erst recht von höfischen, adligen und klerikalen Kreisen wurden diese empirischen Erkenntnisse aber als Einstieg in die Magie betrachtet, und die Magie wurde als »schwarze Magie«, als Schadenzauber, begriffen. Diese Magier mußten nach dem Urteil der Scholastik Teufelsbündner sein und als männliche Pendants der Hexen mit dem Teufel paktieren, das heißt, ihm ihre Seele verschrieben haben. Zu den Wissenschaftlern, die in der Zeit der Renaissance und des Humanismus lebten, gehörte auch Cornelius Heinrich Agrippa von Nettesheim (1486–1535). In dieser frühen Phase der Naturwissenschaft bewegte er sich noch zwischen Philosophie, Medizin, Alchemie und Astrologie, eignete sich aber bei seinen Forschungen einen kritischen Blick an.

Als er deshalb an den weitverbreiteten und kirchlicherseits geschürten Hexenwahn rührte und sogar eine der Hexerei beschuldigte Frau verteidigte, zog er die Unbill der Dominikaner auf sich, denen die Inquisition übertragen worden war. Obwohl von der Inquisition verfolgt, wurde Agrippa dennoch an Fürstenhöfe gebeten, so an die Höfe Kaiser Maximilians, Karls V., König Franz' I. von Frankreich, Heinrichs VIII. von England und der Margarete von Österreich. Agrippa behielt seine Stellungen, sei es als Hauptmann im Heere Maximilians oder als Leibarzt, jedoch nie für längere Zeit. Immer wieder wurde er zum Weiterziehen oder gar zur Flucht genötigt. Seine Gegner sahen ihn sogar in Begleitung eines Höllenhundes durch die Lande ziehen. Bekanntgemacht hatte Agrippa sich vor allem durch seine Schriften, und er versuchte zumindest, diejenigen Probleme aufzugreifen, die eine Loslösung vom mittelalterlichen Weltbild mit sich brachten. Er leitete damit eine Entwicklung ein, die dann von Kepler, Kopernikus und Galilei fortgesetzt wurde. Diese historische Bedeutung Agrippas hatte Georg Faust nicht erlangt. Er war kein Philosoph, kein Theoretiker, er hatte keine Schriften hinterlassen. Aber er verstand es wohl, sich bei den breiten Volksschichten populär zu machen. Er suchte Märkte auf, besuchte aber auch Universitätsstädte. Den ersten urkundlichen Beleg über Georg Faust finden wir in einem Brief des Abtes Trithemius von Sponheim. Der Abt muß Faust begegnet sein, ihn und sein Auftreten aber mißbilligt haben.

So schrieb er in mönchischem Eifer am 20. August 1507 an den Mathematiker Johann Wirdung: »Jener Mensch, über welchen du mir schreibst, Georg Sabellicus, welcher sich den Fürsten der Nekromanten zu nennen wagte, ist ein Landstreicher, ein leerer Schwätzer und betrügerischer Strolch, würdig, ausgepeitscht zu werden, damit er nicht ferner mehr öffentlich verabscheuungswürdige und der heiligen Kirche feindliche Dinge zu lehren wage. Denn was sind die Titel, welche er sich anmaßt, anders als Anzeichen des dümmsten und unsinnigsten Geistes, welcher zeigt, daß er ein Narr und kein Philosoph ist. So machte er sich folgenden ihm konvenierenden Titel zurecht: Magister Georg Sabellicus, Faust der Jüngere, Quellbrunnen der Nekromanten, Astrolog, Zweiter der Magier, Chiromant, Aeromant, Pyromant, Zweiter in der Hydromantie... Aber mir ist seine Nichtswürdigkeit nicht unbekannt. Als ich im vorigen Jahre aus der Mark Brandenburg zurückkehrte, traf ich diesen Menschen in der Nähe der Stadt Gelnhausen an, wo selbst man mir in der Herberge viele von ihm mit großer Frechheit ausgetragene Nichtsnutzigkeiten erzählte. Als er von meiner Anwesenheit hörte, floh er alsbald aus der Herberge und konnte von niemand überredet werden, sich mir vorzustellen. ... In den Fasten dieses Jahres kam er nach Kreuznach, wo er sich in gleicher großsprecherischer Weise ganz gewaltiger Dinge rühmte und sagte, daß er in der Alchemie von Allen, die je gewesen, der Vollkommenste sei und wisse und könne, was nur die Leute wünschten. Während dieser Zeit war die Schulmeisterstelle in gedachter Stadt unbesetzt, welche ihm auf Verwendung von Franz von Sickingen, dem Amtsmann deines Fürsten, einem nach mystischen Dingen überaus gierigen Manne, übertragen wurde. Aber bald darauf begann er mit Knaben die schändlichste Unzucht zu treiben und entfloh, als die Sache ans Licht kam, der ihm drohenden Strafe. Das ist es, was mir nach dem sichersten Zeugnis von jenem Menschen feststeht, dessen Ankunft du mit so großem Verlangen erwartest.« (Übertragung aus dem Lateinischen, nach: Kiesewetter, Faust in der Geschichte und Tradition, Leipzig 1893.)

Trithemius verwendete in seinem Schreiben den richtigen Namen: Georg Faustus, die Bezeichnung Sabellicus ist ungeklärt, vielleicht ein – sicherlich – rühmender Beiname. Aber der Brief weist uns auf wesentliche Punkte in Fausts Charakter und Wirken hin, ohne daß wir uns dabei dem verdammenden Urteil des Trithemius anschließen wollen. Er hatte als Abt des Benediktinerklosters Spanheim (Sponheim) und als Wissenschaftler, der sich sowohl mit kirchengeschichtlichen Fragen wie auch mit rätselhaften, oft als magisch bezeichneten Erscheinungen befaßte, ein starkes Interesse, sich von diesem ihm verdächtigen und unbequemen Wander- und Wunderarzt zu distanzieren. Möglicherweise entstammt die Bezichtigung, Faust hätte mit den ihm anvertrauten Knaben schändliche Unzucht getrieben, lediglich einer so motivierten zornigen Aufwallung. Auf alle Fälle bekundet der Brief, daß Faust eine verhältnismäßig bekannte Persönlichkeit war, und zwar nicht nur unter allerlei Volk in Herbergen, wo offensichtlich seine »Nichtsnutzigkeiten« Gehör und Zustimmung fanden, sondern auch in Kreisen von Wissenschaftlern, wie es der Adressat des Briefes bezeugt. Dieser war ein seriöser Mathematiker, der allerdings in seiner »Practica Teutsch« zahlreiche Katastrophen wie beispielsweise eine Sintflut vorhersagte, die niemals eintraten.

Zum andern erfahren wir, daß Faust keiner der Wohlbestallten war, sondern darauf angewiesen blieb, seinen Lebensunterhalt auf jede ihm mögliche Weise zu verdienen – auch als Schulmeister. Mit seinem Umherziehen und seinen »Nichtsnutzigkeiten« erinnert er uns hier an Till Eulenspiegel mit seinen Streichen.

Nicht nur Trithemius als Benediktinerabt empfand den Faust offensichtlich als ketzerisch und kirchenfeindlich. Auch die Wittenberger Reformatoren, vor allem der Kreis um Philipp Melanchthon, teilte dieses Urteil, welches doch wohl ein Vorurteil war. Für beide sonst kontroversen Parteien, Katholiken wie Lutheraner, war Faust der nicht ernst zu nehmende marktschreierische Landfahrer. Allzu schwer wogen diese Vorwürfe jedoch wohl nicht, denn der Bamberger Bischof Georg III. ließ sich am 12. Februar 1520 von Faust ein Horoskop stellen, für das dem Doktor und Philosophen ein Honorar von 10 Gulden nach »Hansen Müllers Cammermeystern Jarrechnung« gezahlt wurde. Wertschätzung und Verurteilung wechselten weiterhin in Fausts Leben ab. Häufig wurde er aus Städten gewiesen oder war zur Flucht genötigt, ohne daß wir aus Ratsprotokollen dafür den Grund erfahren.

Mehrfach, zuerst wohl 1513, weilte Faust in Erfurt. Dort bildete sich ein Sagenkomplex heraus, der geschlossen in die Faustüberlieferung einging. 1520 wurde Faust jedoch auf Betreiben eines Barfüßermönches aus Erfurt ausgewiesen. In einer späteren Ausgabe des Volksbuches von 1587, »jetzt auffs newe / übersehen, und mit vielen Stücken gemehret«, sind fünf Erzählungen aus der Erfurter Tradition hinzugefügt worden. Die bekannte Sage vom Faßritt spielt hingegen in Leipzig.

»Es hatten etliche fremde Studenten aus Ungarn, Polen, Kernten und Österreich, so zu Wittenberg mit Doc. Fausto viel umbgiengen, eine Bitte an ihn gelegte, als die Leipziger Meß angegangen, er sollte mit jn dahin verrücken, möchten wol sehen, was da für ein Gewerb wer, und vor Handelsleute zusammen kemen, so hatte ihr auch etliche vertröstung, Gelt allda zuempfahen. D. Faustus willigte, und leiste Gesellschaft. Als sie nun zu Leipzig hin und wider spacirten, die Universitet sampt Stad und Meß besahen, giengen sie ohn gefahr vor einem Weinkeller vor, aber da waren etliche Schröter aber eim grossen Weinfasse, ungefehrlich von 16. oder 18. Eymern, woltens aus dem Keller schroten, kondten aber nicht heraus bringen, das sahe Doct. Faustus, sprach, wie stellet ihr euch so leppich, und ist ewer so viel, köndt doch wol einer allein dis Faß herausser bringen, wenn er sich recht dazu schicken wüste. Die Schröter wurden unwillig solcher rede halben, und wurfen mit unnützen worten umb sich, weil sie ihn nicht kandten, wie dann die Gesindlein pflegt zu thun, Als aber der Weinherr vernahm, was der Zanck war, sprach er zu Fausto und seinen Gesellen, Wolan, welcher unter euch das Faß allein wird heraus bringen, demm sol es sein. Faustus war nicht faul, gieng bald in den Keller, satzte sich auffs Faß, als auff ein Pferd, und reit es also schnell aus dem Keller, darüber sich jederman verwunderte. Des erschrack der Weinherr, vermeinte nicht, das solchs were müglich gewesen, muste aber doch seine Zusage halten, und Fausto das Faß mit Wein folgen lassen, der gab es seinen Wandergesellen zum besten, die luden andere gute Freunde darzu, hatten etliche tage lang einen guten Schlampamp darvon, und wusten vom Glück zu Leipzig zu sagen.« – In der weiteren Sagentradition wurde das Lokalkolorit verstärkt aufgetragen, der Handelshof wurde zu Auerbachs Hof, obwohl dieser Hof mit Haus und Keller erst 1530 errichtet wurde.

Um 1525 zog Georg Faustus weiter nach Wittenberg, wurde aber auf Veranlassung des Kurfürsten Johann von Sachsen zum Verlassen der Stadt gezwungen. Sicherlich begrüßten die Wittenberger Reformatoren das Verschwinden des Wanderdoktors, durch den sie sich diskriminiert fühlten und der auch in ihren Augen ein Teufelsbündner war. Bald darauf, im Jahre 1528, weist ein Ratsprotokoll aus, daß Doktor Faust sich in Ingolstadt aufhielt. Einer unbewiesenen Vermutung zufolge soll er in diesem Jahr sogar Paris aufgesucht haben. Die wenigen Urkunden und Bezeugungen aber grenzen Fausts Wanderleben auf den mittel- und südwestdeutschen Raum ein.

In den dreißiger Jahren scheint Georg Faust mehr Anerkennung gefunden zu haben. Er wurde – wie auch Agrippa von Nettesheim – beim Erzbischof von Köln, Herrmann von Wied, günstig aufgenommen und könnte während dieses Besuches durchaus mit Agrippa zusammengetroffen sein, wie nach einem Brief des päpstlichen Legaten Minucci zu vermuten ist. Auch der Philologe Joachim Camerarius sprach voller Achtung von Faust. Allerdings beschuldigte ihn der seine medizinische Standesgenossen überragende Arzt Weier, einem Kaplan das Gesicht mit Arsen verbrannt zu haben. Ein derartiger Fehlschlag wäre bei einem auf Effekte bedachten Wanderarzt durchaus möglich, Arsen spielte bereits in der frühen und mittelalterlichen Medizin eine Rolle, insbesondere bei Hautkrankheiten.

War Georg Faust auch ein umherziehender Heilkünstler, Astrologe und Alchemist, der Herbergen und Märkte aufsuchte, ein sich anpreisender Marktschreier, so war er offensichtlich doch kein bloßer Gauner und Scharlatan. Sein Tod könnte dafür Zeugnis ablegen.

Die Chronik der Freiherren von Zimmern (1564–66) berichtet über Fausts Tod, selbstverständlich wertend und warnend: »Es ist auch umb die zeit (das heißt um 1541) der Faustus oder doch nit weit von Staufen, dem stelin im Breisgew, gestorben. Der ist bei seiner zeit ein wunderbarlicher nigromanta gewest, als er bei unsern zeiten hat mögen in deutschen Landen erfunden werden, der auch sovil seltzamer handel gehapt hin und wider, das sein in vil jahren nit leuchtlichen wurt vergessen werden. Ist ain alter mann worden und, wie man sagt, elendiglich gestorben. Vil haben allerhandt anzeigungen und vermuetungen noch vermaint, der bös gaist, den er in seinen lebzeiten nur sein schwager genannt, hab ine umbbracht.«

Als Ort des Unglücks wird Staufen im Breisgau genannt. Wahrscheinlich hatte sich der alte Faust nach mehr als 60 Lebensjahren in heimatliches Gebiet, in den Schwarzwald, zurückgezogen. Sein »elendigliches Sterben« und daß »der bös gaist« ihn geholt habe, dürfte darauf deuten, daß Faust beim Experimentieren (er war ja auch stolz darauf, sich als Alchemisten zu bezeichnen) durch eine Explosion zu Tode kam.

Dieser Hintergrund ist wegen der stark aufgetragenen makabren Töne in der Spießschen Redaktion »vom grewlichen und erschrecklichen Ende« sichtbar:

»... in dem gehet D. Fausti thür uff in der Stuben, der hub an umb Hülff unnd Mordio zu schreyen, aber kaum mit halber Stimm, bald hernach hört man jn nicht mehr. Als es nun Tag ward, und die Studenten die gantze Nacht nicht geschlaffen hatten, sind sie in die Stuben gegangen, darinnen D. Faustus gewesen war, sie sahen aber keinen Faustum mehr, und nichts, dann die Stuben voller Blus gesprützez. Das Hirn klebte an der Wand, weil jn der Teufel von einer Wandt zur andern geschlagen hatte. Es lagen auch seine Augen und etliche Zäen allda, ein greulich und erschrecklich Spectakel. Da huben die Studenten an jn zubeklagen und zubeweynen, und suchten jn allenthalben. Letzlich aber funden sie seinen Leib heraussen bey dem Mist liegen, welcher grewlich anzusehen war, dann jhme der Kopff und alle Glieder schlotterten.«

Der Bericht von so viel Grausigem mußte selbstverständlich durch ausgiebige Warnungen legitimiert werden. »Laßt euch auch die böse Gesellschaft nit verführen, wie es mir gehet und begegnet ist. Besucht fleißig und emsig die Kirchen, sieget und streitet allezeit wider den Teuffel, mit einem guten Glauben am Christentum, und auf Gottseligen Wandel gericht.«

Faust empfand seine Tätigkeit sicher nicht als ein Experimentieren, als Vorstoß eines Forschenden. Pulver, Retorten und flackerndes Feuer gehörten für ihn zur Umgebung eines Alchemisten, und wenn er sich dabei gleichzeitig als Zauberer fühlen konnte, mochte ihn das befriedigen. Der spektakuläre Todesfall, bei dem wohl auch die Umgebung in Mitleidenschaft gezogen wurde, mußte den sich an die Person Fausts heftenden Gerüchten und Sagen neue Nahrung geben. Wenn die Sage nach Erklärungen suchte, hier bot sie sich an: Ein Teufelspakt wurde geahndet. Ein Gaukler hätte eher einen armseligen Tod im Straßengraben gefunden.

Im Laufe der Jahrhunderte ließ sicher so mancher Wunderarzt oder Alchemist in seiner Alchemistenküche sein Leben. Ein Glücksfall war es, wenn es beim Experimentieren einem wie dem Johann Friedrich Böttger gelang, Porzellan herzustellen. Aber in Böttgers Falle, zu Beginn des 18. Jahrhunderts, war die Alchemie bereits von der Wissenschaft der Chemie abgelöst worden.

Georg Faust war, noch ehe er sein jähes und schreckliches Ende fand, landesweit bekannt – sein Tod machte ihn endgültig auch zum Sagenhelden.

Aber gab es nicht andere, die mit größerer Berechtigung als der Wander- und Wunderdoktor Faust den forschungsfreudigen Renaissancemenschen vertreten konnten? Da war zum Beispiel der über den immer noch als Vorbild betrachteten römischen Arzt Galen hinausgehende Mediziner und Anatom Andreas Vesal aus Brüssel. Vom Philosophen, Theologen und frühen Naturwissenschaftler Agrippa von Nettesheim sprachen wir bereits. Theophrastus Bombastus von Hohenheim, bekannt unter dem Namen Paracelsus, durchstreifte gleich Faust die Lande, ein umstrittener Arzt, der in seinen Schriften Mythisches mit Empirischem vermengte und den Menschen als Teil der Natur begriff. Von ihnen allen haben wir zahlreiche Daten und kennen ihre Schriften. Faust dagegen hinterließ keine von ihm verfaßten Schriften, obwohl er sich seiner Gelehrsamkeit rühmte. Die in den Sagen immer wieder auftauchenden Bücher von seiner Hand haben nicht existiert. Es gibt nur wenige unbekannte Abschnitte im Leben von Vesal, Agrippa und Paracelsus. Anders bei Georg Faust! Wir erfahren zwar von Ausweisungen, von Flucht, doch die zum Beispiel in der Zimmerschen Chronik erwähnten Bücher und Manuskripte existieren gar nicht. So ließ gerade der Lebenslauf des Georg Faust genügend Freiraum für den Ausbau von Wunschvorstellungen, für die Übernahme tradierter Teufelsbündnergeschichten und -motive. Es wurden dem Wanderarzt Züge des britischen Zauberers Merlin verliehen, den Geoffrey von Monmouth als Berater der englischen Könige in seiner »Historia regum Britanniae« eingeführt hatte. Andere Züge wurden aus der französischen Volkssage des 13. Jahrhunderts von Robert dem Teufel entlehnt, dem es gelang, durch ein Gott wohlgefälliges Einsiedlerleben der Hölle zu entrinnen oder – in einer späteren Fassung – durch Heirat mit einer Prinzessin ein guter Herrscher zu werden und auch so in einer etwas weltlicheren Manier dem Teufel zu entkommen. Sogar Motive aus der Sage um die Päpstin Johanna, die versucht hatte, sich als Mann auszugeben, um auf den päpstlichen Stuhl zu gelangen, waren in die Faustussage übergewechselt. Die pikante Mär um Johanna, in der auch berichtet wurde, wie man den Betrug entdeckte (als nämlich Johanna – der vermeintliche Papst – bei einem Aufzug in aller Öffentlichkeit niederkam), wurde bis ins 17. Jahrhundert als historische Wahrheit angesehen. Anders als die humanistischen Gelehrten, die einen kleinen Kreis für ihre Diskussion oder ihre Vorträge bevorzugten, war Faust eine populäre Gestalt, einer, der die Märkte aufsuchte, um seine Geschäfte in Sachen Medizin und Wahrsagekunst zu betreiben. Als ein Landfahrer, der in Armut starb, stand ihm wohl Paracelsus noch am nächsten, doch wer in der Menge begriff dessen »bombastische« Sprache? Vielleicht hatte Doktor Faust zudem einen polnischen Zeitgenossen in dem Zauberer Pan Twardowski, der im 16. Jahrhundert ebenfalls in der Literatur auftauchte.

Im Volksbuch ging es Johann Spieß als Drucker und Verleger darum, Stoffe, die durch ihre Fülle an Abenteuern und Wundern faszinierten, mit handfesten Morallehren zu verbinden, die im Sinne der Lutheraner angelegt waren. Sünden wie Hochmut und Abkehr von Gott wurden immer wieder variiert und in so düsteren Farben dargestellt, daß die Strafe, »das jämmerliche und erschreckliche End«, wohlverdient erschienen. Doktor Georg Faustus wurde so als dämonischer Widerpart von Doktor Martin Luther eingesetzt, vor allem in der Bearbeitung G. R. Widmanns (1599), der seine Darstellung von Faust als sündenbeladenem Genußmenschen mit Daten unterlegte, um sie glaubhafter zu machen.

Sagen von Wundertaten, die sich ursprünglich an Agrippa oder Paracelsus geheftet hatten, wurden von dem Autor des Volksbuches ebenfalls auf Faust übertragen. Vielleicht lag diese Übertragung in der mündlichen Überlieferung sogar noch weiter zurück. So entstand in dem Volksbuch praktisch die Vita eines Teufelsbündners. Diese orthodoxe Konzeption wurde jedoch von Sagen unterlaufen, die mit ihrer Thematik an typische, daher nicht auszulassende Fragestellungen der Zeit rührten: Das waren Fragen nach Erscheinungen in der Natur, nach den Grenzen, die dem Menschen gesetzt waren oder die er anzweifelte. Eingelassen in Sagen waren Fragen nach dem Wesen von Kometen, von Sternen, von Sternschnuppen und vom Donner. Ausführlich wird behandelt, »Wie Doct. Faustus in das Gestirn hinaufgefahren«. Faust hatte dabei nicht das Verlangen, sich dem christlichen Himmel und Gott zu nähern, sondern der teuflische Diener Mephotophiles sollte seinen Herrn zu den Sternen bringen, damit er die Erde aus der Höhe mit all ihren Ländern überschauen und kennenlernen konnte.

Der Teufelsbündner wurde zum Renaissancemenschen. Nach seinem Bilde konnte der Mensch sich wandeln, der sich bisher noch mit Sünden beladen fühlte und in Demut verharrt hatte. Er begann zu zweifeln, zu suchen, zu forschen, sogar sich aufzulehnen. Er war bereit, auch sein Leben einzusetzen; Faust hatte noch mehr getan: Er hatte seine Seele eingesetzt.

Dieser hier erstmalig in Spuren sichtbar werdende Prozeß gewann Konturen bei Christopher Marlowe, der den Fauststoff konsequent dramatisierte und vielleicht bereits 1590, spätestens aber 1594, auf die Bühne brachte: »The tragical history of the life and death of Doctor Faustus«. Er folgte wohl dem Stoff einer englischen »Ballad of the life and death of doctor Faustus the great congerer«. Auf tragische Weise verstrickte sich der suchende und forschende Mensch in Schuld. Dies entsprach dem Welt- und Menschenbild der Elisabethanischen Zeit. Wenn es galt, Schiffe auszusenden, um neues Land zu entdecken und untertan zu machen sowie Handelsbeziehungen zu knüpfen, so waren Beobachtungsgabe, Tatkraft, Abenteuerlust und Forschungsdrang gefragte Eigenschaften.

Die Lösung von der römisch-katholischen Kirche hatte dazu beigetragen, vom mittelalterlichen Weltbild freizukommen. Zu diesem Prozeß gehört auch das Wirken des Staatsmannes und Philosophen Francis Bacon, der versuchte, ein neues Verhältnis von Religion, Philosophie und den Wissenschaften, vor allem den Naturwissenschaften, herzustellen, wobei er diese so weit entwickeln wollte, daß der Mensch mit ihrer Hilfe mehr Macht über die Natur und ihre Kräfte gewinnen konnte.

Im Heiligen Römischen Reich deutscher Nation waren es die Wandertrupps englischer Komödianten, die Marlowes Faustdrama spielten. Wo sprachliche Hemmnisse sich aufbauten, mußten Gestik und Handlung sie überwinden; so entstanden meist vergröberte Fassungen. Überdies endete die Spieltradition so mancher Komödiantengruppe in den Wirren des Dreißigjährigen Krieges. In Puppenspielen, im Volksbuch oder in Spektakelstücken jedoch konnte der Fauststoff bis in das 18. Jahrhundert überliefert werden. So begegnete der junge Goethe zum ersten Mal der Faustgestalt, die ihn zeit seines Lebens zu dichterischem Schaffen inspirierte, ihn vom Urfaust (1774/75) über die Fertigstellung des ersten Teiles der Tragödie (1808) bis zur Vollendung des zweiten Teils (1831) führte.

Abgesehen von der dichterischen Größe von Goethes Faustdarstellung – in der er den Fauststoff mit Wertungen und Erleben aus der Zeit der Jugend und später mit Erkenntnissen des Alters verband –, war das Neue und Wichtige dadurch gegeben, daß Faust nicht verdammt wurde und zur Hölle fahren mußte, sondern Gnade fand und erlöst wurde. Der abenteuernde oder gar marktschreierische Wander- und Wunderdoktor Faust konnte jedoch an der Wende vom 17. zum 18. Jahrhundert, da Gottfried Wilhelm Leibniz in Berlin die Akademie der Wissenschaften gründete, kaum Anerkennung finden, jedenfalls nicht in wissenschaftlichen Kreisen. Als Johann Andreas Eisenbart in diesen Jahren mit einer regelrechten Schaustellertruppe durch die Lande zog, dabei oft erfolgreich operierte und gewissermaßen »sein Handwerk verstand«, da wurde, und nicht nur von Studenten, gesungen: »Ich bin der Doktor Eisenbart, kurier die Leut nach meine Art ...«.

Georg Faust war nicht verspottet worden, er wurde zwar verfolgt, ausgewiesen, vielleicht auch verleumdet, auf der anderen Seite aber auch geachtet, bewundert, in höfische Dienste genommen. In der Sagentradition konnte dieses widersprüchliche Bild, in dem sich überdies mittelalterliche Glaubensvorstellungen mit Gedankengut der Renaissance mengten, über die Jahrhunderte erhalten bleiben und sogar an Faszination gewinnen.

Wahrhaft unsterblich wurde der Faust jedoch durch Goethes Dichtung.

# Der Fliegende Holländer

*»Jenes hölzerne Gespenst, jenes grauenhafte Schiff führt seinen Namen von einem Kapitän, einem Holländer ...«*

*Heinrich Heine*

Bei Sturm und schwerer See versuchte ein holländischer Ostindienfahrer das Kap der Guten Hoffnung zu umsegeln. Doch das Schiff kreuzte vergebens im Unwetter. In seinem Zorn schwur der Kapitän, von seinem Vorhaben nicht abzulassen, und sollte er auch bis in alle Ewigkeit umherkreuzen. Dieser Schwur wurde ihm zum Fluche. Seitdem muß der Kapitän mit seinem Schiff und seiner Mannschaft das Meer befahren, und allen, die ihm begegnen, bringt er Tod, Verderben und Unheil.

»Ich gehe hier oft am Strande spazieren und gedenke solcher seemännischer Wundersagen. Die anziehendste derselben ist wohl die Geschichte vom fliegenden Holländer, den man im Sturm mit aufgespannten Segeln vorüberfahren sieht und der zuweilen ein Boot aussetzt, um den begegnenden Schiffen allerlei Briefe mitzugeben, die man nachher nicht zu besorgen weiß, da sie an längst verstorbene Personen adressiert sind.« So schrieb Heinrich Heine in seinem Reisebild »Norderney« (1826). Aber es sind nur Bruchstücke der Sage, die er mitteilt. Später, in den »Memoiren des Herrn von Schnabelowopski« (1831) bringt er die Holländersage als fiktives Drama. Er setzt jedoch dabei die Kenntnis der Sage voraus. So beginnt er das 7. Kapitel: »Die Fabel von dem Fliegenden Holländer ist euch gewiß bekannt. Es ist die Geschichte von dem verwünschten Schiffe, das nie an einen Hafen gelangen kann und schon seit undenklicher Zeit auf dem Meere herumfährt ... Jenes hölzerne Gespenst, jenes grauenhafte Schiff führt seinen Namen von einem Kapitän, einem Holländer, der einst bei allen Teufeln geschworen, daß er irgendein Vorgebirge, dessen Namen mir entfallen, trotz heftigen Sturms, der eben wehte, umschiffen wollte, und sollte er auch bis zum Jüngsten Tage segeln müssen. Der Teufel hat ihn beim Wort gefaßt, er muß bis zum Jüngsten Tage auf dem Meere herumirren, es sei denn, daß er durch die Treue eines Weibes erlöst werde ...«

Mit diesem Satz hatte Heine der alten Sage ein neues Motiv und einen neuen Schluß hinzugefügt. Es war sicher ein poetischer Einfall, wenn Heine angab, das Drama in Amsterdam gesehen zu haben: ein Drama, das den Landgang des Holländerkapitäns schilderte, der nach sieben Jahren das Land aufsuchen darf, um eine Frau zu suchen, die willens ist, ihn durch Liebe und Heirat zu erlösen. So gelangt der Kapitän in das Haus eines schottischen Kaufmanns, der ihm seine Tochter versprochen hat. Der Holländer begegnet dem Mädchen, als es wehmütig ein »verwittertes Gemälde« betrachtet, das ihn selbst darstellt und das mit einer alten Familienüberlieferung verbunden ist. Mit Treue bis in den Tod erlöst das Weib den verfluchten Kapitän und sein Schiff.

Dieses Erlösungsmotiv übernahm dann Richard Wagner, machte es zur Leitidee seiner Oper »Der Fliegende Holländer« und erschloß es einer breiten Öffentlichkeit, dem Theater- und Opernpublikum, ohne freilich die Quelle anzugeben.

Obwohl die Angabe Heines, das Drama in Amsterdam gesehen zu haben, nachweisbar eine poetische Fiktion war, so hatte er wohl doch tatsächlich eine dramatische Fassung der Holländersage auf dem Theater erlebt. In der Spielzeit 1827/28 lief Edward Fitzballs Melodrama »The Flying Dutchman« im Londoner Adelphitheater. Da Heine im Jahre 1827 London besuchte und regen Anteil am englischen Kulturleben nahm, hatte er sicher auch diese als spezifisch englisch ausgewiesene volkstümliche Theateraufführung besucht. Allerdings kannte Fitzball das Motiv der Erlösung nicht. Im Gegenteil, der Holländerkapitän, hier Vanderdecken genannt, ist im Bunde mit den bösen Mächten, mit dem Geist der See, er ist zauberkundig. So erscheint er unter Blitz und Donner und schwarzem Gewölk am Kap in der Gestalt eines Ertrunkenen an Bord eines Seglers und versucht, ein schönes junges Mädchen für sich zu gewinnen. Im Unwetter taucht das Gespensterschiff auf, aber in letzter Minute gelingt es, das Mädchen dem Holländerkapitän zu entreißen. Das rettende Schiff setzt stolz unter Hurrarufen die britische Flagge, während der verfluchte Kapitän in die Tiefe des Meeres zurückkehrt.

Diese Akzentsetzung wird uns noch beschäftigen. Doch

stellt sich zuvor eine andere Frage: Ist die Sage vom Fliegenden Holländer eine Seemannssage, erzählt von der Crew vor dem Mast? Oder ist sie ein literarisches Produkt der abklingenden Romantik?

Für letztere These sprechen die hier angeführten Belege aus der Literatur. Aber Heine gab an, die Sage von Fischern gehört zu haben; Wagner hatte sie auf der Seereise von Riga nach London von Matrosen gehört, Fitzball hatte sein Monsterstück an der Küste von Hastings entworfen, und sein Bruder fuhr zur See. Eine Herkunft aus der mündlichen Überlieferung ist damit sichtbar. Wenn sich auch die Belege für die Holländersage in der Literatur in ganz unterschiedlichen Publikationen finden, so ist diese Tatsache vom Bildungsstand all jener abzuleiten, die den Schauer der Holländersage selbst erlebt hatten – der Seeleute auf den Tiefwasserseglern.

Dafür gibt es tatsächlich einen frühen Beleg. Der französische Admiral Auguste Jal schilderte in seinen autobiographischen »Scènes de la vie maritime« (1832) einen alten Bootsmann, den Maître Pipi, der den Kadetten auf der »Tourville« die Sage vom Fliegenden Holländer erzählte. Angeregt durch etwas Tabak und ein Glas Wein, wandte er sich seinen Hörern zu.

»Hört gut zu, ich will euch vom Fliegenden Holländer erzählen. – Es war einmal vor langer Zeit ein Schiffskapitän, der glaubte weder an Heilige noch an Gott noch an sonst was. Es war ein Holländer, wie man sagt, ich weiß nicht aus welcher Stadt; aber das tut nichts zur Sache. Einst fuhr er aus, um nach Süden zu segeln. Alles ging gut bis zur Höhe des Kaps der Guten Hoffnung. Aber dort erhielt er einen gewaltigen Windstoß ... Das Schiff war in großer Gefahr; jedermann sagte zum Kapitän: ›Kapitän, man muß einen Hafen anlaufen; wir sind verloren, wenn Ihr Euch darauf versteift, in See zu bleiben; wir werden unfehlbar sterben, und es gibt keinen Geistlichen an Bord, um uns Absolution zu erteilen.‹ Der Kapitän lachte dieser Ängste der Mannschaft und der Passagiere; er sang, der Frevler, schreckliche Lieder, die ausreichten, den Blitzstrahl hundertmal auf seinen Mast herabzuziehen. Er rauchte ruhig seine Pfeife und trank Bier, als säße er am Tisch einer Schenke in Antwerpen. Seine Leute drangen in ihn nachzugeben; aber je mehr sie ihn baten, um so mehr versteifte er sich darauf zu bleiben, alle Segel gesetzt. Denn er hatte nicht einmal beigedreht, was alle zittern machte. Seine Masten brachen, seine Segel wurden weggefetzt und bei jedem Unfall lachte er, wie ihr andern tun würdet, wenn man euch eine gute Neuigkeit meldete … Also der Kapitän machte sich lustig über den Sturm, die Warnungen der Matrosen und das Jammern der Passagiere. Man wollte ihn zwingen zuzugeben, in eine Bai einzulaufen, die Schutz gewährte, aber er warf den, der drohend auf ihn losging, ins Meer. Da öffnete sich eine Wolke, und eine große Gestalt stieg auf das Achterkastell des Fahrzeuges nieder. Man sagte, diese Gestalt war der himmlische Vater. Alle gerieten in Furcht; der Kapitän fuhr fort, seine Pfeife zu rauchen; er lüftete nicht einmal seine Mütze, als die Gestalt das Wort an ihn richtete. ›Kapitän‹, sagte sie, ›du bist ein Starrkopf!‹ – ›Und Ihr ein Unverschämter!‹ antwortete ihr der Kapitän, ›laßt mich in Frieden, ich verlange nichts von Euch, macht Euch rasch weg von hier oder ich schieße Euch eine Kugel vor den Kopf.‹ Der große Alte erwiderte nichts, er zuckte die Achseln. Da sprang der Kapitän nach einer seiner Pistolen, lud sie und zielte auf die Gestalt in den Wolken. Der Schuß, anstatt den Mann im weißen Bart zu verwunden, durchbohrte die Hand des Kapitäns; das ärgerte den ein wenig, ihr könnt es glauben. Er erhob sich, um dem Greis einen Faustschlag ins Gesicht zu versetzen; aber sein Arm sank von einer Lähmung getroffen herab. O meiner Treu, da geriet er in einen Zorn, schwur und fluchte wie ein Gottloser und nannte den lieben Gott ich weiß nicht wie! Die Große Gestalt sagte alsdann zu ihm: ›Du bist ein Verfluchter! Der Himmel verdammt dich, auf immer zu segeln, ohne jemals einen Hafen anlaufen, noch Anker werfen, noch dich zum Schutz in eine Reede oder irgendeinen Hafen begeben zu können. Du sollst weder Bier noch Tabak haben; du sollst zu allen deinen Mahlzeiten Galle trinken, du sollst glühendes Eisen als Priem kauen; dein Schiffsjunge wird Hörner an der Stirn, das Maul eines Tigers und die Haut rauher als ein Seehund bekommen.‹ Der Kapitän stieß einen Seufzer aus; der andere fuhr fort: ›Du sollst ewig auf Wache sein, und du sollst nicht einschlafen können, wenn du schläfrig bist, sobald du ein Auge schließen möchtest, wird ein langes Schwert in deinen Leib eindringen. Und da du gerne die Seeleute quälst, sollst du sie quälen.‹ Der Kapitän lächelte. ›Denn du wirst der Teufel des Meeres sein; du wirst ohne Aufhören durch alle Breiten fahren, du wirst niemals Ruhe noch schönes Wetter haben; der Sturm wird dein Segelwind sein; der Anblick deines Schiffes, das bis zum Ende der Zeiten in den Gewitterstürmen des Ozeans dahinfliegen wird, soll allen Unglück bringen.‹ – ›Amen, denn!‹, schrie der Kapitän, aus vollem Halse lachend. – ›Und wenn die Welt untergeht, wird Satan dir zum Ruhesitz einen Höllenkessel geben.‹ – ›Ich pfeife drauf!‹, war die ganze Antwort des Kapitäns. Der himmlische Vater verschwand, und der Holländer fand sich allein mit seinem Schiffsjungen, der schon verwandelt war, wie ihm der Greis gesagt hatte. Die ganze Schiffsmannschaft verschwand mit der großen Gestalt in der Wolke; der Kapitän sah es und begann zu lästern. Ja lästere nur, das wird dir viel helfen! – Seit diesem Tage segelt der Fliegende Holländer inmitten der schweren Wetter, und sein ganzes Vergnügen besteht darin, den armen Seeleuten Böses zuzufügen. Er ist es, der ihnen den Hagel schickt, der ihre Schiffe auf Sandbänke wirft, die nicht existieren, da sie im ›Neptun‹ nicht angezeigt sind, der sie auf falschen Kurs setzt und Schiffbruch leiden läßt.«

Zum Schluß versuchte der Maat dann, auf die jungen Seeleute mit der düsteren Gestalt des Holländers einzuwirken, die Disziplin an Bord zu befestigen. Die Ergänzungen durch andere Erzähler rundeten das Bild ab. Da Admiral Jal diese Berichte in seiner Jugend gehört hatte, ist die Sagenversion des alten Maat in die zweite Hälfte des 18. Jahrhunderts zu datieren. Trotz archaisch anmutender Motive und Glaubensgestalten hatte der französische Admiral keinen Zweifel am historischen Bezug der Sage. Er brachte sie in Verbindung mit der Zeit, da Holland die führende See- und Handelsmacht war, und hielt eine Verbindung zum Sklavenhandel für möglich.

Spüren wir nun dem historischen Gehalt der Sage nach, so setzt ein Datum unserer Untersuchung Grenzen: 1488 war die erste Umseglung des Kaps der Stürme, das dann später in Kap der Guten Hoffnung umbenannt wurde, durch Bartolomëu Diaz.

Von einer Umschiffung des Kaps berichtet, wenngleich skeptisch, der griechische Geschichtsschreiber Herodot (um 484 bis 425 v. Chr.).

Im Auftrag des am Seehandel gleichfalls interessierten Pharaos Necho II. versuchten phönizische Seeleute vom Roten Meer aus an der Küste Afrikas, damals Libyen genannt, entlangzufahren, den Kontinent zu umschiffen und durch die Säulen des Herakles (Gibraltar) in das Mittelmeer und nach Tyros zurückzukommen. Aber diese seemännische Leistung hatte weder auf politischem noch auf wirtschaftlichem Gebiet nachgewirkt, sie war vergessen worden. Sie war den Schiffermärchen der Phönizier beigesellt worden, mit denen die handelstüchtigen und wagemutigen Seefahrer alle Konkurrenten abzuschrecken wußten. Obwohl Herodot sowohl als Vater der Geschichte wie auch der Geschichten, von denen er viele auflas, anzusehen ist, werden wir ihm diesen Bericht von der Umschiffung Afrikas wohl abnehmen können. Denn gerade die Nachricht, die Herodot am wenigsten glaubwürdig, dafür am abenteuerlichsten erschien, kann als der beste Beweis für ihre Richtigkeit gelten: Die Kunde vom verkehrten Sonnenstand (nördlich) bei der Umschiffung »Libyens«. Nur wer die südliche Halbkugel der Erde erreicht hatte, konnte diese Beobachtung machen. Jahrhunderte später hatte sich die Situation grundlegend geändert. Die Entdeckung des Seeweges nach Ostindien hatte einen hohen wirtschaftspolitischen Rang gewonnen, denn durch das Vordringen der Türken im Vorderen Orient gerieten die nach Indien führenden Handelswege in die Hand türkischer und arabischer Kaufleute. Während einzelne am Mittelmeer gelegene Städte an dem recht lukrativen Handel mitbeteiligt waren, blieb die aufsteigende Seemacht Portugal davon ausgeschlossen. Prinz Heinrich, mit Beinamen »der Seefahrer«, da er sich besonders für nautische und kosmographische Fragen interessierte, rüstete deshalb Schiffe aus, um den Verlauf der afrikanischen Küste und die Möglichkeit eines Seeweges nach Indien zu erkunden. So wurde 1419 Madeira besiedelt, und 1460 wurden die Kapverdischen Inseln entdeckt.

Im Gefolge dieser Entdeckungen ging Bartolomëu Diaz 1487 mit zwei Karavellen, begleitet von einem Lastschiff, auf große Fahrt, um den Seeweg nach Indien aufzufinden. Dieses riskante Unternehmen konnte nur gewagt werden, weil das nautische Instrumentarium verbessert und die Kenntnisse in Astronomie und Kartographie erweitert worden waren. Ein Unwetter trieb trotz allem die kleine Flotte in die Fischbucht, die Diaz die »Bucht der Rinderhirten« nannte (der heutige Name lautet Algoabay). Da aber die Fahrt durch den Sturm in ungewisse Weiten und Gewässer die Mannschaft erschöpft hatte, sah sich Diaz schließlich nach dem Erreichen des Rio do Infante (Großer Fischfluß) genötigt umzukehren. Diaz hatte in seinem Bericht das Kap an der Südspitze Afrikas wohl mit gewissem Recht »Kap der Stürme« genannt. Der portugiesische König Johann II. erfand den Namen »Kap der Guten Hoffnung« in der Zuversicht, doch den Weg nach Ostindien erschlossen zu haben.

1494 wurde in Tordesillas, südwestlich von Valladolid, zwischen den rivalisierenden Seemächten Spanien und Portugal ein Vertrag abgeschlossen, der die Teilung der neuentdeckten Gebiete regeln sollte. Der 46. Grad westlicher Länge bildete die Demarkationslinie zwischen den beiden Interessensphären. Als Vermittler trat Papst Alexander VI. auf.

Damit war die Entdeckung und Sicherung des Seeweges nach Ostindien auch politisch abgesichert. So verließ 1497 aufs neue eine Flotte den Hafen von Lissabon mit dem Ziel, Afrika zu umschiffen und nach Indien vorzudringen. Die Schiffe standen unter dem Befehl des jungen Vasco da Gama. Gestützt auf die Erfahrungen des Bartolomëu Diaz, ausgerüstet mit seetüchtigen Schiffen, Büchern und Karten, gelang es Vasco da Gama, das Kap zu umrunden und den Seeweg nach Indien zu erschließen. Von dort aus erweiterten die Portugiesen ihren Herrschaftsbereich auf Ceylon und die Gewürzinseln (Molukken) und knüpften Handelsbeziehungen zu China an.

Diese ersten Ostindienfahrten, die nicht einer Person, sondern einer Nation zum Ruhme verhalfen, gaben dem portugiesischen Dichter Luiz Vaz de Camões den stofflichen Anreiz für sein Lusiaden-Epos, das er 1572 fertigstellte. Camões, der selbst als Waffenmann des Königs auf einem Ostindienfahrer die Gefahren der Kapumseglung kennengelernt hatte, ließ in seinem Epos den Geist des Kaps erscheinen – eine Symbol- oder Glaubensgestalt. Vielleicht vermengten sich auch beide Vorstellungen. Aus einer Wolke kam ein riesiger Dämon heraus, fahlfarbig, mit eingesunkenen Augen, schmutzigem Bart, schwarzem Mund und borstigen, erdigen Haaren. Er verwünschte die Schiffer und drohte, Stürme gegen alle zu schicken, die es wagen sollten, das Kap zu umsegeln, und Rache zu nehmen an dem, der es entdeckte. Das war ein Nachruf auf Bartolomëu Diaz, der 1500 auf einer späteren Fahrt nahe am Kap den Tod gefunden hatte. Kapitän und Schiff, in der Flotte des Alvarez Cabral mitsegelnd, verschwanden spurlos im Wüten eines Orkans.

Der riesige Dämon, der aus einer Wolke hervortrat und die verwegenen Schiffer warnte, war offensichtlich ein Vorläufer der »Großen Gestalt« in der Erzählung des Maates Pipi bei Jal. Auch das Motiv der Verfluchung erscheint hier bereits. Um 1600 wurden in den »Indischen Legenden« (Lendas da India) des Gaspar de Correia die Bilder beider Entdecker, des Bartolomëu Diaz und des Vasco da Gama, miteinander verschmolzen. Dieser Prozeß wurde dadurch begünstigt, daß auch die erfolgreiche Fahrt des Vasco da Gama überschattet wurde durch schwere Verluste an Schiffen und Menschen, so daß für die Betroffenen der Versuch der Kapumseglung fluchbeladen erscheinen mußte. In diesen »Legenden« wurde dem portugiesischen Admiral der Ausspruch in den Mund gelegt, er habe Gott gelobt, nicht aufzugeben und denjenigen ins Meer zu werfen, der von Rückkehr rede. Weitere drakonische Maßnahmen gegen Unzufriedene und Empörer wurden geschildert. Jedoch brachen die Stürme erst nach der Umsegelung des Kaps über die Entdeckerschiffe herein. Die Zwistigkeiten zwischen dem Admiral und der Mannschaft, wie immer sie sich auch abspielten, wurden vorverlegt auf den dramatischen Punkt der Fahrt: die Kapumschiffung.

Ob Vasco da Gama oder Bartolomëu Diaz – für alle, die sich noch im Banne eines mittelalterlichen Weltbildes befanden, waren beide Entdecker und Seehelden dem Bösen verfallen und verflucht, da sie durch ihre Entdeckungen letztlich die Aussagen der Kirche in Frage stellten und den alten kirchlichen Glaubenshorizont ausweiteten.

So überzog eine Dämonisierung die Gestalt des Kapitäns, wer auch immer sich dahinter verbarg, und die Berichte über seine Taten mußten in den Bereich der Sage hinübergleiten.

Aber die Holländersage gibt nicht nur eine Widerspiegelung der Schrecken und Gefahren der frühen Entdekkungen, der Leistungen von Kapitänen und Mannschaften, sie tradiert nicht nur archaische Vorstellungen von Geisterschiffen, sondern sie reflektiert auch einen welthistorischen Ablauf.

»Os Lusíadas« wurde zum portugiesischen Nationalepos. In ihm wurden die Taten der Seefahrer und vor allem das Gedächtnis an Vasco da Gama aufbewahrt, dem dabei Züge und Taten des verschollenen Bartolomëu Diaz zugeschrieben wurden.

Das war wichtig für das portugiesische Nationalgefühl und Selbstbewußtsein, da Portugal trotz des überseeischen Handels in wirtschaftliche Schwierigkeiten geriet und Streitigkeiten um die Thronfolge ausbrachen. Diese Situation nutzte der spanische König Philipp II., der gleichfalls Erbansprüche anmeldete, um das portugiesische Reich 1580/81 Spanien anzugliedern. Erst 1668 gewann Portugal seine Selbständigkeit wieder.

Auch die Niederländer strebten danach, sich am Welthandel zu beteiligen. Die »Krämerrepublik« wußte, daß ihre Stärke auf wirtschaftlichem Gebiet lag. So sandten die niederländischen Kaufherren ihre Schiffe auf die Weltmeere aus, folgten den Handelswegen der Spanier und Portugiesen und gewannen im Ostindienhandel die führende Position. Durch die Verbreitung der Inquisition hatten Portugiesen wie Spanier vielerorts an Sympathien eingebüßt. Rechtzeitig hatten die Niederländer sich darum bemüht, nautische Kenntnisse von den Portugiesen zu erwerben. 1595 lag in Amsterdam der Bericht eines Holländers vor, der den Erzbischof von Goa begleitet hatte: »Reys-Geschrift van de Navigatien der Portugaloysers in Oriente.«

Die Ansprüche der Niederländer versuchte Hugo Grotius, ein bedeutender holländischer Gelehrter und Staatsmann des 17. Jahrhunderts, durch die Schrift »Mare liberum sive de jure quod Batavis competit ad indicana Commercia« – eine Abhandlung über das Recht der Niederländer auf den indischen Handel (1609) – zu begründen. Hier wurde eine rechtswissenschaftliche Position erarbeitet, um vor allem den universellen Ansprüchen Spaniens zu begegnen. Auch das zeitgenössische Sprichwort widerspiegelte den Expansionsdrang der jungen Handelsmacht: »Das Meer scheint um der Niederländer willen geboren und entstanden zu sein.«

Dieser welthistorische Prozeß wirkte auch auf die seemännische Überlieferung. Der portugiesische Seeheld wurde durch den wagemutigen Holländerkapitän abgelöst. Es wird Barend Fokke genannt, der auch in späteren Sagenvarianten erschien, ein holländischer Kapitän, der um 1600 die Reise von Holland nach Java in 90 Tagen zurücklegen konnte. Es wurde berichtet, er habe seine Masten mit eisernen Stangen verstärkt und auch bei Nacht die Segel nicht eingezogen. Während Fokke oft nur acht Monate von Amsterdam fern war, benötigten andere Kapitäne für die Fahrt zwölf oder vierzehn Monate. Aber von einer Reise kehrte er nicht mehr zurück; sein Schiff blieb verschollen. Zu Fokkes Andenken soll auf der Insel Kuiper vor der Reede von Batavia eine eherne Bildsäule errichtet worden sein, die nach der Eroberung Javas durch die Engländer wieder entfernt worden sei. Das ist nicht mehr nachprüfbar, aber es fügt sich in die geschichtliche Entwicklung. Weiter: Ein Kapitän namens Van der Decken fuhr als erster Holländer, den Spuren von Francis Drake und Thomas Cavendish folgend, die Route um Kap Hoorn. Leicht konnte dieser Name, der in der seemännischen Überlieferung Platz gefunden hatte, dort ein wenig verändert weiter genutzt werden. In den Varianten der Holländersage erscheint der Kapitän häufig unter dem Namen Vanderdecken.

Statt des portugiesischen Seehelden bestimmte seit dem Ausgang des 16. Jahrhunderts ein holländischer Kapitän die Überlieferung. Daran schließt sich aber die zweite Frage an: Wie konnte der wagemutige und geachtete Seemann, dessen Leistungen von nationaler Bedeutung waren, zum verruchten Frevler werden? Erst mit der Wirksamkeit des Fluches – im Epos des Camões hatte der Kapitän der Verfluchung noch mit Erfolg getrotzt – konnte die Sage nach dem Leitmotiv von Schuld und Vergeltung ausgebaut werden. Es trafen sich dabei alter Seemannsglaube und eine neue politische Konstellation.

Die niederländischen Kauf- und Seeherren erhielten in dem aufkommenden englischen Bürgertum einen Gegner und Konkurrenten. Oliver Cromwells Navigationsakte von 1651 leitete die Auseinandersetzungen ein. Unter dem Lordprotektor erließ das republikanische englische Parlament ein Schiffahrts- und Seehandelsgesetz, wonach alle aus Asien, Afrika und Amerika stammenden Waren nur auf britischen Schiffen nach Großbritannien, Irland und den britischen Kolonien eingeführt werden durften. Auch alle in Europa hergestellten Produkte durften nur auf britischen Schiffen eingeführt werden oder auf solchen, die dem Lande angehörten, in dem diese Produkte gefertigt wurden. Später wurden diese Bestimmungen noch verschärft. In erster Linie sollte mit dieser Akte der holländische Handel getroffen werden.

In der Staatstheorie wurde 1636 dem »mare liberum« des Grotius ein »mare clausum« des Schotten Selden gegenübergestellt. Selden sprach vom »Oceanus Britannicus« und formulierte: »Das Land und das Meer zusammen bilden den einigen Leib des Britischen Reiches.« (Et mare et tellurem unicum Imperii Britannici corpus constituisse.) Erbittert rangen der kleine niederländische Kaufmannsstaat und das wirtschaftlich, politisch und militärisch an Einfluß gewinnende England in zwei Seekriegen um die Macht.

In diesem Kampf kam dem Kapland eine besondere Bedeutung zu, es blieb – 1795 von den Briten zum ersten Male den Holländern abgenommen, 1814 durch den Pariser Frieden endgültig Großbritannien zugesprochen – bis in das 19. Jahrhundert ein Streitobjekt zwischen den beiden Mächten. Unter der alten, aber immer wieder aktuellen Devise »No peace beyond the line« (Kein Frieden jenseits der Linie) wurde zwischen den beiden Staaten der Kampf um Welthandel und Seegeltung mit Erbitterung und auf allen Gebieten geführt. Die Entscheidung fiel letztlich zugunsten der Briten, daran änderte auch die Tatsache nichts, daß nach dem Sturz des Stuarts Jakob II., der gegen die Interessen des englischen Volkes und Parlaments verstoßen hatte, Wilhelm III. von Oranien den englischen Thron bestieg. Auch in ideologischer Hinsicht spielte es keine unwesentliche Rolle, den Gegner zu beschuldigen und zu diskriminieren. Diese Tendenz führte zur endgültigen Ausbildung der Sage vom Fliegenden Holländer. Der niederländische Kapschiffer und Ostindienfahrer wurde verflucht, und mit ihm sollten die niederländischen Seegeltungsansprüche getroffen werden. Puritanische Strenge konnte den unseligen Kapitän noch einmal verurteilen. Er begann seine unheilvolle Fahrt an einem Karfreitag. Eine solche Umakzentuierung konnte sich zudem noch auf die von Katholiken vertretene Meinung stützen, daß die protestantischen Kapitäne, Piloten und Kaufleute ihre ganze Seele in Geschäft und Schiffahrt begraben hätten, wie es der Pater du Tertre mit Blick auf die Niederlande – nicht auf England – formuliert hatte.

Der Glaube an Dämonen, Gespensterschiffe und Verfluchung kam jedoch von dem Glauben und Erleben der Seeleute auf den Tiefwasserseglern her. Die Gefahren der See verdichteten sich zu Dämonen, sie zeugten und stärkten auch den Glauben an Geisterschiffe. Da gab es verhängnisvolle Begegnungen mit treibenden Wracks, mit Schiffen, deren Mannschaft einer Seuche erlegen war, mit

»schwarzen Männern« an Bord, wie sie bereits zur Zeit der Justinianischen Pest im 6. Jahrhundert gefürchtet wurden, und mit Schiffen, die plötzlich aus Nebelbänken auftauchten. Luftspiegelungen, unerklärliche Strömungen brachten weit entfernte Schiffe plötzlich vor die Augen der Crew und machten das fremde Schiff unheimlich. Vielleicht hatte auch die archaische Sitte von Schiffsbestattungen und Totenschiffen ihren Niederschlag im Seemannsglauben gefunden. Der Kupferstich eines unbekannten flämischen Meisters um 1500 gibt ein solches Gespensterschiff wieder: Zwei sich im Sturm begegnende Karavellen, die eine mit dicht gerefften Segeln, kämpfen gegen das Unwetter an. Einer aus der strichmännchendürren Besatzung klettert im Tauwerk des Großmasters. Das andere fährt mit sturmgeblähten Segeln und geknicktem Großmast. Während die Mannschaft, bis auf einen, auf der Rah des Großmastes hantiert, steht am Bugspriet eine gerippeähnliche Gestalt von übermenschlicher Größe und erteilt die Befehle. Dieser Dämon ist noch nach mittelalterlichen Todesvorstellungen gezeichnet, nicht als voll skelettiertes Gerippe, sondern als verwesender Toter, als »lebender Leichnam«, als Wiedergänger.

Die Dämonisierung des Holländerkapitäns wurde auch dadurch begünstigt, daß die Holländer um die Wende vom 17. zum 18. Jahrhundert wegen ihrer Niederlagen auf Grund ihrer seemännischen Erfahrungen einen neuen Schiffstyp, die Fleute, entwickelt hatten. Es war ein Dreimaster mit niedriger Vollschiffstakelung, der sich gut und schnell segeln ließ und sich auch als sicheres Transportschiff bewährt hatte. Dieser Schiffstyp wurde von den anderen europäischen Handelsstaaten und seefahrenden Nationen nicht gebaut, allein die Niederländer besaßen die dafür notwendigen Voraussetzungen. So gelangen den holländischen Kapitänen überraschend schnelle Fahrten über die Weltmeere, was den Neid der Konkurrenten erhöhen mußte. Die Holländer bestätigten selbst das Bild, das die sich in der englischen Tradition verfestigende Sage von ihnen entwarf. Da die Seeleute, vor allem die Crew vor dem Mast, den gleichen Erlebnishorizont besaßen, ihr Weltverständnis weiterhin durch das harte Dasein und die gefahrvolle Arbeit auf den Tiefwasserseglern übereinstimmte, konnte die Sage um die Gefahr der Kapumseglung und den verfluchten Holländerkapitän auch von den Besatzungen nichtenglischer Schiffe übernommen und tradiert werden. Erst als die Tiefwassersegler im 19. Jahrhundert durch die Dampfschiffe abgelöst wurden, verlor die Sage ihre alte Heimstatt vor dem Mast.

Aber zu dieser Zeit hatte die Sage bereits Eingang in die Literatur gefunden und faszinierte ein bürgerliches Publikum, und zwar nicht nur in den Küstenstädten.

Die Faszination der Sage ging aus von dem Grundthema: der Mensch, der versuchte, den Naturgewalten zu trotzen, und sich über den Tod hinaus mit Schuld belud. Dieser Vorwurf reizte auch Dichter von Rang, die Sage nicht zu übernehmen, sondern sie um- und auszugestalten.

Heinrich Heine, der am Anfang unserer Betrachtung stand, ist dabei ein Glied in einer längeren literarischen Kette. 1798 dichtete Samuel T. Coleridge »The Ancient Mariner« (Der alte Matrose), die Ballade von einem Geisterschiff. Es fährt trotz Windstille mit geblähten Segeln. Wie Skelette wirken Masten und Takelage vor der untergehenden Sonne, wie Spinnweben sind die Segel. An Bord sind eine blühende Frau, ein Gerippe und tote Matrosen. In der Nacht, bei Mondenschein, klettern sie in die Takelage und helfen, das Schiff in den Heimathafen zu bringen, wo es strudelnd versinkt. Die toten Matrosen, Wiedergängern nachgezeichnet, werden zum Schluß jedoch von Coleridge als Engel ausgedeutet. Dabei werden archaische Vorstellungen christlich eingefärbt, die Faszination des Poems geht jedoch von diesem archaischen Seemannsglauben aus.

Eine Generation später wurde der Stoff einem bürgerlichen englischen Lesepublikum in »Blackwoods Edinburgh Magazine« vorgeführt (1821). Dieses Lesepublikum war, zumal in England, bereits durch den frühen Schauerroman, die »gothic novel«, auf eine derartige Thematik gewiesen worden.

In der Version des »Magazine« heißt der Holländerkapitän Vanderdecken. Auf der Fahrt nach Ostindien um das Jahr 1600 legt der Kapitän am Kap der Guten Hoffnung den verhängnisvollen Schwur ab und muß seitdem dort kreuzen, auch im Unwetter unter vollen Segeln fahrend, anderen Schiffen Unheil und Verderben bringend.

Die Schauerthematik wurde, wenn auch sublimiert, in der Romantik weitergeführt.

In Washington Irvings »The Storm Ship in Bracebridge Hall« (1822) erscheint ein Sturmschiff, der Fliegende Holländer, auf dem Hudson vor dem alten New Amsterdam, ein Zeichen, das den Niedergang der holländischen Herrschaft verkündet.

Das Schiff, aus einer Gewitterwolke hervorsegelnd, holländische Farben führend, die Mannschaft holländisch gekleidet, ist Spuk- und Geschichtssymbol zugleich. Von den Siedlern sehnsüchtig erwartet, lief es jedoch nie in den Hafen ein, es verschwand in der Abendsonne »wie eine kleine weiße Wolke am Sommerhimmel«.

In den Jahren, da die New-Netherlands, das holländische Siedlungsgebiet am Hudson, und New-Amsterdam durch die Machtansprüche der Engländer bedroht waren, die sich auf ein Patent beriefen, das diese Gebiete dem Herzog von York zusprach, gewann die alte Seemannssage auch bei der ansässigen Küstenbevölkerung Verbreitung und Bedeutung. Der Fliegende Holländer erschien als Warn- und Wahrzeichen zugleich. 1664 verloren die Holländer die New-Netherlands an die Engländer. New Amsterdam, durch einen Handstreich des Herzogs von York genommen, wurde zu New York. Zehn Jahre später besiegelte der Frieden zu Westminster diese Eroberung des Gebietes.

Aus dem Geisterschiff des Weltmeeres, dem Ahasver des Ozeans, machte Irving dann 1855 in »Wolfert's Roost« einen Lokaldämon, einen Verwünschten, der, vom Tanzen und Trinken kommend, in die Sonntagsruhe hineinruderte. Sein Boot blieb unsichtbar, aber die Ruderschläge waren nächtens zu hören.

Auch das deutsche Lesepublikum wurde mit der Holländersage zuerst in einer Zeitschrift bekannt gemacht. Im »Morgenblatt für gebildete Stände« (Nr. 45 vom 21. Februar 1824) findet sich die Sage als »Übersetzung einer alten Handschrift«. Die Berufung auf die alte Handschrift ist sicher eine Fiktion, doch weist die Schwerfälligkeit im Ausdruck auf eine Übersetzung aus einer fremdsprachigen Quelle hin. Diese ist jedoch nicht in dem Edinburgher Magazin von 1821 zu sehen. Die deutsche Sagenversion hatte sich auch in räumlicher Hinsicht weit von der Holländersage entfernt. Die Begegnung mit dem Geisterschiff findet vor der Küste Südamerikas unweit des Rio de la Plata statt. Die Mannschaft auf dem unhörbar dahinsegelnden Schiff besteht aus Gerippen, über die sich die Haut spannt. Die Vorgeschichte der Verwünschung bezieht ihre Motivierung auch nicht aus der Seemannsfolklore, sondern aus larmoyanten Liebesromanen. Das

Ganze ist eine in exotischer Ferne angesiedelte Kuriosität im Almanach-Ton, einem bürgerlichen Leserkreis angeboten, der zu der eigentlichen Holländersage keine historische und nationale Beziehung hatte.

Auch in einem Gedicht, in »Der einsame Segler« (1825), läßt der Hamburger Seemann und spätere Literat Heinrich Smidt die Holländerthematik anklingen, vielleicht Selbsterlebtes und -gehörtes mit einbringend.

Das bekannteste Gespensterschiff der deutschen Literatur ist wohl das aus Wilhelm Hauffs »Märchenalmanach auf das Jahr 1826«. Aber wieder ist das Geschehen um das verfluchte Schiff fern vom Kap der Guten Hoffnung lokalisiert. Die Handlung spielt im Arabischen Meer. Der Frevel, den Kapitän und Mannschaft begangen haben, liegt ebenfalls fernab eines historischen Konflikts in der Verletzung religiöser Sitten. Diese Gruselgeschichte ist der Sage kaum verwandt.

Näher zur Holländersage steht die im dritten Märchenalmanach auf das Jahr 1828 von Hauff wiedergegebene Sage schottischer Abkunft: »Die Höhle von Steenfoll«. Das Geisterschiff, dessen Begegnung die beiden Fischer suchen, »Carmilhan«, ist ein holländischer Ostindienfahrer. Hundert Jahre zuvor war es an der Küste Schottlands untergegangen. Im Wetterleuchten kommt die Mannschaft der »Carmilhan« mit Musikanten an Land gezogen. Der Kapitän trägt eine altväterliche Tracht, ein Haufen holländischer Matrosen folgt ihm. Der Kapitän berichtet über den Untergang des Schiffes: »Ich bin Aldret Franz von der Swelder, Befehlshaber des Schiffes ›Carmilhan‹ von Amsterdam, welches auf dem Heimweg von Batavia mit Mann und Maus an dieser Felsenküste zugrunde ging ...«

Noch einmal tauchte die »Carmilhan« 1838 in der deutschen Literatur auf, in Johann Peter Lysers »Abendländisches Tausend und eine Nacht oder die schönsten Märchen und Sagen aller europäischen Völker«. Lyser bekundete, daß er einer alten Helgoländer Überlieferung folgte. Das unheimliche Schiff segelt im Unwetter heran, doch auf dem Deck, in den Masten, wimmelt es von Totengerippen, welche geschäftig hin- und herrennen und dabei einen schauerlichen Totenchoral heulen, und auf dem Bugspriet ganz vorn sitzt ein kleines, altes Männlein in Matrosentracht, aber ganz weiß und auf dem Kopfe eine weiße, spitz emporstehende Mütze tragend und eine kurze Pfeife im Munde, woraus er fortwährend Funken sprühen läßt.

»›Wehe der Carmilhan!‹ heulten die Matrosen des Schiffes in Noth. In demselben Augenblick erschien auf diesem ein Männchen, ganz dem auf dem Geisterschiff gleich.«

Aber auch ein Melodrama des englischen Erfolgsschriftstellers Edward Fitzball, dessen »Flying Dutchman« wir anfangs kennengelernt hatten, trägt den Titel »Carmilhan« (1835). Ein Geisterschiff namens Carmilhan durchsegelte sowohl die englische wie die deutsche Literatur des frühen 19. Jahrhunderts.

In der Welt, da im Verlauf der industriellen Revolution auch auf den Weltmeeren die Windjammer von den Dampfschiffen abgelöst werden, bemächtigt sich die Literatur der Erinnerung an die alten Segelschiffe.

In der englischen Literatur mußte dieser Prozeß einmal wegen des Vorlaufs in der industriellen Revolution, zum anderen wegen des Anspruchs Englands auf Seeherrschaft besonders deutlich ablesbar sein. Coleridge hatte das Motiv vom Gespensterschiff in einer Ballade aufgegriffen, Blackwoods Edinburgh Magazine leitete die Aufnahme der Holländersage in die bürgerlichen Zeitschriften ein, der Dramatiker und Schriftsteller Fitzball setzte die Sage und auch benachbarte Stoffe (Carmilhan) ins Melodrama um mit gespenstischem Mirakel in der Tiefe und Flaggenhissen auf dem Schiff der braven englischen Seeleute, weil ihm dieser Stoff spezifisch britisch erschien.

1839 weitete dann Frederic Marryat die alte Seemannssage in dem Roman »The Phantom-Ship« mit dem Untertitel »The Flying Dutchman« aus. Der Kapitän der englischen Marine kannte aus eigener Erfahrung den Seemannsglauben und die seemännischen Überlieferungen. Er stellte seine Romanhandlung vor den historischen Hintergrund, vor dem auch die Seemannssage ihre letzte Entwicklung genommen hatte: die Zeit des Niedergangs der holländischen Seeherrschaft. Gleichzeitig wird vom Standort des britischen Puritaners die spanische Inquisition in die Romanszenerie mit einbezogen und verurteilt.

Held des Romans ist jedoch nicht der Flying Dutchman, sondern sein Sohn, der junge Philipp Vanderdecken, der auszieht, um die Erlösung seines Vaters zu betreiben. Nach vielen Abenteuern erst gelingt es Philipp, an Bord des Geisterschiffes zu gelangen. Als der Kapitän dann die von dem Sohne gereichte Reliquie geküßt hat, beginnt ein letzter, gespenstischer Auflösungsprozeß. Masten und Rahen verwehen im Winde, die Matrosen werden zu Gerippen, um schließlich in Staub zu zerfallen. Die Kanonen versinken unter Deck, dann versinkt das Schiff, während Vater und Sohn auf einer Planke knien und beten. Ein Kreuz loht am Himmel auf, und die Sonne glänzt an der Untergangsstelle des Geisterschiffes.

Die Komposition des Romans zeigt deutliche Einflüsse des englischen Familien- und Abenteuerromans. Dennoch ist dieser Roman bei aller Weitschweifigkeit auch der Crew vor dem Mast bekannt gewesen.

Im Gegensatz zu der alten Seemannssage, die den Fliegenden Holländer, den verfluchten Kapitän, und das Geisterschiff als ständige Bedrohung auf den Weltmeeren, vor allem in Kapnähe, umhersegeln ließ, zeigt die literarische Aufnahme der Sage, die nicht mehr beeinflußt war von den Gefahren auf See, durch latente, aber doch immer noch lebendige Glaubensvorstellungen, den Hang, den Flying Dutchman nicht nur als eine verwünschte und verfluchte, sondern auch als eine tragische Gestalt darzustellen und die Erlösung von dem Fluch anzudeuten. Die überzeugendste Lösung und Gestaltung bot wohl Heinrich Heine, der den Holländerkapitän durch die Liebe einer Frau von der Verfluchung befreite. Ihm folgte Richard Wagner in seiner Oper. Wer in diesem Ausklang einen Verstoß gegen die Sagentradition sieht, der vergißt, daß die Schwere und Dunkelheit der Sage gerade durch die – allerdings oft vergebene – Möglichkeit der Erlösung aufgehellt werden kann.

Dennoch brachte die dem Publikum bekannte Bühnenfassung letztlich nur den Schlußteil der Sage. Es erscheint nicht der umherirrende, fluchbeladene Kapitän mit dem Schiff auf hoher See, sondern der Erlösung suchende auf einem Landgang. Die Weite des Weltmeeres war trotz des Versuches, das Geschehen und die Gefühle in Musik umzusetzen, nicht sehr spürbar.

Die Sage selbst tauchte in der deutschsprachigen Literatur des 19. Jahrhunderts hin und wieder auf, in mythologischen Darstellungen, in Familienzeitschriften, im Trivialroman. Erzählforscher haben sich ihrer dabei nicht angenommen, denn diese trugen ihre Sagen bei der bäuerlichen Bevölkerung auf dem Lande zusammen.

Der Marinepfarrer P. G. Heims, der sich auch mit dem alten Seemannsglauben zu beschäftigen hatte und sich auf den Schiffen umtat, brachte recht interessante Versionen und Motive zusammen. Der Fliegende Holländer erschien da als ein Leuteschinder, der deshalb verflucht wurde. Diese soziale Akzentuierung, die sicher »vor dem Mast« gefunden wurde, zeigt aber, daß der historische Hintergrund der Sage damals bereits verblaßt war.

Beim Zerfall der Sagentradition lösten sich einzelne Motive der Holländersage und verschmolzen auch mit benachbarten Erzählkreisen, so mit der Höllenschiffsage der Bretonen, wenn der Fliegende Holländer als ein ungeheures Schiff mit riesigen menschlichen Gestalten und Hunden bemannt erscheint. Die Hunde sind dabei die Teufel, die die Verbrecher zu peinigen haben. Oder es wurde die Verbindung zur Vorstellungswelt der Totenschiffe geschlagen: Unter schwarzer Flagge und schwarzen Segeln fährt eine Besatzung von Knochenmännern, Totenköpfe ragen aus den Geschützluken... Dabei häuften sich Schauermotive, aber der Erlebnisgehalt der Sage, der ursprünglich mit den Gefahren und der seemännischen Leistung der Kapumseglung übereingestimmt hatte, war geschwunden. Die Erinnerung an die Gestalt des Holländerkapitäns und damit an die letzte Phase eines historischen Prozesses und der Sagenbildung blieb jedoch in aller Welt erhalten. Wenn heute eine Klasse schneller Segeljachten den Namen »Flying Dutchman« führt, so ist damit das Andenken an eine seemännische Leistung verbunden – doch wer vermag sie noch zu datieren!

# LITERATURVERZEICHNIS

## DER RATTENFÄNGER ZU HAMELN

*Dobbertin, H.*, Wohin zogen die Hämelschen Kinder 1284? in: Niedersächs. Jahrbuch f. Landesgeschichte 27, 1955

*Ders.*, Neues zur Hamelner Rattenfängersage, in: Fabula 1, 1957

*Hampe, Th.*, Die fahrenden Leute in der deutschen Vergangenheit, 2. Aufl. Jena 1924

*Humburg, N.* (Hrsg.), Geschichte und Geschichten, Erzählforschertagung in Hameln, Oktober 1984, Hildesheim 1985

*Jostes, J.*, Der Rattenfänger von Hameln, Bonn 1895

*Krogmann, W.*, Der Rattenfänger von Hameln, Berlin 1934

*Meinardus, O.*, Der historische Kern der Rattenfängersage, in: Zeitschrift des historischen Vereins für Niedersachsen, 1882

*Meinardus, O.*, Urkundenbuch des Stiftes und der Stadt Hameln bis zum Jahre 1407, Hannover 1887

*Neukirch, A.*, Hamelner Renaissance, Hameln 1950

*Nork, F.*, Mythologie der Volkssagen und Volksmärchen, Stuttgart 1848

*Spanuth, H.*, Der Rattenfänger von Hameln. Vom Werden und Sinn einer alten Sage, Göttingen 1951

*Wann, W.*, Die Lösung der Hamelner Rattenfängersage. Ein neues Sinnbild des Abendlandes, Würzburg 1949

*Woeller, W.*, Zur Entstehung und Entwicklung der Sage vom Rattenfänger von Hameln, in: Zeitschrift für deutsche Philologie, Bd. 80, 1961

## DRACULA

*Armbruster, A.* (Übers., Hrsg.), Grausame Zeiten in der Moldau. Die Moldauische Chronik des Miron Costin 1593–1661

*Havekost, E.*, Die Vampirsage in England, Diss., Halle 1914

*McNally, R.*, Florescou, R., Auf der Suche nach Dracula, New York, Paris 1972

*Stoker, B.*, Dracula, New York 1897, Berlin 1989

*Sturm, D., Völker, K.*, Von denen Vampiren oder Menschensaugern. Dichtungen und Dokumente, München 1968

## ATLANTIS

*Bragshine, A.*, Atlantis (The Shadow of Atlantis, deutsche Ausgabe), Stuttgart 1939

*Donelly, J.*, Atlantis, The Antediluvium World, London 1882

*Galanopoulos, A. G.*, Bacon, E., Atlantis, The Truth behind the Legend, London 1969

*Geiss, H.*, Reise in das alte Knossos, 2. Aufl. Leipzig 1982
*Hennig, R.*, Von rätselhaften Ländern, München 1925
*Kehnscherper, G.*, Auf der Suche nach Atlantis, 3. Aufl. Leipzig, Jena, Berlin 1985
*Lissner, J.*, Die Rätsel der großen Kulturen, Olten und Freiburg 1961
*Luce, J. V.*, Atlantis, Legende und Wirklichkeit, Stuttgart, Hamburg, München 1975
*Muck, O.*, Alles über Atlantis, St. Augustin 1979
*Petterson, H.*, Atlantis und Atlantik, Wien 1948
*Pischel, B.*, Die Atlantische Lehre, Übersetzung und Interpretation der Platon-Texte aus Timaios und Kritias, Frankfurt/Main, Bern 1982
*Platon*, Der Staat, Stuttgart 1982
*Schulten, A.*, Tartessos, Hamburg 1922
*Spanuth, J.*, Atlantis, Tübingen 1965
*Welskopf, E. Ch.*, Probleme der Muße im alten Hellas, Berlin 1962

## KÖNIG ARTUS

*Brogsitter, K. O.*, Artusepik, 2. Aufl. Stuttgart 1971
*Greulich, E.*, Die Arthursage in der »Historia Regum Britanniae« des Galfred von Monmouth, Halle 1916
*Gurjewitsch, A.*, Mittelalterliche Volkskultur, Dresden 1986
*Holland, W. L.*, Crestien von Troies, Tübingen 1854
*Malory, Th.*, Die Geschichten vom König Artus und den Rittern seiner Tafelrunde, Frankfurt/Main 1977
*Olschki, L.*, Die romanischen Literaturen des Mittelalters, Potsdam 1928
*Ostmann, A.*, Die Bedeutung der Arthurtradition für die englische Gesellschaft des 12. und 13. Jahrhunderts, Berlin 1975
*Schirmer, W. F.*, Die frühen Darstellungen des Arthurstoffes, Köln/Opladen 1958
*Singer, S.*, Die Artussage, Bern 1926
*Wülker, R.*, Die Arthursage in der englischen Literatur, Leipzig 1895

## HARUN AR-RASCHID

*Brockelmann, C.*, Geschichte der islamischen Völker und Staaten, Hildesheim, New York 1977
*Clot, André*, Harun ar-Raschid, München 1990
*Endreß, G.*, Einführung in die islamische Geschichte, München 1982
Arabische Erzählungen aus der Zeit der Kalifen, München 1920
Tausend und eine Nacht, Köln 1984

## KLAUS STÖRTEBEKER

*Frahm, L., Sundermann, F.*, Klaus Störtebeker in Sang und Sage, Hamburg 1865
*Merbach, P. A.*, Die Hanse im deutschen dichterischen Schrifttum, Lübeck 1934
*Schildhauer, J., Fritze, K., Stark, W.*, Die Hanse, 6. Aufl. Berlin 1985
*Schomerus, J. G.* Die Marienkirche von Marienhafe, Norden 1984

## DER CID

*Arens, A.*, Zur Tradition und Gestaltung des Cid-Stoffes Der Cid, Leipzig 1974
*Hänel, A.*, Der Cid im spanischen Drama des 16. und 17. Jahrhunderts
*Huber, V. A.*, Geschichte des Cid, Bremen 1829
*Menéndez-Pidal, R.*, Dichtung und Geschichte in Spanien, Leipzig 1984
*Schirmunski, V.*, Vergleichende Epenforschung, Berlin 1961

## VINETA

*Bremen, A. von,* Bischofsgeschichte der Hamburger Kirche, in: Ausgewählte Quellen zur Geschichte des deutschen Mittelalters, Bd. 11, Berlin 1961
*Bosau, H. von,* Slavenchronik, in: Ausgewählte Quellen zur Geschichte des deutschen Mittelalters, Bd. 19, Berlin 1961
*Hennig, R.*, Wo lag Vineta?, Leipzig 1935
*Hensel, W.*, Anfänge der Städte bei den Ost- und Westslaven, Bautzen 1967
*Herrmann, J.*, Zwischen Hradschin und Vineta, 3. Aufl. Leipzig, Jena, Berlin 1981
*Jacob, G.*, Arabische Berichte von Gesandten an germanischen Fürstenhöfen aus dem 9. und 10. Jahrhundert, Berlin 1927
*Rackwitz, E.*, Geheimnis um Vineta, 2. Aufl. Berlin 1971
*Schuchardt, C.*, Arkona, Rethra, Vineta, 2. Aufl. Berlin 1926
*Thieme, K.*, Die versunkene Stadt Vineta, Swinemünde 1925
*Woeller, W.*, Volkssagen zwischen Hiddensee und Wartburg, Berlin 1979
Quellen des 9. und 11. Jahrhunderts zur Geschichte der Hamburgischen Kirche und des Reiches, in: Ausgewählte Quellen zur Geschichte des deutschen Mittelalters, Bd. 11, Berlin 1961

## ILJA MUROMEZ

*Donnert, E.*, Das Kiewer Rußland. Kultur- und Geistesleben vom 9. bis zum beginnenden 13. Jahrhundert, Leipzig, Jena, Berlin 1983
*Giterman, V.*, Geschichte Rußlands, Hamburg 1949
*Gurjewitsch, A. J.*, Mittelalterliche Volkskultur, Dresden 1986
*Wollner, W. A.*, Untersuchungen über die Volksepik der Großrussen, Leipzig 1879
Ilja und der Räuber Nachtigall. Bylinen, Leipzig 1986
Russische Literaturgeschichte, Berlin 1986

## TANNHÄUSER UND DER KAISER IM BERG

*Gloger, B.*, Kaiser, Gott und Teufel. Friedrich II. von Hohenstaufen in Geschichte und Sage, 8. Aufl. Berlin 1982
*Grässe, J. G. Th.*, Die Sage vom Ritter Tannhäuser, Dresden, Leipzig 1846
*Hampe, K.*, Deutsche Kaisergeschichte in der Zeit der Salier und Staufer, 11. Aufl. Heidelberg 1963
*Kampers, F.*, Die deutsche Kaiseridee in Prophetie und Sage, Aalen 1969
*Kampers, F.*, Vom Werdegang der abendländischen Kaisermystik, Hildesheim 1973
*Löhmann, O.*, Die Entstehung der Tannhäusersage, in: Fabula 3, 1960
*Nover, J.*, Die Tannhäusersage und ihre poetische Gestaltung, Hamburg 1897
*Schaller, M.*, Kaiser Friedrich II., Verwandler der Welt, Göttingen, Frankfurt/Main, Zürich 1964
*Schultheiß, F. G.*, Die deutsche Volkssage vom Fortleben und der Wiederkehr Kaiser Friedrichs II., Berlin 1911
*Siebert, J.*, Der Dichter Tannhäuser, Halle 1934
*Wiegler, P.*, Der Antichrist. Eine Chronik des 13. Jahrhunderts, Hellerau 1928

## WILHELM TELL

*Bernoulli, J.*, Die Sagen von Tell und Stauffacher, Basel 1899
*Boor, H. de*, Die nordischen, englischen und deutschen Darstellungen des Apfelschußmotivs, Anhang zu: Das weiße Buch von Sarnen, bearb. v. H. Wirz, 1947
*Evans, R. J. H.*, Das Werden der Habsburger Monarchie 1550–1700, Leipzig 1986
*Gisler, A.*, Die Tellfrage, Bern 1895
*Kettner, G.*, Schillers Wilhelm Tell, Berlin 1909
*Labhardt, R.*, Wilhelm Tell als Patriot und Revolutionär 1700–1800. Wandlungen der Tell-Tradition im Zeitalter des Absolutismus und der französischen Revolution, Basel 1947
*Messleny, R.*, Tell-Probleme, Berlin-Zehlendorf 1910
*Rochholz, E. L.*, Tell und Geßler in Sage und Geschichte, Heilbronn 1877
*Wehrli, M.* (Hrsg.), Quellenwerk zur Entstehung der schweizerischen Eidgenossenschaft, Abt. 3, Bd. 2, Teil 1: Das Urner Tellenspiel, Aarau 1952

## RITTER BLAUBART

*Bataille, G.*, Gilles de Rais, Hamburg 1967
*Bossard, E.*, Gilles de Rais, maréchal de France, dit Barbe-Bleue, Diss., Poitiers 1885
*Gretry, A. E. M.*, Memoiren oder Essays über die Musik, Leipzig 1973
*Heckmann, E.*, Blaubart. Ein Beitrag zur vergleichenden Märchenforschung, Diss., Heidelberg 1930
*Herzog, J.*, Die Märchentypen des »Ritter Blaubart« und »Fitchenvogel«, Diss., Köln 1929
*Perrault, Ch.*, Contes de ma mère l'Oye (Märchen meiner Mutter Gans), München 1921
*Tournier, M.*, Gilles et Jeanne, Paris 1983

## DOKTOR FAUST

*Berendsohn, W. A.*, Faustsage und Faustdichtung, Edda 50, 1950
*Butler, E. M.*, The Fortunes of Faust, Cambridge 1952
*Dünther, H.*, Die Sage von Doktor Johann Faust, Stuttgart 1846
*Gaertner, I.*, Volksbücher und Faustbücher. Eine Abgrenzung, Diss., Göttingen 1951
*Henning, H.*, Faust in fünf Jahrhunderten, Halle 1963
*Kiesewetter*, Faust in der Geschichte und Tradition, Leipzig 1893
*Nowak, P. B.*, Die Entwicklung der Faustgestalt von ihren Anfängen bis Goethe, Diss., Prag 1925
*Petsch, R.*, Faustsage und Faustdichtung, Dortmund 1966
*Rüder, D.*, Alte Chirurgie. Legende und Wirklichkeit, Berlin 1985
*Schmidt, F.*, Die Historia vom Doktor Faustus. Stufen und Wandlungen, Göttingen 1950
*Theens, K.*, Doktor Johann Faust. Geschichte der Faustgestalt vom 16. Jahrhundert bis zur Gegenwart, Meisenheim/Glan 1948
*Vitens, S.*, Die Faustgestalt in der Weltliteratur, Bad Oynhausen, Minden 1949

## DER FLIEGENDE HOLLÄNDER

*Camöes, L. de*, Die Lusiaden, Darmstadt 1979
*Engert, R.*, Die Sage vom fliegenden Holländer, Berlin 1927
*Gerndt, H.*, Fliegender Holländer und Klabautermann, in: Schriften zur niederdeutschen Volkskunde, Bd. 4, Göttingen 1971
*Golther, W.*, Der fliegende Holländer in Sage und Dichtung, Leipzig 1911
*Hammay, D.*, Life of Frederic Marryat, London 1894
*Heims, P. G.*, Seespuk, Leipzig 1988
*Smidt, H.*, Seemannssagen und Schiffermärchen, 2. Aufl. Hamburg 1849
*Strohbach, H.*, Shanties, Rostock 1967
*Flohr, Dieter*, Wer war der Fliegende Holländer? Rostock 1989

Rudolf Drößler

# PLANETEN
# TIERKREISZEICHEN
# HOROSKOPE

*147 Seiten · 36 Abbildungen · 12,5 × 21,5 · Festeinband mit Schutzumschlag · DM 12,80 · ISBN 3-7338-0087-7*

Die Astrologie ist das närrische Töchterlein der hochvernünftigen Astronomie, meint Johannes Kepler. Wechselhaft ist ihre Bedeutung in der Geschichte. Sie reicht von höchster Wertschätzung über völlige Verdammung bis zur Ausnutzung in betrügerischer Absicht. Frei von jeder Voreingenommenheit, allgemeinverständlich und sachlich-informativ legt der Autor sein tiefes Wissen nieder zu diesem uralten, immer wieder fesselnden Thema. Geben Horoskope schicksalsbedingte Dimensionen preis? Tragen astrologische Aussagen einen ernst zu nehmenden Wahrheitsgehalt? Das Buch gibt Antwort auf diese und weitere interessante Fragen zum Phänomen Astrologie.

KOEHLER & AMELANG

Charlottenstraße 79 · O-1086 Berlin

Rudolf Drößler / Manuela Freyberg

# HANDLESEN KARTENSCHLAGEN PENDELN

*Mit Illustrationen von Harry Jürgens*
*128 Seiten · 8 mehrfarbige und 21 einfarbige Illustrationen · 12,5 × 21,5 · Festeinband mit Schutzumschlag · DM 15,80 · ISBN 3-7338-0047-8*

Was hat es mit dem Wahrsagen tatsächlich auf sich? Wo liegen die Wurzeln jener Künste, aus der Hand zu lesen, die Karten zu legen und die geheimnisvollen Schwingungen des Pendels zu verfolgen? Welche geschichtliche Entwicklung haben solche Verfahren der Prophetie durchlaufen? Wie werden die verschiedenen Weissagungen ausgeführt?

Diesen Fragen gehen die Autoren in diesem kleinen Band auf den Grund und bereiten dem Leser heiter ironisch plaudernd ein Lesevergnügen wahr sagender Art.